موسوعة ينابيع المعرفة حضارات وأعلام

موسوعة
ينابيع المعرفة
حضارات وأعلام

زليخا أمين حسين

2008

دار دجلة

رقم الإيداع لدى دائرة المكتبة الوطنية (2007/8/2713)

520

حسين ، زليخا .

موسوعة ينابيع المعرفة: حضارات وأعلام ، زليخا أمين حسين . عمان: دار دجلة 2008.

( ) ص

ر.أ: (2007/8/2713).

الواصفات:/ الحضارات // الثقافة /

أعدت دائرة المكتبة الوطنية بيانات الفهرسة والتصنيف الأولية

ISBN: 978 -9957 -478 -64 -3

دار دجلة
ناشرون وموزعون

المملكة الأردنية الهاشمية

عمان- شارع الملك حسين- مجمع الفحيص التجاري

تلفاكس: 0096264647550

خلوي: 00962795265767

ص. ب: 712773 عمان 11171- الأردن

جمهورية العراق

بغداد- شارع السعدون- عمارة فاطمة

تلفاكس:0096418170792

خلوي: 009647702152755

خلوي: 009647705855603

خلوي: 009647902225549

E-mail: dardjlah@ yahoo.com

الإخراج الفني والطباعة: القوس لخدمات الطباعة 0796791551

مفهوم الحضارة

مقدمة:

إن الحضارة هي من (حضر حضوراً وحضارة)، فقد جاء في لسان العرب : الحضارة الإقامة في الحضر. وفي تاج العروس الحِضارة بالكسر الإقامة في الحضر. وكان الأصمعي يقول الحَضارة بالفتح، قال القطامي

فمن تكـن الحَضارة أعجبته فـأي رجـال بادية ترانـا

ويأخذ ابن خلدون بهذا المعنى، فيعقد فصلاً في المقدمة بعنوان " الحضارة غاية العمران ونهاية لعمره"، يقول فيه إن الحضارة غاية البداوة، وأن العمران كله من بداوة وحضارة ومُلك وسوقة له عمر محسوس.

والحضارة كما علمت هي التفنّن في الترف واستجادة أحواله والكَلَف بالصنائع التي تؤنق من أصنافه وسائر فنونه من الصنائع المهيئة للمطابخ أو الملابس أو الفرش أو الآنية ولسائر أحوال المنزل، وتتفاوة الحضارة بتفاوت العمران، فمتى كان العمران أكثر كانت الحضارة أكمل.

فالحضارة **لغةً** الإقامة في الحضر.

واصطلاحاً، هي الإبداع البشري في مختلف حقول النشاط الإنساني الذي ينتج عنه التقدمُ في مسيرة الإنسان على هذه الأرض من النواحي كافة.

فالحضارة هي نتاج عقل الإنسان وجهدُه في زمان معلوم ومكان محدَّد.

والحضارة الإنسانية، إنما هي حضارات تداخلت وتكاملت وتلاحقت عبر الأزمنة والدهور، ساهمت فيها الأمم والشعوب؛ إذ أن لكل أمة حضارةٌ تسمو أو تسف، تزدهر أو تنهار، بحسب التزام أمة من الأمم بشروط الفعل الحضاري الذي ينشد دائماً العلوّ والسموّ، ويرتقي إلى الكمال .

ومفهوم الحضارة عند المفكر المسلم مالك بن نبي، فعلٌ تركيبي قوامُه :(الإنسان - التراب - الزمن): الإنسان باعتباره كائناً اجتماعياً، والتراب

بخضوعه لضرورات فنية معينة، والزمن بإدماجه ضمن العمليات الاقتصادية والصناعية والاجتماعية.

ومن هذه العناصر الثلاثة تتحقّق الحضارةُ عند مالك بن نبي.

وللرئيس البوسني علي عزت بيجوفيتش، رأي نفيس في الحضارة، يقول فيه: (إن الحضارة تُعَلِّمُ، أما الثقافة فتنوِّرُ، تحتاج الأولى إلى تعلُّمٍ، أما الثانية فتحتاج إلى تأمّل.

ويتساءل الدكتور يوسف القرضاوي في أحدث كتاب له، هل للحضارة في الإسلام مفهومٌ خاص تتميّز به عن غيرها من الحضارات السابقة واللاحقة، التي عرفها الناس في الشرق والغرب؟، أو أن جوهر الحضارات واحد، وإن اختلفت أقطارها، وتباعدت أعصارها، وتباينت أجناس صنّاع الحضارة وعقائدهم وفلسفاتهم في الحياة؟.

ويخلص بعد ذلك إلى القول إن هناك معنىً عامّاً للحضارة يُفهم من مدلول الكلمة نفسها، وهو جملة مظاهر الرقي المادي والعلمي والفني والأدبي والاجتماعي، في مجتمع من المجتمعات، أو في مجتمعات متشابهة.

ويحدّد الدكتور يوسف القرضاوي ثلاثة مستويات للمفهوم الإسلامي للحضارة، وهي:

1- الفقه الحضاري.

2- والسلوك الحضاري.

3- والبناء الحضاري.

والذي ذهب إليه الدكتور يوسف القرضاوي هو الفهمُ الصحيح لمعنى الحضارة ومدلولها؛ فلكل مجتمع حضارته التي هي جوهر خصوصياته ومميزاته، وخلاصة مقوماته ومكوّناته.

فالحضارة هي الهوية، وهذا المفهوم يتعارض مع ما يعرف في الدراسات الغربية (بوحدة الحضارة)، ويقصدون بها الحضارة الغربية، وهي النظرية التي ينتقدها المؤرخ أرنولد توينبي، إذ يقول: وما نظرية وحدة الحضارة هذه، إلاَّ رأي خاطئ، تردَّى فيه المؤرخون الغربيون المحدثون تحت تأثير محيطهم الاجتماعي، وأوحى به مظهر الحضارة الغربية الخدّاع.

إن الحضارة بهذا المعنى الواسع العميق، هي تحدٍّ دائمٌ، لعوادي الأيام، ولمشكلات الحياة، ولعناصر التلاشي والفساد، ولعوامل النقص والعجز.

فما من حضارة، إلا وهي تتحدَّى على الدوام من أجل أن تبقى، فإذا لم تتحدَّ، تراجعت، وتضاءلت، وانهارت، مثلما انهارت حضارات قامت وسادت ثم بادت.

حضارة بلاد الشام

الآراميون:

يعتبر الآراميون أول الشعوب العربية القديمة التي هاجرت من الجزيرة العربية باتجاه سورية وذلك حوالي 2500 ق.م. فانتشروا في أواسطها وشمالها وشرقها. وأسسوا عدة ممالك ومدن من أشهرها: يمحاض وكانت عاصمتها مدينة حلب ومن أشهر ملوكها يارم ليم وابنه حمورابي معاصر حمورابي ملك بابل، ومملكة آسين التي تأسست في بلاد ما بين النهرين.

وكذلك كانت الدولة البابلية أمورية، أما مملكة ماري (قرب البوكمال) التي سكنها قبل عام 2500 ق.م. أقدام أكادية سومرية وكانت حضارتها تشبه حضارة السومريين. وأخذ الأمويون حضارة السومريين والأكاديين. فازدهرت ماري ازدهاراً عظيماً وسيطرت على طرق المواصلات التي تصل الخليج العربي بسورية والأناضول قرابة قرنين (1750 ـ 1950) ق.م. لكن حمورابي بعدما سيطر على جنوبي ما بين النهرين كله سار بجيشه نحو ماري فأخضعها لحكمه ثم دمرها وأحرقها وأصبحت ركاماً من تراب.

أما حضارة الأموريين فهي حضارة البابليين في جميع وجوهها.

الكنعانيون

هاجر الكنعانيون مع الأموريين حوالي 2500 ق.م. لكنهم استوطنوا سورية الجنوبية، ولاختلاف توضع الشعبين تأثر الأمويون بالحضارة السومرية ـ الأكادية وتأثر الكنعانيون بالحضارة المصرية وحضارة مغرب البحر المتوسط.

انتشر الكنعانيون على طول الساحل الشمالي لسوريا، وأطلق اليونانيون اسم فينيقية المشتق من فينيقيين أي الأحمر الأرجواني على القسم المتوسط والشمالي من ساحل سورية كما أطلقوا اسم الفينيقي على الكنعانيين سكان هذا الساحل.

أسس الكنعانيون ممالك عدة مثل: حبرون، يبوس، بيسان، عمون، مدين عكو، صور، صيدون، بيروت، طرطوس.

والكنعانيون مسالمون بطبيعتهم لا يرغبون في الحرب إلا دفاعاً عن النفس، فاستفاد قوم موسى من ذلك، ومن المنازعات بين المدن الكنعانية فأخذوا في الاستيلاء على فلسطين تدريجياً حتى بسطوا نفوذهم عليها.

الفينيقيون: (كنعانيو الساحل)

لقد أملت عليهم طبيعة المنطقة التي سكنوها أن ينظروا إلى البحار، لأن السهل الساحلي ضيق حيث شكلت الجبال سداً بين المنطقة الساحلية والمناطق الداخلية لذلك صنعوا سفنهم وركبوا البحر للتجارة فيه، ومن أهم مدنهم أوغاريت (رأس شمرا) في سوريا الذي نقب فيها منذ عام 1929 كلودشيفر. وتبين أنها كانت مركزاً تجارياً هاماً. وفيها اكتشفت أبجدية يرجع عهدها إلى القرن الرابع عشر قبل الميلاد، مكتوبة بالمسمارية وتضم ثلاثين حرفاً.

وكذلك مدينة جبيل (بيبلوس) التي كانت علاقتها مع مصر متينة، حتى عُدت من أتباع الفراعنة. وصيدون سيدة الساحل الفينيقي ما بين 1500 ـ 1200 ق.م. مع أنها كانت تحت النفوذ المصري، لقد سيطر تجار صيدون على قبرص الغنية بالنحاس، ورودس وعدداً من بحر إيجة، حيث الرخام والكبريت والذهب والأرجوان.

ومدينة صور التي أصبحت زعيمة المدن الفينيقية من 1000 ـ 500 ق.م. فكانت مراكبهم تجوب البحر الأحمر، حتى وصلت إلى الهند وعادت محملة بالتوابل والذهب والأحجار الثمينة، ووصلوا في تجارتهم إلى انكلترا.

وهم الذين أسسوا مدينة قرطاجة في تونس حوالي عام 804 ق.م. والتي تبعث صوراً، ولكنها أشرفت على بقية المراكز في غربي المتوسط وكانت ترسل في كل سنة بعثة إلى معبد ملقارت إله معبد صور. وتقدم إليه عشر وارداتها. وقد ازدادت أهمية قرطاجة بعد سقوط صور بيد الكلدانيين. إذ انتقل إليها

التجار الصوريون، ولما بدأت الدولة الرومانية بالتوسع اصطدمت بقرطاجة وبطلها الأسطوري هنيبعل. الذي غزا إيطاليا نفسها بحروب مشهورة وهي الحروب البوفية. التي انتهت باستيلاء الرومان على قرطاجة عام 146 ق.م. وحرقوها ودمروها تماماً .

الآراميون:

هاجروا من شبه الجزيرة العربية حوالي منتصف الألف الثاني قبل الميلاد. واستوطنوا أجزاء من المنطقة الوسطى والشرقية، من سورية، ثم تسرب قسم منهم إلى الشمال وجنوب بلاد الرافدين فاصطدموا بالآشوريين.

ومن ممالكهم:

- **مملكة بيت عدن** وعاصمتها تل برسيب (على نهر الفرات حالياً) وامتدت إلى البليخ شرقاً ومنابع الساجور في الشمال الغربي. وبقيت حتى حوالي 1000 ق.م.

- **ومملكة بيت بخياتي أو آرام النهرين**، وعاصمتها غوزانا، وكانت في سفوح جبال الأمانوس الشمالية، وكانت تسمى (بعودي) أيضاً مملكة حماة ومملكة دمشق. وفي سنة 745 ق.م. اجتاح تيجلات بيلاسر الثالث أحد ملوك الآشوريين الجبابرة القساة الممالك الآرامية وهزمها، ولما عادت إلى التحالف تحت زعامة مملكة حماة هزمهم سرجون الثاني في معركة قرقر الثانية عام 720ق.م. فوطد حكم الآشوريين في سورية.

ويعد اختراع الحروف الأبجدية والمعروفة بالكتابة الكنعانية السينائية القديمة أعظم الاختراعات، والتي منها اشتقت أبجدية أوغاريت، واعتنى الكنعانيون بالزراعة وخاصة زراعة الكروم والتين والزيتون وعرفوا بعض الأدوات لدراسة الحبوب والتي طحنوها في مطاحن مجربة تدار باليد واستعملوا وزنات من الفضة بدلاً من النقود.

وتفوق الفينيقيون في صناعة الزجاج والنسيج الصوفي والقطني وصباغة الأقمشة بالأرجوان وهم من أول الشعوب البحرية في التاريخ.

وارتقى فن الملاحة بسبب هذه التجارة الواسعة النشيطة حتى استطاع، أدّلاء السفن الفينيقية الإبحار ليلاً مسترشدين بالنجم القطبي أو النجم الفنيقي كما كان يسميه اليونانيون وطافوا حول القارة الأفريقية واكتشفوا رأس الرجاء الصالح قبل فاسكودي عام بألفي عام.

وكما يقول ديورانت في قصة الحضارة: «ربطوا الشرق بالغرب بشبكة من الروابط التجارية والثقافية وشرعوا ينتشلون أوروبا من براثن الهجمية».

الحضارة المصرية

منذ الألف الخامس قبل الميلاد ووادي النيل يمور بالسكان، وهم خليط من نوبيين وعرب، وصلوا الوادي إما عن طريق باب المندب أو عبر برزخ السويس، اجتذبهم خصب أراضيه ووفرة مياهه فشكلوا على طول مجرى النيل حكومات محلية، اتحدت في الشمال «مصر السفلى» مكونة دولة الشمال، واتحدت في الجنوب «مصر العليا» مكونة دولة الجنوب إلى أن وحدهما «مينا» ملك الجنوب حوالي سنة 3400 ق.م. واتخذ ممفيس عاصمة له، وتعاقب على حكم مصر الفراعنة الذين ينتمون إلى إحدى وثلاثين أسرة وذلك حتى سنة 32ق.م. سنة دخول الاسكندر فاتحاً مصر.

العصور الرئيسية في تاريخ مصر القديم

عصر الدولة القديم (3400 ـ 2065) ق.م.	وبدأ من الأسرة الأولى حتى الأسرة العاشرة، وفي هذا العصر بنيت الأهرامات.
عصر الدولة الوسطى (2065 ـ 1580) ق.م.:	من الأسرة الحادية عشرة إلى الأسرة السابعة عشرة. وفيه بلغت مصر ذروة التقدم والرفاهية أيام الفرعون أمخحات الثالث من الأسرة الثانية عشر وفيه كان غزو الهكسوس شمال مصر سنة 1730 ق.م. وبقوا فيها حتى 1580 ق.م.
عصر الدولة الحديثة (1580 ـ 1085) ق.م.:	من الأسرة الثامنة عشرة إلى الأسرة العشرين.
عصر الضعف والانحلال (1085 ـ 663) ق.م.	من الأسر الحادية والعشرين إلى الأسرة الخامسة والعشرين.

عصر النهضة المؤقتة (663 ـ 525) ق.م.	الأسرة السادسة والعشرون وفيه تمكن بسامتيك من طرد الأشوريين من مصر.
العصر المتأخر أو عصر الاضمحلال (525 ـ 332) ق.م.	من الأسرة السابعة والعشرين وهي أسرة فارسية من الغزو الفارسي الأول ـ وحتى الأسرة الحادية والثلاثين ـ وهي من الغزو الفارسي الثاني وفيه احتل قمبيز مصر ثم جاء الاسكندر ودخل مصر عام 332 ق.م.

الأوجه الحضارية الفرعونية:

كان الحكم ملكياً في عصر الدولة القديمة، ويلقب الملك «بالإله العظيم» واعتقد الناس بأنه يسيطر على شؤون البشر في الحياة الدنيا والآخرة.

وعرفت الوزارة بعد الأسرة الثالثة أوجدها زوسر وعهد بها إلى نابغة عصره أموحتب ومن اختصاصاته الاهتمام بجميع أمور الدولة. ولم يكن لمصر جيش دائم منظم يعتبر أفراده الجندية مهنة خاصة بهم مع أن رتبة قائد الجيش كانت موجودة، فقد كان الجيش يجمع في المناسبات، فيطلب الملك من حكام الأقاليم جنوداً للحرب فيجهزونهم له ويرسلونهم إلى القتال.

وفي عصر الدولة الوسطى تم تأسيس فرقة الجيش الدائم للدفاع عن البلاد، وعني المصريون بإقامة القلاع كما اهتموا ببناء السفن بعد أن نقلوا الخشب من جبال الأرز في لبنان. وبنوا أسطولاً كبيراً للتجارة والقتال.

الهرم الأكبر

وهو أحد الأهرامات المصرية المشهورة والتي لها تأثير كبير على من شاهد أو سمع عن هذا الهرم العظيم الذي أذهل العالم في بناءه وسحره الذي لم

يستطع أحد إلى الآن أن ينجر بضخامة وسحر هذا العمل، فلقد تم بناءه بواسطة جيش من الشغيلة المسخرين بقيادة الباني الباني وهو الفرعون خوفو ، ظلوا عشرون عاما يحفرون الجبال في صعيد مصر وينحتون الصخور ومن ثم تنقل بواسطة المراكب علي نهر النيل إلي منطقة الجيزة حيث ترفع فوق منحدر من ا لرمال يزداد ارتفاعا كلما ارتفع البناء في الهرم، فتجر الصخور على المنحدر صعودا باستخدام قطع من الأخشاب تنزلق فوقها الصخور حتى توضع الصخرة في مكانها.

ولكن لماذا بني الهرم الأكبر؟ بني ليكون قبراً لمومياء خوفو المحنطة.

هناك كاتب ومفكر سويسري مشهور بنظرياته الشجاعة وأفكاره السباقة والذي أثار كثيرا من ا لجدل في الغرب بسبب هذه الأفكار التي لا تتمشي مع ما تعودوا عليه من أراء ونظريات، هذا الكاتب اختلف عنهم كلياً وفند أقوالهم وحججهم وجاء بإجابات وتفسيرات أخري تختلف عما جاء قبله وهي إجابات وتفسيرات سهلة ومقنعة.

يقول الكاتب Von Daenniken :

أن الهرم الأكبر وعلى خلاف بقية الاهرامات الأخرى المنتشرة في مصر لا توجد بداخله أية نقوش أو كتابات هيروغليفية، فهو خالي منها تماماً مع أن باقي الاهرامات تزخر من الداخل بالكتابات والنقوش والصور التي تغطي الجدران والأسقف والتي تحكي وتمجد باني ذلك الهرم وأعماله وإنجازاته وبطولاته.

ويقول الكاتب أن باني الهرم الأكبر لم يكن معروفاً حتى سنة 1835/12/29 فيما عدا بضع كلمات جاءت على لسان المؤرخ اليوناني هيرودوت لم يكن متأكداً منها ولم يكن لديه عليها أي دليل،

ويقول عندما عينت بريطانيا المحتلة لمصر في ذلك الوقت ضابطاً إنجليزياً يدعي هوارد فيوزى في مصر.

ولكي يجعل هذا الضابط نفسه مشهوراً واسمه يتردد على كل لسان فقد قام وادعى بأنه وجد عن طريق الصدفة وعند تفحصه للفجوات الموجودة في سقف حجرة التابوت الرخامي في الهرم الأكبر على إحدى الصخرات التي بني بها الهرم مكتوب عليها اسم خوفو قائلاً أن المصريين القدامى كانوا يضعون علامات على الصخور عند نحتها في صعيد مصر لمعرفة وجهتها وأين سيكون مكانها الأخير مما يعني حسب قوله أن صاحب الهرم الأكبر هو خوفو، ونستغرب وجود هذه الكتابة على صخرة واحدة فقط من بين ملايين الصخور التي بني بها الهرم مع العلم بأنه لا يوجد لهذا الملك أي أثار تشير إليه سوى تمثال صغير لا يتعدى طوله خمسة سنتمترات ؟ حيث وجد في مكان أخر غير الهرم الأكبر، وعند الإعلان عن اكتشاف اسم باني الهرم الأكبر قامت الدنيا وهللت وفرحت على الرغم من ظهور عدة مقالات في حينها لعلماء اللغة المصرية القديمة يشككون في صحة هذا الادعاء، لان الكتابة الهيروغليفية قد شهدت تطورات في الأسلوب وشكل الرموز على مر القرون العديدة التي عاشتها الحضارة الفرعونية، وطريقة الكتابة على الصخرة التي يدعي الإنجليزي بأنه قد وجدها فوق سقف حجرة تابوت الملك في الهرم الأكبر تختلف كلياً عن أسلوب الكتابة في عصر خوفو مما يدعو إلى الشك في هذا الادعاء والى القول بأن الحجر كان تزويراً من الإنجليزي، ولكن مع الأسف لم يلتفت أحد لما كتبه هؤلاء العلماء.

فمن هو باني الهرم الأكبر إذا؟

مع ملاحظة أن الكلام ينحصر على **الهرم الأكبر** فقط وليس على بقية الاهرامات، إذ يقول الكاتب أن كل ما كتبه علماء الغرب عن الهرم الأكبر هو كله مجرد تخمينات ونظريات على الرغم مما يدعونه من استخدام الأسلوب العلمي في البحث، ولا يوجد في الحقيقة أحد منهم يعرف فعلاً وبشكل قاطع الأجوبة على هذه الأسئلة على الرغم من الهالة التي يحيطونها بأبحاثهم.

ويتساءل الكاتب في كتابه "عيون أبو الهول" لماذا لا نسمع ما قاله المؤرخون العرب عن هذا الهرم؟

ويورد الكاتب ما قاله المؤرخ العربي "أبو الوفاء" عن باني الهرم الأكبر الذي يقول "أما عن باني الهرم الأكبر فقد بني قبل طوفان سيدنا نوح عليه السلام، لأنه لو كان بني بعده لكنا عرفنا من بناه".

ويعلق الكاتب السويسري على هذا القول بأنه صحيح وسليم تماماً، ويتعجب قائلاً لماذا لا يفرق علماء الغرب بين ما قبل الطوفان وما بعده مما يوقعهم في أخطاء.

فلا شك أن بناء مثل هذا الصرح وحتى في أيامنا هذه ليس بالأمر السهل، وقد تعجز عن إنجازه الحضارة الحالية، فما بالك إذا بني قبل زماننا هذا بآلاف السنين؟

هناك من العلماء من يقدر زمن بناء الاهرامات وأبو الهول بثلاثين ألف سنة قبل الميلاد! وذلك بناءاً على تقدير مواقع النجوم، مثل برج الأسد.

فهم يقولون أن أبو الهول بني بحيث يكون مواجهاً تماماً لبرج الأسد في وقت معين من السنة الأمر الذي اختلف ألان بسبب تحرك النجوم في السماء حركة بطيئة جداً وقدروا الزمن المنقضي بين موقع النجوم عند بناء أبو الهول بحيث يكون مواجهاً تماماً لبرج الأسد في وقت معين من السنة وموقعها الآن بثلاثين ألف سنة!

وكذلك هناك الآثار الموجودة علي ظهر وجسم أبوا لهول من جراء هطول الأمطار الغزيرة والتي كانت تهطل في مصر قبل ثلاثون ألف سنة!

وكذلك مواقع الاهرامات الثلاث وأبو الهول التي كانت كما يقدر بعض العلماء مطابقة لوضعية معينة للنجوم وبعض الأبراج في السماء في وقت معين من السنة وهو نفس وقت مواجهة أبوا لهول لبرج الأسد الأمر الذي كان مطابقا قبل ثلاثون ألف سنة من قبل الميلاد !...

إذن ولنعد لسؤلنا كيف تمكن قدماء المصريين من بناء الاهرامات وبالذات الهرم الأكبر؟؟

بعد قيام كاتبنا السويسري بتوضيح اقتراحات علماء المصريات لطريقة بناء المصريين للاهرامات فندها جميعاً واحدة واحدة وبالتفصيل، فكل واحدة من هذه الطرق، وعند التطبيق العملي تعجز عن تفسير كيفية قطع المصريين القدماء للصخور التي بني بها الهرم من الجبال في صعيد مصر بهذه الدقة المتناهية بحيث تصبح جوانبها ملساء وناعمة مثل المرايا بحيث تنطبق علي بعضها بفعل ضغط الهواء الجوي ولا تحتاج لشيء من أسمنت أو غيره حتى تتماسك مع بعضها وكذلك تعجز هذه الطرق عن تفسير كيف تمكن قدماء المصريين من نقل هذه الحجارة من مواقعها في جنوب مصر إلى موقع الهرم باستعمال مراكب في النيل وبين المؤلف أن جميع هذه الاقتراحات وعند التطبيق العملي تعجز أيضا عن فعل ذلك وذلك لضخامة هذه الصخور التي يبلغ وزن الكثير منها خمسون طنا مع العلم بأن الهرم الأكبر استعمل في بنائه أكثر من 2، 5 مليون صخرة ! وحتى الطريقة التي ذكرها أحد العلماء بأن المصريين القدماء قد يكونون قد قاموا بربط الصخرة التي يريدون نقلها تحت المركب بحيث تكون غاطسة في الماء مما يقلل من وزنها تعجز وعند التطبيق العملي عن فعل ذلك وذلك بسبب عوامل عديدة مثل حجم المراكب المستعملة في نهر النيل وغيرها من الأسباب.

كذلك عجزت اقتراحات العلماء عن تفسير كيفية نقل الصخور صعودا حتى مواقعها في الهرم، فالتفسير الذي يقول أن المهندسين القدماء قاموا ببناء طريق من الرمال بجانب الهرم يزداد ارتفاعا كلما ازداد ارتفاع الهرم وتسحب الصخور صعودا فوق هذه الطريق بواسطة الحبال وفوق قطع أخشاب تنزلق فوقها الصخور .

وبعد دراسة وافية أوضحها المؤلف في كتابه يقول: أن هذه التفسيرات تعجز أيضاً عن تفسير كيف يمكن ومن الناحية العملية التطبيقية جر صخور

بهذا الحجم وهذا الوزن إلى مثل هذا الارتفاع ثم وضعها في مكانها بهذه الطريقة، وحتى لو سلمنا فرضا بأن المصريين القدماء قاموا ببناء مثل هذه الطريق الرملية الهائلة بجانب الهرم فان مجرد بناء ومن ثم إزالة مثل هذه الطريق هو إنجاز بحد ذاته قد يفوق بناء الهرم نفسه!... ثم أنه لا يمكن إزالة مثل هذه الطريق تماماً وكان لابد من بقاء بعض الآثار لها الأمر الذي لا يوجد....

وبالنسبة لطريقة بناء الهرم الأكبر أن هذه الصخور قد صبت في أماكنها كما تصب الخرسانة الآن، وبذلك فليس هناك من حاجة لقطع هذه الصخور بهذه الدقة ثم نقلها من مكان إلى أخر ، بل إن قدماء المصريين كانوا يعرفون خلطة عندما تستعمل يتكون صخر أشد صلابة من خرسانتنا وقريب الشبه بالصخر الطبيعي بحيث يعيش ألاف السنين متحملاً مرور الزمن وعوامل الطبيعة.

وهذه الخلطة هي عبارة من مواد متوفرة في الطبيعة مع قليل من المواد الكيماوية البسيطة فهي بلا شك أفضل من الخرسانة بمئات المرات فهي أصلب بكثير وتجف بسرعة أكبر من الخرسانة بكثير وقد تكون أرخص.

وأن العلماء في أمريكا يحاولون ألان الوصول إلى سر هذه التركيبة إلى أن سر هذه الخلطة العجيبة مع أسرار أخري عرفها المصريون القدماء مثل علوم البيولوجي واستنساخ البشر والحيوان والتي كانت متقدمة عندهم كثيراً بحيث كانوا يستطيعون استنساخ كائنات نصفها إنسان والأخر حيوان!

مثل الحيوان الذي رأسه رأس كبش وجسمه جسم إنسان، أو رأس إنسان على جسم حصان أو جسم أسد... وغير ذلك، فمثل هذه الكائنات كانت موجودة فعلاً في الزمن القديم قبل الطوفان وكانت تعيش وتتكاثر.

وكذلك هناك معلومات قيمة أخري عن فروع العلم المتعددة عند قدماء المصريين، مثل سر التحنيط وأصل الإنسان ونشأة الكون وغير ذلك، وكل هذه الكنوز العلمية موجودة في حجرة سرية في الهرم الأكبر ما زال العلماء يحاولون حتى يومنا هذا معرفة مكانها والوصول إليها ولكن مع الأسف بدون طائل حتى الآن..

ويقول الكاتب أن العلماء وعند بحثهم عن هذه الحجرة السرية استعملوا أجهزة متطورة جداً تستعمل أشعة يمكنها اختراق الهرم لمعرفة أين توجد هذه الحجرة ولكن الأجهزة أعطتهم في كل مرة بيانات ونتائج متضاربة ومشوشة وغير منطقية مما دفعهم إلى تفسير سبب ذلك بالقول بأن كمية المياة الموجودة ضمن تركيبة الصخور في الهرم الأكبر (والتي تقدر بمليون لتر من المياه في مجمل صخور الهرم كلها) هي كميات لا يمكن أن تكون موجودة في صخور طبيعية، مما يدفع إلى القول أن هذه الصخور هي صخور صناعية وليست طبيعية.

وكذلك فأن هناك علماء آخرون وعند تحليلهم لهذه الصخور وبعد دراستهم لتركيبة البلورات فيها توصلوا أيضاً إلى قناعة بأن هذه الصخور لا يمكن أن تكون طبيعية.

الحياة الاجتماعية عند المصريين:

اعتاد المصريون القدماء على الزواج المبكر ليتقي الشاب مواطن الزلل، هكذا كان حكماؤهم ينصحون وكذلك كان الهدف منه استكثار النسل لتقوية الأسرة وتنمية المجتمع.

وعلم المصريون أولادهم في مدارس بسيطة مبادىء القراءة والكتابة والحساب، ثم دربوا بعض الأطفال عند كتاب الدواوين ليصبحوا كتاباً في وظائف الدولة.

أما **المجتمع**، فقد انقسم إلى ثلاث طبقات:

طبقة النبلاء والأشراف والكهنة: وتمتع أفرادها بامتيازات كبيرة.

الطبقة المتوسطة، وطبقة الأحرار: وتتألف من صغار الموظفين وأصحاب المهن والصناعات والفلاحين الأحرار الذي يعيشون من كدهم وجهدهم.

وطبقة الأرقاء وهم أكثرية الشعب يرتبطون بالأرض وينتقلون معها إذا انتقلت ملكيتها من شخص إلى آخر، ومع أنهم يقومون بأشق الأعمال فقد كانوا يعيشون في بؤس وفقر مفقع، وكانوا يكلفون بأعمال السخرة لمصلحة رجال طبقة الأشراف الحاكمة، وعلى سواعد هؤلاء بنيت الأهرامات.

الحياة العلمية:

تميزت الحياة العلمية بأن العلوم استخدمت لفوائدها التطبيقية بالدرجة الأولى. فبنوا السدود الصغيرة ليتمكنوا من رفع منسوب الماء لري أكبر قسم ممكن من الأرض.

ومن المنجزات الهامة التي قام بها المهندسون المصريون القدماء:

- تحويل مجرى النيل في عهد مينا.
- بناء مدينة منف في مكان النهر المحّول.
- أقاموا سداً عظيماً في منخفض الفيوم لسقاية أكبر قسم ممكن من الأراضي بعد تخزين مياه الفيضان.
- حفروا قناة لوصل البحرين الأحمر بالمتوسط.

لقد استخرج المصريون المعادن من مناجم سيناء كالنحاس. وعرفوا البرونز ولم يستخدموا الحديد إلا منذ عصر الأسرة الثامنة عشرة. كما استعملوا الذهب وصاغوه بمهارة. وبنوا السفن من الخشب الجيد المستورد من لبنان. وصبغوا الأواني الفخارية وعرفوا صناعة الزجاج بشكل محدود. والمنسوجات الجيدة. حتى أستورد اليونانيون الأقمشة الكتانية من مصر وصنع

الورق من نبات البردى منذ أوائل عصر الدولة القديمة، وظلت هذه الصناعة تزود جميع بلاد الشرق الأدنى وحتى العالم القديم من بلاد فارس حتى انكلترا وذلك بسبب خفة وزنه وسهولة حمله وصلاحيته للكتابة والحفظ.

كذلك **عرف المصريون** منذ أوائل العصور التاريخية التعداد العشري حتى المليون.

أما في **مجال الفلك** فقد درسوا النجوم ومواقعها وكان نجم الشعرى المسمى سريوس. وهو أهم النجوم عندهم لأنه يؤذن بالفيضان، فأقاموا لظهوره احتفالات دينية وكانوا يعدونه روحاً لإيزيس، وكانت الأسطورة تذكر أن الدموع التي تسكبها إيزيس عند الذكرى السنوية لموت زوجها أوزيريس هي التي تسبب الفيضان.

ومنذ عصور ما قبل التاريخ قسموا السنة إلى اثني عشر شهراً، وكل شهر إلى ثلاثين يوماً، ثم أضافوا خمسة أيام إلى السنة ليجعلوها تتفق مع الحقائق العلمية الفكلية، واخترعوا الساعة المائية في عهد الأسرة الحادية عشرة.

وفي **مجال الطب**، يعد الوزير أمحوتب أول مكتشف للدواء وكانوا يسمونه الإله الشافي، ثم عرفوا التخصص: أطباء عيون، أسنان، داخلية، جراحة...

وكان في اختراع عملية التحنيط الأثر الأكبر المساعد في ذلك لاستخراج الأحشاء.

من الناحية العمرانية: الاهرامات وأبو الهول

لقد فضل المصريون بصورة عامة النقش على التصوير. لأنه أثبت وأبقى على الدهر من صورة مرسومة على جدران مبنية من اللبن. واهتموا ببناء الإهرامات قبوراً لهم والتي تعد من أهم الآثار التاريخية الموجودة في العالم والشاهد الأكبر على إبراز هذه الحضارة.

كما بنوا لآلهتهم معابد ضخمة كانوا يقربون فيها القرابين. وجعلوها على نمط قصور الفراعنة ومن أشهرها: معبد الكرنك ومعبد الأقصر.

وبقاؤها حتى يومنا هذا متحدية عوامل الطبيعة سببه عظمة المهندسين والبنائين من جهة. وبناؤها من الحجر الصلب من ناحية ثانية، على عكس بلاد الرافدين إذ بنيت فيها القصور والمعابد من الطين فاندثرت.

أرباب النيل في مصر القديمة

أطلق على نهر النيل في اللغة المصرية القديمة اسم "إيتورو عا". وكانت لمياه النيل، مع القنوات والترع والآبار والبحيرات، أهمية في الغسيل والتطهير والطقوس.

فقد عبد المصريون القدماء عددا من الأرباب والربات التي ارتبطت بنهر النيل.

وكان الرب الرئيسي بينها هو حابي أو "حابي أبو الأرباب"؛ وكان يصور في هيئة رجل ذي ثديين وبطن ممتلئة ويطلى باللون الأسود أو الأزرق، ويرمز إلى الخصب الذي منحه النيل لمصر.

كما كان حابي يصور حاملا زهوراً ودواجن وأسماكاً وخضراوات وفاكهة؛ إلى جانب سعفة نخيل، رمزا للسنين.

وكان رب النيل يصور أحياناً أيضاً حاملاً على رأسه زهرة اللوتس (شعار مصر العليا) ونبات البردي (شعار مصر السفلى).

ومن أرباب النيل أيضاً "سوبيك"؛ الرب التمساح، الذي كان يعبد في إسنا وكوم امبو والفيوم.

وكان **رب الفيضان والخلق** هو الرب خنوم، برأس الكبش، وكان يعبد في أسوان. والرب خنوم كان مسئولا عن خلق البشر ومعهم أرواحهم الحارسة "الكا".

وكانت الربة "ساتت" زوجة للرب خنوم، وكان مركز العبادة والعقيدة الرئيسية للرب خنوم في أسوان.

وأشرف مركز ديانة أسوان على المياه وتوزيعها، من جزيرة الإلفنتين إلى الشمال؛ ومن جزيرة بجاح عند الشلال الأول، إلى الجنوب.

وكانت "حكت"، الربة الضفدع، هي ربة المياه، وكانت تصور عادة قريبة من خنوم؛ عندما كان يشكل الطفل وروحه الحارسة على عجلة الفخراني.

طرق قياس فيضان النيل فى العصور اليونانية والرومانية

كان البطالمة يهتمون بشئون الادارة الداخلية لمصر، وجمع الضرائب. ولما كان الفيضان السنوى للنيل له تأثير على أنواع المحاصيل الزراعية فى مصر، فكانت الضرائب تقدّر على أساس مستوى مياه الفيضان. كانت أداة القياس فى البداية أداة محمولة، تسمى مقياس النيل. كان عبارة عن عصا توضع طوليا فى مجرى النيل لقياس مستوى مياه الفيضان. وكانت غالباً عصا طويلة مدرجة من البوص.

من أجل الدقة فى تحديد الضرائب المفروضة، فقد إهتم البطالمة بتشييد المعابد على ضفاف النيل، وتزويدها بمقاييس على النيل. ويتكون مقياس النيل الخاص بجزيرة فيلة من سلم نقشت على جدرانه الداخلية قياسات الفيضان بالأذرع، كما نقش أيضا توقيت وزمن الفيضان. أما مصر فى العصر الرومانى، فقد أولى الحكام الرومان بعض العناية الى المبانى المتعلقة بالنيل التى شيدت فى عصور سابقة، وذلك للحصول على التقييم الحقيقى، فى حين أنهم لم يقوموا ببناء أى مبان جديدة.

حتى حكم الامبراطور قسطنطين، كان مقياس النيل المحمول يحُفظ فى معبد الرب سيرابيس. كان المصريون القدماء يدينون لسرابيس بالفيضان السنوى للنيل الذى يغطى بلادهم كل فترة. لقد اعتادوا أن يعيدوا المقياس المحمول الى معبد هذا الرب بعد كل قياس لارتفاع النيل.

صبغوا هذا الجزء بصبغة دينية وأطلقوا على المقياس المحمول اسم ذراع النيل. وفي ذلك الحين أمر قسطنطين أن يوضع هذا المقياس في كنيسة الاسكندرية، فعمت الفوضى مصر وشاع بين الناس أن غضب سيرابيس لن يجعل النيل يرتفع هذا العام. ولكن على الرغم من ذلك فقد ارتفع النيل. وفيما بعد، أمر الإمبراطور جوليان بإعادة المقياس مرة أخرى لمعبد سيرابيس. وبقى هناك حتى عهد الإمبراطور ثيوديسيوس الأول الذى أمر بتدمير المعبد بالكامل.

اصطياد السمك من نهر النيل

أمد النيل، مع القنوات والترع والمستنقعات والبحيرات، المصريين بأنواع عديدة من الطعام.

وكانت الأسماك على وجه الخصوص مصدرا هاما للتغذية، وكانت تنظف وتملح من أجل حفظها لفترات طويلة.

واستخدمت المراكب أو القوارب في صيد الأسماك؛ بالشباك أو الرماح أو السلال المخروطية.

وتظهر مشاهد صيد الأسماك على جدران المقابر، وقد زودت المقابر بالأسماك الجافة لكي يستخدمها المتوفى في القرابين؛ وصورت بين القرابين المقدمة إلى الأرباب وإلى المتوفى.

وكانت أراضي الدلتا الخصبة مليئة بالمستنقعات التي كان ينمو بها نبات البردي البري والزهور؛ في بيئة نموذجية.

وقد كان أعضاء الأسر الموسرة وخدامهم يقضون أوقات الفراغ بتلك الأماكن؛ مستمتعين بصيد الأسماك وقنص الحيوانات، مثل أفراس البحر والضباع والغزلان والجاموس البري والتماسيح.

وكانت الطيور تصطاد بقذفها بما يشبه الأوتاد أو توقع في الشباك؛ كما كانت تجمع الطيور والزهور وثمار الفاكهة.

وكان الناس في بعض الأحيان ينظمون مسابقات رياضية؛ تضم بين فقراتها سباقات السباحة والتجديف ومباريات المصارعة والقتال ومختلف الألعاب.

صلوات لرب النيل

صلى المصريون لرب النيل وشكروه على كل النعم التى منحها للناس، وخاصة أثناء الإحتفال بالفيضان: الحمد لك يا أيها النيل الذى يخرج من الأرض ويأتى ليطعم مصر ... تلك المياة والرياض التى خلقها رع لتطعم كل القطعان. والتى تروى أرض الصحراء البعيدة عن الماء؛ إنها نداه الذى يسقط من السماء ... سيد الأسماك التى تجعل الطيور المائية تذهب إلى الجنوب ... وهو ما ينتج الشعير ويخلق القمح، الأمر الذى يجعل المعابد تحافظ على الإحتفالات.

ولم يكن لرب النيل حابى معبداً خاصاً بعبادته، فقد كان نهر النيل هو مكانه المقدس.

وفى أثناء إحتفال النيل كان الناس والكهنة يقدمون القرابين لحابى رب النيل، بإلقاء الطعام فى مجرى النهر. كما كانوا يلقون فى الماء بتمثال لرب النيل نفسه، كتجسيد للرب.

ولا يزال المصريون المحدثون يعتقدون أن المصريين القدماء كانوا يلقون بفتاة شابة تسمى عروس النيل فى مجرى النهر كقربان للرب. إلا أنه لا توجد أية إشارة فى الأدب المصرى القديم عن هذا الحدث.

النيل في مصر الإسلامية

لقد أثر النيل في حضارة مصر الإسلامية من خلال الزراعة، والعمران والتجارة. ولقد بالغ المؤرخون القدماء في وصف النيل وفي ذكر ما يتعلق به من أحاديث نبوية.

كما عثر على مراجع عربية تشير إلى أوقات الفيضان وطرق قياس النيل والمقاييس التي أنشأها المسلمون للوقوف على زيادة ونقصان ماء النيل. وكانت ضريبة الخراج على الأراضي الزراعية ترتبط بتدفق ماء النيل.

وقد بنى العرب القنوات والجسور والخلجان لأجل الري والزراعة.

وكانت الاحتفالات والأدعية تعقد داخل جامع عمرو بن العاص، الذي كان يطل على النيل عند إنشائه، لزيادة ماء النيل.

وكان لمياه النيل دوراً حيوياً في الشعائر الدينية الإسلامية حيث أنه لازم للوضوء الذي يعد أمراً ضرورياً قبل الصلاة. ولقد كان مسجد عمرو بن العاص ومسجد أحمد بن طولون بالقرب من نهر النيل عند بنائهم.

ولقد شيد المعماريون المسلمون المياضئ داخل المساجد والمدارس حتى يتمكن الناس من الوضوء قبل الصلاة، كما نجد في مسجد ابن طولون ومدرسة السلطان حسن. كما كان السبيل من المنشآت الخيرية حيث يزود المارة بالمياه اللازمة للشرب.

وكان يبنى منفرداًَ مثل سبيل السلطان قايتباي، وفي بعض الأحيان كان السبيل يلحق بالمساجد كما في مجموعة السلطان قلاوون في النحاسين.

وكانت عملية نقل المياه من النيل أمرا هاما بالنسبة للمسلمين، حيث استخدام الجزء العلوي من أسوار صلاح الدين التي بنيت لتحيط بالقاهرة، كقناة لحمل المياه من النيل إلى القلعة.

وهنالك كانت المياه توزع على أجزاء المبنى المختلفة باستعمال ما يعرف بالمقاسم التي كانت عبارة عن أنابيب من الفخار مثل تلك التي عثر عليها في حفائر المنصور قلاوون. كما كانت تحمل على كوابيل حجرية كما في خارج مدرسة السلطان حسن.

وربما يعمد المعماري أيضاً إلى توزيع المياه من خلال قنوات على شكل حرف U منحوتة في الحجر، حيث تستمر بطول الحائط لتغذية الحمام والمطبخ وفوارات القاعات والفسقيات.

ولقد أثر النيل على التطور العمراني للقاهرة، كما يتضح من تطور العواصم - الفسطاط - العسكر - القطائع والتي انحصر امتدادها في الاتجاه الجنوبي الشمالي حيث منعها النيل من الامتداد غرباً.

ولم يتم هذا الامتداد غرباً إلا بارتداد مجرى النيل في الاتجاه الغربي بفعل الإرساب النهري.

ويبعد مجرى النهر الحالي 500 متر أو ثلث ميل غرباً عن مجراه خلال الفترة الإسلامية المبكرة في مصر.

وقام النيل بدور هام في حياة مصر التجارية، فقد كانت السفن تأتي من بلاد الشرق مثل الصين وإيران محملة بالبضائع مثل الخزف عن طريق البحر الأحمر من خلال قفط والقلزم على البحر الأحمر حيث تصل للفسطاط عبر النيل.

كما كانت السفن تأتي من أوروبا وحوض البحر المتوسط شمالاً أيضاً، ولذلك فقد كانت الفنادق تشيد على شاطئ النيل.

حضارة بلاد الرافدين

تعد حضارة بلاد الرافدين من الحضارات العالمية القديمة، سميت بأسماء القبائل العربية التي أقامتها، والتي جاءت من شبه جزيرة العرب بهجرات بدأها إلى بلاد الرافدين الأكاديون حوالي سنة 3500 ق.م. والذين سكنوا شمالي سهل شنعار، وورثوا حضارة الشعب السومري الذي لم تفك بعد أحجية أصله وجذوره، ولما أقام البابليون دولتهم حوالي 2000 ق.م. مؤسسين الدولة البابلية الأولى ورثوا تراث بلاد الرافدين السومري والأكادي وأضافوا إليه حضارتهم الكبيرة. ثم ورث الآشوريون (1392 ـ 512 ق.م). لواء حضارة بلاد الرافدين ليستلمه الكلدانيون عندما أسسوا الدولة البابلية الثانية (626 ـ 139) ق.م.

وفي سنة 539 اقتحم مورس الفارسي أسوار بابل فانتهت بذلك حضارة العرب في بلاد ما بين النهرين، وانتقلت السيادة إلى الفرس حتى عام 331 ق.م. حين استولى الاسكندر المقدوني على الشرق. ولكن السيادة العربية عادت عندما قامت الدولة العربية الإسلامية وحررت العراق..

السومريون القدماء (3400 ـ 2400) ق.م.

وجد السومريون في جنوبي بلاد الرافدين منذ بدء العصور التاريخية ويعتبرون أول من سكن بلاد الرافدين بعد طوفان نوح.

ولم يعرف أصل السومريين بشكل يقيني، ويرجح بعض المؤرخين أنهم أتوا من أواسط آسية والمناطق القريبة من شمالي بحر قزوين.

أوجه الحضارة السومرية:

عمل السومريون بالزراعة فحفروا الترع والجداول والقنوات كقناة شط الحي التي ماتزال تستعمل حتى يومنا هذا، وفي مجال الصناعة عرفوا بعض المعادن كالنحاس، والفضة والبرونز والذهب، وعرفوا صنع المنسوجات وبلغت مبادلاتهم التجارية الصين شرقاً والأناضول شمالاً وسوريا ومصر غرباً. وعرفوا خلال تجارتهم هذه الصكوك لكتابة المقاولات والعقود والرهن والتسليف.

وفي مجال العلوم، اتبع السومريون في الحساب نظاماً خلط بين النظامين العشري والستيني. وأشارت إحدى الوثائق السومرية إلى أن الطب كان مهنة تمتهن وكان الطبيب يركب عقاقيره بيده.

الآشوريون (1900 ـ 612) ق.م.

أصلهم قبائل عربية قديمة هاجرت حوالي 3000 ق.م. إلى شمال بلاد الرافدين ولم يعرفوا الطمأنينة والاستقرار قرابة ألف سنة بسبب الحروب والغارات وخضوعهم لشعوب وأمم جاءت من أواسط آسية.

نسبوا إلى ألههم آشور، الذي مثل قسوتهم وخشونتهم وبأسهم الحربي الشديد لقد عاشوا للحرب يزكون نارها ويخوضون غمارها، عاصروا حمورابي وخضعوا له ثم وقعوا بين نارين، نار الكاشيين من الجنوب، ونار الميتانيين من الغرب الذين دخلوا أشور في عهد ملكهم شوشتار، ولكن آشور أرباليط: (1392 ـ 1337) ق.م. تمكن من القضاء على الميتانيين والاستقلال بتحالفه مع الحثيين.

توسعت الامبراطورية الآشورية حتى مصر والأناضول. وكان أوج المجد والتوسع أيام آشور بانيبعل (668 ـ 626) ق.م. ولكنها سقطت سنة 612 ق.م. لاعتمادها على الإرهاب العسكري وخشونة طباع جندها. ووحشية قادتها ولكثرة الحروب التي سببت الفقر والمرض، فقامت دولة قوية في بابل على يد أسرة كلدانية والتي كان من أشهر ملوكها نبوخذ نصر الذي قضى على مملكة يهوذا سنة 585 ق.م. وفي عام 539 ق.م. اقتحم قورش الفارسي أسوار بابل، وانتقلت السيادة السياسية إلى الفرس حتى عام 331 ق.م. حين استولى الاسكندر المقدوني على الشرق ولكن السيادة العربية عادت إلى بلاد الرافدين مع دخول الجيش العربي الإسلامي محرراً العراق وبلاد الشام ومصر....

السياسة العسكرية للآشوريين:

كانت الحكومة الآشورية كلها أداة حرب قبل أي شيء إعتمدت العنف وبالغت في الوحشية وأسرفت في إتلاف الحياة البشرية، بطريقة مؤلمة، لقد دمرت

المدن المغلوبة تماماً وأحرقتها عن آخرها، وكوفىء الجندي الآشوري بعدد الرؤوس التي قتلها وقطعها. وهكذا كان مصير المدن المغلوبة الإبادة.

وهكذا تأسست امبراطوريتهم على الجماجم وركام المدن وأنين الجرحى وآلام الثكالى. ويظهر من الرقم الآشورية التي احتوتها مكتبة آشور بانيبعل والتي كتبت بالخط المسماري أن الآشوريين كانوا يعرفون جيداً شريعة حمورابي وربما كانوا يطبقونها، غير أن القوانين الآشورية امتازت بدقتها وكانت أكثر شدة في أحكامها من شريعة حمورابي.

ومن أسباب ذلك طبيعة المنطقة الجبلية التي سكنوها. لذلك لم تختلف الحياة الاجتماعية كثيراً عما كانت عليه أيام البابليين.

وعندما قامت الدولة الكلدانية بعد الآشورية وذلك سنة 626 ق.م. زالت سلطة الاله آشور وأصبح مردوخ صاحب المكان الأول بين الآلهة.

وبقيت الناحية العلمية عند الكلدانيين تشبه إلى حد بعيد علوم البابليين في الرياضيات والهندسة والطب وحصل تقدم في علم الفلك، فرسموا مسارات الشمس والقمر ولاحظوا الخسوف والكسون وعينوا مسارات الكواكب وحددوا الانقلابين الشتائي والصيفي والاعتدالين الربيعي والخريفي وإذا ذكرت بابل أيام الكلدانيين ذكرت الجنائن المعلقة في بابل فهي إحدى عجائب الدنيا السبع. لقد كانت جنائن بارزة على شكل مصاطب مرتفعة وفسيحة مبنية فوق أقواس تسقى بواسطة مضخات لولبية هي أعجوبة بحد ذاتها. أمر ببنائها نبوخذ نصر عام 500 ق.م. تكريماً لزوجته «إميتس».

ومن أجمل آثار بابل أيضاً بوابة عشتار التي أعاد بناؤها نبوخذ نصر.

الأكاديون:

استوطن الأكاديون شمال سهل شنعار من حوالي 3500 ق.م. وتمكن سرجون الأول من القضاء على المملكة السومرية. وتكوين الامبراطورية حوالي 2400 ق.م. وبقيت إلى أن قضى عليها الكوتيون سنة 2255 ق.م. والذين سيطروا

على معظم أجزاء بلاد الرافدين حتى 2130 ق.م. ويبدو أن بعض المدن السومرية عادت وانتعشت مؤسسة عهد الملكية السومرية الثانية ويعد أور ـ نامو (2123 ـ 2106) ق.م. أعظم ملوك السومريين في هذه الفترة وأكبر مشرّع في بلاد الرافدين قبل مجيء حمورابي. وفي عهد الأكاديين كتبت أول لغة عربية قديمة برموز مسمارية.

البابليون:

أصلهم من القبائل العربية الأمورية القديمة، سميت امبراطوريتهم «البابلية» نسبة إلى عاصمتهم «بابل» أي باب الإله، وأشهر ملوكهم على الإطلاق حمورابي (1791 ـ 1749) ق.م. الذي توسع في دولته.

اتصف نظام الحكم عندهم بالحكم المطلق. الذي يتوخى العدالة في ظل القانون: «أنا حمورابي الأمير الأعلى، عابد الآلهة لكي أنشر العدالة في العالم وأقضي على الأشرار والآثمين ، وأمنع الأقوياء من أن يظلموا الضعفاء وأنشر النور في الأرض وأرعىٰ مصالح الخلق»، وقد سار جميع ملوك بابل على هذا النهج تقريباً.

من شريعة حمورابي

المادة 229: إذا بنى مهندس بيتاً لأحد الأشخاص ولم يكن بناؤه متيناً فانهار البيت وسبب قتل من فيه يعاقب المهندس بالموت.

المادة 223: إذا بنى مهندس بيتاً لأحد الأشخاص ولم يضع له أسساً متينة فانهار أحد الجدران فعلى المهندس أن يعيد بناء ما تهدم على نفقته الخاصة. **ويمكن إنزال عقوبة الإعدام على من اقترف الجرائم التالية:**

- شاهد الإثبات المزور في قضية جنائية.

- اللص الذي يسرق كنوزاً من المعابد أو قصر الأمير.

- اللص الذي يسرق منقولات ذات قيمة.

وكانت عقوبة الاعدام تفرض في الحالات التالية: هتك الأعراض ـ خطف الأطفال ـ قطع الطرق على القوافل ـ الجبن في القتال ـ سوء استعمال الوظيفة ـ المرأة التي تتسبب في قتل زوجها كي تتزوج من غيره.

كما أن هناك عقوبات رادعة اعتمدت مبدأ:

«العين بالعين والسن بالسن، ومنها إذا كسر إنسان لرجل شريف سناً أو فقأ له عيناً أو هشم له طرفاً من أطرافه حل به نفس الأذى الذي سببه له.

وإذا ضرب انسان طفلاً ومات حكم على طفله بالموت...

ومع أن شريعة حمورابي كانت قاسية في العقوبات وخاصة على كل من يخرج على العرف السائد، أو يقترف ذنباً لا يتفق مع التقاليد والأخلاق والنظام العام، ولكنها بقيت مدة خمسة عشر قرناً كاملة محتفظة بجوهرها رغم ما طرأ على أحوال البلاد من تغيير ورغم ما أدخل على الحياة الاجتماعية من تبدل ولقد عدلت بعض مواده.

وعرفت بابل محاكم الاستئناف يحكم فيها قضاة الملك، وكان محرماً على القاضي لأي سبب من الأسباب أن يغير حكماً أصدره، وكانت عقوبة العزل لكل قاضٍ يفعل ذلك. ولا يجوز إيقاع العقوبة دون شهود تحاشياً للخلاف في المستقبل.

طبقات المجتمع البابلي:

الطبقة العليا: ولد أفرادها أحراراً من أبوين حرين أو من أم حرة، أما إذا كان أبوه حراً وأمه جارية فيصبح محرراً وليس له كافة حقوق الأحرار، وكان الأحرار يتمتعون بكل الحقوق ولهم السيادة في المجتمع.

طبقة العامة: أي المساكين وأفراد هذه الطبقة هم من الفقراء من الأحرار أو الأرقاء الذين تحرروا، وكان معظم أفراد هذه الطبقة الأحرار الذين

تزوجوا بالإماء فولدن لهم أبناء اعتبروا من طبقة الأرقاء ولكنهم تحرروا بموت والدهم، وقد عمل أفراد هذه الطبقة بشتى أنواع المهن.

طبقة العبيد الأرقاء: وأفراد هذه الطبقة هم الذين ولدوا في الرق، وأسرى الحرب وقد اعترفت شريعة حمورابي ببعض الحقوق كإمكانية الزواج من امرأة حرة، والأولاد من الحرة أحرار، وفسحت لهم امكانية التحرر بدفع مبلغ من المال يستقرضونه، وكانت أجساد العبيد تكوى وتوشم بعلامات خاصة تميزهم عن غيرهم، وكانوا يؤدون أعمال السخرة.

وقد اهتم **البابليون بالزراعة**، فاكتسبوا من حفر الأقنية وإقامة السدود الصغيرة لحماية مزروعاتهم من الفيضانات.

وانتشرت أيام حمورابي صناعة صهر المعادن، وسكبها، ومنها النحاس والقصدير والرصاص. وعرفوا الحديد على نطاق ضيق، واهتم البابليون بصنع الأسلحة، ودبغ الجلود وصبغ المنسوجات وعصر الزيتون، ومن الآلات الصناعية في الحضارة البابلية نول النساج وعجلة الفخاري.

البابليون من الناحية العلمية:

البابليون هم الذين قسموا محيط الدائرة إلى 360 درجة وكل درجة إلى 60 دقيقة وكل دقيقة إلى 60 ثانية، ووضعوا قواعد لاستخراج مساحة الأشكال غير المنتظمة والمساحات المعقدة وأوجدوا إشارات الطرح والتقسيم واعتمدوا التعداد العشري والتعداد الستيني. وقسموا اليوم إلى 12 قسماً وكل قسم يتألف من ساعتين وكل ساعة من 60 دقيقة.

وكانت سنتهم اثنتي عشر شهراً قمرياً، ستة أشهر منها مؤلفة من 30 يوماً وستة أشهر مؤلفة من 29 يوماً ولما كان مجموع السنة بذلك 354 يوماً أضافوا شهراً إضافياً قصيراً تضبط به أيام السنة.

وتقدم علم الفلك أيام البابليين تقدماً كبيراً، لأن اهتمامهم العظيم بالتنجيم قادهم إلى رصد النجوم، وصوروا مساراتها ولاحظوا الفرق بين الكوكب السيار والنجم الثابت ظاهرياً.

الحضارة الإيرانية

حضارة الفرس الإخمينيين (559 ـ 330) ق.م.

أسس الامبراطورية الاخمينية كورش، وقوض صرحها الاسكندر المقدوني. وامتازت بتنظيم إدارة البلاد أيام داريوس، الذي كان قائد الحرس الملكي وساعده الأيمن في العاصمة، أما الولايات فكان عليها حاكم «مرزبان»، وبجانبه قائد عسكري وكاتب يرفع الأخبار للملك، كما امتازت بمواصلاتها وبمحطات لتسهيل نقل الأخبار والأمراء والجيوش. وافتخر داريوس بأنه «أحب الحق ولم يحب الباطل، وكانت إرادته ألا يتعرضوا لحقوق أرملة أو يتيم، وأنه عاقب الكاذب وكافأ الصادق المجتهد فالقضاة المرتشون مثلاً كانوا يقتلون وتوضع جلودهم المدبوغة على مقعد الذين يخلفونهم. وسبب ضعف هذه الدولة عدم تقدم الصناعة والتجارة والعلوم لإعطائها دعايه اقتصادية واجتماعية.

الفرثيون وحضارتهم (250 ق.م ـ 324) م.

بقيت إيران تحت حكم السلوقيين خلفاء الاسكندر حتى 250 ق.م. حيث بدأت فترة حكم الفرثيين الذين قدموا من آسيا الوسطى، وعرفت سلالتهم بالسلالة الأشكانية أو الأرشاقية نسبة إلى أرشاق الأول (248 ـ 246 ق.م. مؤسس الدولة الفرثية التي كانت حضارتها مزيجاً من فاسية ـ هلنستية حتى القرن الأول الميلادي حيث ابتعدت عن الفكر الهلنستي واتخذت المجوسية الزردشتية ديانة رسمية، ووضع كتاب الأفستا كتاب المجوسية الديني. ويمكن تمييز الايوان في مبانيهم والذي سيصبح له شأن في الأبنية الإيرانية المتأخرة.

الساسانيون وحضارتهم (224 ـ 652) م.

أسس حكم الأسرة الساسانية أردشير الأول الذي جعل المجوسية ديانة الدولة الرسمية وفيها الإله أهورمزدا إله النور والحكمة، يصارع إله الشر

والظلام أهريمان والنار تُعبدت بأشكال مختلفة في غرفة مربعة ذات قبة وأربعة أبواب واحد في كل جانب. وأيام كسريث انوشروان قسمت الامبراطورية إلى أربعة أقسام إدارية ومسحت أراضي الدولة وفرضت عليها الضرائب وأقيمت مشاريع الري وشجع العلم وتقدم الطب في مدرسة جند يسابور.

وظهرت أيام الأسرة الساسانية المانوية التي أثرت على مؤسسها ماني (216 ـ 274) م الأفكار الهندية وخاصة الغنوسطية أو فلسفة المعرفة، الثنائية الزرادشتية (النور والظلام) وشكل ثالوثاً يدافع مع إله النور إله الظلام الذي هزم بعد انتصار.

ولما كانت الدولة الساسانية قد سيطرت على طريق التجارة مع الصين، وأعادت بناء القرى، وحفرت الأقنية والترع وأعطت الفقراء أرضاً وبذاراً ومواشي. إلا أنهم أرهقوا بالضرائب، وأدت حالتهم السيئة إلى حركة ثورية مرتبطة ببدعة دينية تسمى «المزدكية» وهي بعث للمجوسية متأثرة بأفكار هلنستية غايتها شيوعية الأرض والمواشي والنساء فقام الفلاحون واستولوا على المواشي والأراضي والنساء وجعلوا القرى مشتركة.

وبدأ الاصلاح الاجتماعي أيام قباذ الأول (485 ـ 531) م باستئصال الشرور التي سببت المزدكية فمسح الأراضي وحدد كمية الضرائب وسمح للفلاح بتعيين نوع المحصول، ولكن وضعت ضريبة شخصية على جميع الذكور بين سن العشرين والخمسين أعفي منها الجند والنبلاء والكهنة والموظفون والمصابون بعاهات وعاد نظام الطبقات.

الثورة الإسلامية

وقيام الجمهورية الإسلامية في إيران

«إيران والاستعماران الأحمر والأسود»:

إنه الشعار الذي رفعه الشاه الإيراني المخلوع والذي أدى إلى اندلاع انتفاضة عارمة حيث يدل الشعار صراحة على إهانة للإسلام الذي ينادي به رجال الدين الإيرانيون والمرمز له بالسواد هنا.

ففي بداية سنة 1978 قامت الانتفاضة الشعبية في قم ومشهد. ما لبثت أن شملت جميع المدن الإيرانية. وكان على رأس هذه الانتفاضة آية الله شريعة مداري في الداخل. وفي الخارج آية الله الخميني (الذي نفي إلى فرنسا بناء على أوامر الشاه الذي كان يريد سجنه إلا أن ترقيته من قبل مجلس العلماء في مدينة قم إلى رتبة آية الله تمنع السلطات أن تسجنه دستورياً).

بالإضافة إلى الجبهة الوطنية الإيرانية بزعامة كريم سنجابي. وكانت شعارات الانتفاضة تنادي بتنحية الشاه، وقيام جمهورية إسلامية، وقطع العلاقات مع الكيان الصهيوني الذي فتحت له سفارة في طهران.

وقد كان الشاه يلجأ لامتصاص هذه الثورات والأنتفاضات والنقمات إلى تبديل رؤساء الوزارات وإجراء بعض الإصلاحات ولكن دون جدوى وكان آخر رئيس للوزراء «شهبور بختيار».

بعد ظهور ذاك الشعار المهين(الأحمر والأسود) الذي جاء عقب زيارة الرئيس الأميركي جيمي كارتر إلى إيران انطلقت المظاهرات الاحتجاجية الصاخبة في قم حيث استنكر الناس سجل النظام الأسود، غير أن رد النظام على ذلك لم يختلف عن السابق، فقد استعمل القوة العسكرية مما أدى إلى سقوط حوالي 200 قتيل.

بعد حادثة قم أخذت سلسلة من التظاهرات تتكرر في أرجاء البلاد ليقابلها النظام بالرصاص وإراقة الدماء البريئة. ثم تطورت هذه الحوادث من مجرد حوادث منفصلة في أنحاء البلاد إلى حركة متناسقة وموحدة رافعة شعار اسقاط نظام الشاه وإقامة حكم جمهوري إسلامي مكانه.

المذابح المتكررة ... وليلة عاشوراء

لقد كانت تلك الانتفاضة من القوة بحيث لم يكن نظام الشاه يتوقعها. واتضح أن الشرطة السرية (السافاك) لم تستطع أن تواجه الانتفاضة الجماهيرية العارمة، كما أن أفراداً من الحامية المحلية لم يرغبوا في التدخل أ و أنهم عجزوا عن التدخل بصورة مؤثرة. فاستدعى النظام التعزيزات من خارج المحافظة، ولكن دون جدوى. وفي النهاية استطاع النظام تفريق التظاهرات لا بشرطته ولا بجيشه بل برشق المتظاهرين بوابل من الرصاص من الطائرات السمتية المزودة بالمدافع الرشاشة كالتي استعملتها الولايات المتحدة الأميركية ضد الفيتناميين. وبعد ذلك بدأت الأعمال الانتقامية القاسية. ويقدر عدد الشهداء الذين ا ستشهدوا في انتفاضة تبريز فقط في ذلك اليوم بنحو 500 شخص.

وتبع ذلك عقد سلسلة من مجالس العزاء لإحياء ذكرى الشهداء في مختلف أنحاء إيران. وفي يزد استشهد عدد من الناس في آب 1978، فقامت مظاهرات كبرى في طهران. وباقتراب الشهر المحرم بلغت الحوادث ذرو تها وتحولت التظاهرات المتناثرة إلى ثورة جماهيرية لم يتنبأ بها أدق المراقبين.

في اليوم الأول من محرم 1978 امتلأت الشوارع في طهران وفي عدد من المدن الأخرى بالجماهير الغاضبة وقد ارتدت الأكفان استعداداً للشهادة وتقدمت في صفوف متراصة نحو فوهات البنادق الرشاشة الموجهة إليهم.

وعلى الرغم من صعوبة التوصل إلى تقدير صحيح في عدد قتلى ذلك اليوم ـ باستثناء مجزرة الجمعة السوداء في 18 أيلول 1978 ـ فإن الضحايا في هذه الحادثة كانوا أكثر من ضحايا أية حوادث أخرى.

مجزرة ساحة الشهداء أو الجمعة السوداء

تجمع عدد كبير من المتظاهرين في طهران في الساحة التي كانت تسمى في السابق باسم «ميدان رالة» والتي تسمى اليوم «ساحة الشهداء» كان النظام قد أعلن منع التجول دون أن يعرف بذلك الذين تجمهروا في الساحة ولم تعطَ لهم أية فرصة للتفرق، بل حوصروا من الجهات الأربع وأخذ الجنود يطلقون الرصاص عليهم من الجهات الأربع ومن الجو أيضاً.

بعد هذه المذبحة المروعة التي ذهب ضحيتها نحو أربعة آلاف شهيد نسي الرئيس الأميركي جيمي كارتر كل شيء عن كامب ديفيد وبعث برسالة، تهنئة إلى الشاه ومن شهر رمضان حتى محرم أي من أيلول حتى كانون الأول 1978 عادت المظاهرات الجماهيرية التي كانت قد اندلعت في أواخر شهر رمضان فتكررت في يومين عصيبين هما اليومان التاسع والعاشر من محرم واللذان يجلهما الشيعة أيما إجلال.

الثورة في عاشوراء

كان يوما التاسع والعاشر من شهر محرم هما المفصلين في تاريخ الثورة الإسلامية. في البداية أعلن أزهاري رئيس الوزراء العسكري أن منعاً للتجول سوف يفرض من الفجر حتى المغرب. وأنه لن يسمح بإقامة أية مراسيم للعزاء الحسيني حتى في المساجد فضلاً عن الشوارع.

ورداً على ذلك صدر أمر عن الخميني في باريس بالقيام بإحياء ليلة عاشوراء بالقيام بالتجمع على أسطح المنازل خلال الليل. الأمر الذي زاد من هياج النظام الضعيف.

وخلال تلك الليلة بدت أصوات التكبير والتهليل المتصاعدة من أسطح البنايات وكأنها أشبه بزلزال رهيب ماجت به طهران كلها.

وعندما أدركت الحكومة أن الناس لا ينوون التزام منع التجول ألغته وأجازت التظاهر فخرجت المظاهرات الضخمة في أهم وأكبر شوارع طهران. حيث تسكن العائلة المالِكة وأبناء الذوات وأصحاب المال. واتجهت جموع الحاشدين نحو الساحة حيث قرأ بيان أيده الجميع. وقد دعا البيان إلى إلغاء الملكية وإقامة الجمهورية الإسلامية والتزام بعض المبادىء المعينة في السياستين الداخلية والخارجية. وبعد سلسلة من الحوادث اضطر الشاه إلى ترك البلاد وهذا الأمر الذي كان يصر عليه الشعب بتشجيع من الخميني في باريس.

قيام الجمهورية الإسلامية

في 18 كانون الثاني 1979 هرب الشاه إلى خارج إيران. وفي أول شباط 1979 وصل الخميني إلى طهران قادماً من منفاه في باريس، فلاقته الجماهير الإيرانية التي قدرت بنحو ثلاثة ملايين شخص (وقد اتصلت هذه الجماهير في خط واحد بلغ طوله 33 كلم) واختفى رئيس الوزراء شهبور بختيار عن الأنظار، حيث هرب إلى باريس حيث عين الخميني مكانه مهدي بازركان رئيساً للحكومة المؤقتة في البلاد.

وفي 31 آذار 1979 جرى استفتاء شعبي على الجمهورية الإسلامية فنالت الأكثرية الساحقة من أصوات المقترعين الذين بلغ عددهم 99 بالمائة.

وبعد عدة أيام تم إعدام عدد من مسؤولي جهاز «السافاك» السابقين المسؤولين المباشرين عن عدد من المجازر.

وقد أدى قيام الثورة الإسلامية في إيران إلى توتر شديد في العلاقات مع الولايات المتحدة الأميركية، وقطعت مع إسرائيل حيث استبدلت السفارة الإسرائيلية بسفارة دولة فلسطين واستقبل الزعيم الفلسطيني ياسر عرفات استقبالاً حاشداً وجرى تغيير كامل للسياسة الإيرانية على الصعيد الداخلي وخاصة على الصعيد الخارجي حيث أصبحت إيران من أهم الدول المعادية للولايات المتحدة الأميركية وإسرائيل بعد أن كانت حليفتهم المثلى.

الحضارة في بلاد اليمن

من الطبيعي أن تقوم مجتمعات مستقرة تمتهن الزراعة في منطقة خصبة معرضة لرياح موسمية ممطرة، ومن الطبيعي أيضاً أن تشكل هذه المجتمعات فيما بعد حكومات تنظيم حياة هذه المجتمعات وشؤونها، ومن أهم هذه الدول التي قامت في اليمن حسب تسلسل قيامها:

- **مملكة معين:** 1200 ق.م. ـ 600ق.م.
- **مملكة قتبان:** عاصرت معين 1000 ق.م. وبقيت حتى 200 ق.م.
- **حضرموت:** اندمجت في مملكة معين قرابة ثلاثة قرون وانتهت نحو سنة 630 ق.م. ثم اندمجت بعد ذلك في مملكة سبأ من 630 حتى 180 ق.م. ثم استقلت وبقيت حتى عام 300 م.
- **مملكة سبأ:** ورثت معين ودامت من 950 ق.م. حتى 115 ق.م.
- **مملكة حميد:** من 300 م. إلى 525م.

وبدأ دور الاحتلال الحبشي لليمن سنة 525 م، وبقي حتى عام 575 م، وبات التنافس بين المسيحية واليهودية شديداً على اليمن، ليبدأ دور النفوذ الفارسي عام 575 م. والذي بقي حتى الإسلام إذا أسلم حاكم اليمن باذان ومن معه من أبناء الفرس سنة 6 هـ/628 م، وأصبحت اليمن بذلك ولاية إسلامية.

أوجه الحضارة اليمنية:

دول اليمن لم تكن دول حروب وفتوح، بل تركزت جهودها في الأمور الاقتصادية كالزراعة والصناعة والتجارة ولذلك كان اختصاص جيشها حفظ النظام وحراسة القوافل التجارية، وما كان ليدعى إلى حرب إلا إذا دعت الحاجة للدفاع عن سلامة البلاد.

لقد كان اليمنيون وسطاء نشيطين في تجارتهم الواسعة فنقلوا من الصين والهند وسواحل أفريقيا الشرقية إلى المصريين والفينيقيين والآشوريين المعادن الثمينة والأقمشة الحريرية والتوابل وريش النعام.....

تفرغها سفنهم في مسقط ثم تحملها قوافلهم عبر بادية الدهناء والخليج العربي إلى نجد فالحجاز حيث تتجه شمالاً إلى معان لتتفرع فرعين: إما إلى مصر عبر سيناء وإما إلى فلسطين وفينيقيا وتدمر.

وكان لليمنيين على طول هذه الطرق محطات فيها من الوسائل والمعدات ما يوفر راحة القوافل وأمنها وأن هذه التجارة الواسعة أمنت ثروة هائلة لليمنيين نعموا بها.

وساعدت الثروة على تقدم الصناعة اليمنية خصوصاً وأن أرضها قد استخرج منها الذهب والفضة والأحجار الكريمة.

وتقدم اليمنيون في فن البناء، فقد كانت القصور عدة طبقات، كقصر غمدان وقصر ناعط، وكذلك في بناء السدود كسد مأرب الذي يعد دليلاً واضحاً على تقدم فن البناء والهندسة في تلك البلاد.

قصور الرياض ومعالمها الخالدة

تجمع مدينة الرياض بين تاريخ حافل بالإنجازات والبطولات، وحافز مشرق يعكس نهضة حضارية كبيرة. جعلتها في مصاف العواصم العالمية العظيمة. حيث أنها حافلة بالعديد من الآثار التاريخية الخالدة التي تحكي لنا ا لبدايات الأولية لحكم الدولة السعودية. حتى وصلت إلى ما وصلت إليه في عصرنا الحاضر عهد خادم الحرمين الشريفين الملك فهد بن عبد العزيز آل سعود من نهضة وتطور ونماء وازدهار.

ومن الآثار التاريخية الخالدة في مدينة الرياض وضواحيها القصور التاريخية مثل المصمك والمربع والشمسية وقصر الأمير محمد بن عبد الرحمن.

قصر المصمك

فقصر المصمك يعد من أهم المعالم التاريخية في المملكة العربية السعودية إذ يحتل مكانة بارزة في تاريخ مدينة الرياض خاصة والمملكة عامة.

ويمثل المصمك الذي يقع في الحي القديم في وسط مدينة الرياض. الانطلاقة المباركة التي تمّ على أثرها توحيد المملكة. حيث اقترن بملحمة فتح الرياض البطولية التي تحققت على يد الملك عبد العزيز بن عبد الرحمن آل سعود، في فجر الخامس من شهر شوال عام 1319 هـ إذ كان لا بد من افتتاحه حيث يمثل الاستيلاء عليه استعادة مدينة الرياض.

ويعني المسمك أو المصمك. البناء السميك المرتفع الحصين وهو حصين محكم من 1289 هـ مربع ذو أبراج وجدران سميكة. وبني في عهد محمد بن عبدالله بن رشيد واستعاده الملك عبد العزيز رحمه الله عام 1902م.

وقد استخدم قصر المصمك فيما بعد مستودعاً للذخيرة والأسلحة. وبقي يستخدم لهذا الغرض إلى أن تقرر تحويله إلى معلم تراثي يمثل مرحلة من مراحل توحيد المملكة العربية السعودية.

قصر الملك عبد العزيز المربع

إن قصر الملك عبد العزيز المربع يعتبر حالياً من القصور التاريخية التي تروي قصة فترة حاسمة من تاريخ المملكة العربية السعودية. ويحمل قيمة تراثية عالية لكونه أحد أول المباني الرسمية التي بنيت خارج السور القديم. كما أنه من أواخر المباني الطينية المهمة التي أقيمت في المدينة.

وللقصر الذي أطلق الملك عبد العزيز رحمه الله عليه اسم المربع لأحاطته بأبراج أربعة مربعة الشكل، دور تاريخي عظيم في إرساء قواعد وأسس الحكم.

وشيّد القصر الذي يحتل مساحة قدرها 1680 متراً مربعاً ومساحة مبانيه 2957 متراً مربعاً. والمؤلف من دورين بأسلوب البناء المتبع في الجزيرة العربية من الطين المخلوط وزيّنت جدرانه بالحصى الأبيض والزخارف الملونة وهو مبني على الطراز العربي الإسلامي.

ولأهمية القصر التاريخية، تقوم الهيئة العليا لتطوير مدينة الرياض بترميم وإصلاح الأجزاء المتداعية منه لإعادته إلى الوضع الذي كان عليه في أواخر عهد الملك عبد العزيز. كما سيتم تأثيثه بالطريقة نفسها التي كان عليها الوضع في ذلك الوقت.

قصر الشمسية

يقع قصر الشمسية إلى الشرق من شارع الملك فيصل الوزير بين شارعي الملك سعود والخوان وغرب طريق البطحاء.

وشيّد القصر الذي يعد من القصور التاريخية، على الطراز العربي الإسلامي في فترة إنشائه. وهو مبني من مادة الطين المخلوط والجص، والعروق الخشبية. ويوجد به فناء داخلي مكشوف حيث تطل عليه معظم فتحات البناء.

قصر الأمير محمد بن عبد الرحمن

ومن ضمن القصور التاريخية قصر الأمير محمد بن عبد الرحمن. الواقع في عتيقة وهو قصر كبير مشيد من الطوب الأخضر المغطّى بطبقة لياسة من الطين المخلوط.

ويضم القصر مجموعة من الأبواب والشبابيك الدرايش ذات الزخارف الملونة وله أبراج مربعة الشكل تقريباً اثنان منهما على جانبي الواجهة يتوسطها مدخلان للقصر.

منطقة قصر الحكم

تعتبر منطقة قصر الحكم النواة التاريخية لمدينة الرياض. ومن أهم معالمها الماثلة قلعة المصمك. والتي تعتبر رمزاً لإرساء أسس المملكة العربية السعودية.

كما تمثل قلب مدينة الرياض. التي تضم في جوانحها الرموز التاريخية والتراثية التي تمثل روح الماضي العريق الذي تفتحت أكمامه عن نواة الحاضر الزاهر الذي تحياه المملكة وتتطلع من خلاله إلى مواصلة بناء المستقبل الرغيد.

وهي المنطقة التي كانت تقوم عليها الرياض عندما استعادها الملك عبد العزيز، لينطلق منها موحداً لمعظم أجزاء الجزيرة العربية ومؤسساً للدولة السعودية.

كما أنها مقر الحكم منذ نشأة الدولة السعودية الثانية واتخاذ الإمام تركي بن عبدالله الرياض عاصمة لحكمه. وتحتضن منطقة قصر الحكم جامع الإمام تركي بن عبدالله، الذي ما زال يقوم بدور المسجد الرئيسي

والجامع الكبير للمدينة. ويحتل مكانه خاصة في نفوس سكانها، كما تحتضن قصر الحكم وحصن المصمك التاريخي الذي شهد الإنطلاقه الأولى لتأسيس الدولة السعودية. وبعد توسع السعودية. حافظت المنطقة على تميزها بالأنشطة التقليدية والمتخصصة حتى الآن. إذ تحتوي على الكثير من الأسواق والحرف المتميزة والمعبرة عن أصالة المدينة وعراقتها. إلى جانب ما تحتويه من تراث عمراني لم يتبق منه إلا القليل.

ورغبة في استمرار الحيوية والنشاط في المدينة. واستمرار دورها الأساسي كمركز سياسي وإداري وتجاري لمدينة الرياض. قامت الهيئة العليا لتطوير مدينة الرياض بمهمة تطوير المنطقة وفق برنامج من عدة مراحل. ويغطي البرنامج المنطقة المحصورة بين شارع الإمام تركي بن عبدالله شمالاً وشارع طارق بن زياد جنوباً، وشارع الملك فيصل شرقاً، وطريق الملك فهد غرباً وقد بدأ العمل به عام 1396 هـ

شملت **المرحلة الأولى** من تنفيذ البرنامج مباني إمارة منطقة الرياض وأمانة مدينة الرياض وشرطة منطقة الرياض والتي انتهى تنفيذها عام 1405 هـ

أما **المرحلة الثانية** التي بدأت عام 1408 هـ فتشمل جامع الإمام تركي بن عبدالله وقصر الحكم وميدان العدل وساحات الصفا والإمام محمد بن سعود والمصمك وبوابتي دخنة والثميري وبرج الديرة وأجزاء من سور المدينة القديم إضافة إلى المرافق الأساسية والشوارع المحيطة بالمنطقة والمرافق التجارية والمكتبية.

وقد بدأ منذ فترة العمل في المرحلة الثالثة والأخير من برنامج تطوير منطقة قصر الحكم. بتخطيطها الجديد وتصميم عناصرها العمرانية المستلهم من روح العمارة المحلية هوية مدينة الرياض وأصالتها التاريخية.

وقد أعيد بناء جامع الإمام تركي بن عبدالله وقصر الحكم في موقعيهما الأصليين.

المسجد الأقصى

بمناراته ومآثره الإسلامية يتحدى.. مؤامرات بني صهيون

أولى القبلتين وثالث الحرمين الشريفين

ومسرى رسول الـلـه صلى الـلـه عليه وسلم ومعراجه. مصلى الأنبياء جميعاً ليلة الإسراء والمعراج.

جامع كبير يقع في الجهة القبلية من ساحة الحرم القدسي الشريف في مدينة القدس.

وقديماً كان يطلق اسم المسجد الأقصى على كل ما بداخل سور الحرم القدسي الشريف وباركه الـلـه تعالى حيث وصفه بقوله:

﴿سبحان الذي أسرى بعبده ليلاً من المسجد الحرام إلى المسجد الأقصى الذي باركنا حوله لنريه من آياتنا إنه هو السميع البصير﴾ [الإسراء: 1].

ويشمل مفهوم المسجد الأقصى الذي تقام فيه صلاة الجمعة بالإضافة إلى الصلوات الخمس حتى يومنا هذا، كذلك الصخرة المشرفة، وجامع عمر، وجامع المغاربة، وجامع النساء، ودار الخطابة، والزاوية الختنية والزاوية البسطامية ، وقبة موسى بالإضافة إلى الأروقة والمنائر والمصاطب والأبواب والآبار وغرف السكن.

كما تضم ساحة المسجد الأقصى ومحراب مريم العذراء ومحراب زكريا والد يحيى عليهم السلام حيث بشرته الملائكة أثناء وقوفه للصلاة بميلاد ابنه يحيى كما ورد في قوله تعالى:

﴿فتقبلها ربها بقبول حسن وأنبتها نباتاً حسناً وكفلها زكريا كلما دخل عليها زكريا المحراب وجد عندها رزقاً قال يا مريم أنّى لكِ هذا قالت هو من عند الـلـه إنّ الـلـه يرزق من يشاء بغير حساب * هنالك دعا زكريا ربه قال رب هب لي من لدنك ذريةً طيبةً إنك سميع الدعاء * فنادته الملائكة وهو

قائم يصلي في المحراب أنَّ اللـه يبشرك بيحيى مصدقاً بكلمة من اللـه وسيداً وحصوراً ونبياً من الصالحين﴾ [سورة آل عمران: 37 ـ 39].

وللمسجد الأقصى عشرة أبواب تؤدي إلى ساحة الحرم القدسي الشريف، سبعة منها لجهة الشمال وباب من الشرق وآخر من الغرب والباب الأخير في جامع النساء.

وللحرم القدسي المحيط بالمسجد عدة أبواب هي:

- باب الرحمة
- باب البراق
- باب الأسباط
- باب شرف الأنبياء
- باب الناظر (ميكائيل سابقاً)
- باب القطانين
- باب السلسة
- باب المغاربة
- باب التوبة
- باب الجنائز
- باب حِطة
- باب الغوانمة (باب الخليل سابقاً)
- باب الحديد
- باب المتوضىء
- باب السكينة
- (باب النبي صلى اللـه عليه وسلم).

الإسلام والمسجد الأقصى:

المسجد الأقصى أحد أهم الأماكن الإسلامية المقدسة، وأقدمها، وهو ثاني مسجد بني على الأرض بعد المسجد الحرام، . وقد ولي المسلمون وجوههم قبله في الصلاة قبل أن يولوها شطر المسجد الحرام، ومن هنا عرف بأولى القبلتين، ثم أمر اللـه تعالى الكريم والمسلمين بأن يولوا وجوههم شطر المسجد الحرام.

كذلك فقد ارتبط ذكر المسجد الأقصى عند المسلمين بحادثة الإسراء والمعراج . التي كانت بداية للصلة الفعلية بين الإسلام والحرم القدسي الشريف، حيث كان هذا المكان مسرى النبي صلى اللـه عليه وسلم ومعراجه.

وبعدما يزيد على سبعة عشر عاماً من الإسراء والمعراج كانت جيوش المسلمين تحاصر بيت المقدس في العام الخامس عشر من الهجرة، وبعد وفاة رسول اللـه صلى اللـه عليه وسلم بخمس سنوات.

العهدة العمرية:

دعي الخليفة الثاني لرسول اللـه صلى اللـه عليه وسلم عمر بن الخطاب رضي اللـه عنه للذهاب إلى بيت المقدس وتسلمها وجاء ذلك استجابة لدعوة ضفراونيوس بطريرك القدس آنذاك. حيث طلب أهل المدينة من أمير المؤمنين العهد والأمان، فكان العهد العمري ميثاقاً وأمناً للناس في ذلك البلد المقدس وجرت مراسيم التسليم وتوقيع العهد في ساحة الحرم القدسي الشريف. وقد شهد على ذلك العهد كل من خالد بن الوليد وعبد الرحمن بن عوف وعمرو بن العاص ومعاوية بن أبي سفيان وهم قادة الجيش الأسلامي آنذاك.

وبعد أن تسلم الخليفة عمر بن الخطاب بيت المقدس كشف عن مكان الصخرة المباركة التي طمرت تحت الأتربة والنفايات وتسابق المسلمون، في مشاركته ذلك العمل حتى تم تنظيف المكان المبارك وظهرت الصخرة، وبنى عمر المسجد المعروف بالمسجد العمري وأصبحت الصخرة في مؤخرته.

عهد الأمويين:

وجاء عهد الأمويين وكان عبد الملك بن مروان شغوفاً بهذه البقعة المباركة، وأراد بناء قبة على الصخرة المباركة، فبعث برسائل إلى جميع عماله في سائر الأمصار معرباً عن رغبته في بناء قبة الصخرة والمسجد الأقصى. وجاءته الموافقات فجمع الأموال والمهندسين والصناع وأسند الإشراف على البناء إلى رجاء بن حيوة ويزيد بن سلام مولى عبد الملك بن مروان. واستغرق

البناء سبع سنوات وقد أمر بأن يسبك ما تبقى من أموال وقد قررت بـ مائة ألف دينار ذهبي - ويضرب على القبة. فكانت من أروع ما تكون.

في العهود اللاحقة:

أولى العباسيون المسجد الأقصى العناية الفائقة. فقد أصيب بزلزال مدمر عام 130 هجرية. فأمر الخليفة أبو جعفر المنصور بتعميره. وفي عام 155 هجرية وقع زلزال آخر في عهد الخلفية المهدي فأمر بإصلاحه وتعميره وإعادته إلى الصورة التي تليق بمكانته في قلوب المسلمين.

وفي القرن الخامس الهجري شهدت الدولة العباسية فترة من الضعف والتمزق أسفر عن تفتت رقعتها إلى دويلات ضعيفة.

وانتهزت أوروبا الفرصة. فجهزت الحملات الصليبية التي اتخذت مظهراً دينياً تهدف الاستيلاء على بيت المقدس. وأقاموا مملكة القدس 1009 م واستبيحت الأعراض والممتلكات، ولم يراعوا حرمة المسجد فحولوا الصخرة المباركة إلى مذبح نصراني. ووضعوا التماثيل فوقها وشوهوا معالم المسجد الأقصى واتخذوا من المسجد سكناً لجنودهم وذبحوا الكثير من المسلمين. وقتلوا في المسجد الأقصى حوالي سبعين ألف مسلم... وهكذا لم يشهد الحرم الأقصى طيلة احتلال الصليبيين له إلا المهانة والتشويه والقتل. وهذا كله نقيض ما عاملهم به الإسلام متمثلاً بالوثيقة العمرية.

الأقصى والناصر صلاح الدين

استطاع القائد المجاهد صلاح الدين الأيوبي تحرير القدس من أيدي الصليبيين. وما إن حررها حتى عمد إلى تطهيرها من نجسهم حيث عمل على إزالة التشوهات التي لحقت بالآثار الإسلامية، فطهر قبة الصخرة من التماثيل والهياكل التي وضعت فوقها. وأزال الجدار الذي وضعه الصليبيون على محراب المسجد وأمر بتجديده. كما ملأ المسجد والحرم القدسي الشريف بنسخ من

القرآن الكريم . ما يزال بعضها محفوظاً إلى الآن. وكذلك قام بتشييد العديد من المدارس الإسلامية.

القدس والتاريخ الصهيوني الأسود

أغار اليهود على المسجد الأقصى في يوليو 1948 م. حيث وجهت المدفعية اليهودية قذائفها صوب المسجد الأقصى وأصابت إحدى القذائف مسجد الصخرة. وقتل بعض المصلين. كما نتج عن تتابع القصف حدوث خرق كبير في سقف الرواق الأوسط لقبة الصخرة المصنوع من الفسيفساء والزجاج المذهب الذي كان من التحف النادرة.

وفي حرب حزيران 1967 م اعتدى اليهود على المسجد الأقصى ى. فاستباحوا قدسيته وقتلوا العديد من الأبرياء وأقاموا صلواتهم داخل الحرم، ثم تتابعت اعتداءاتهم بحجة الكشف عن التاريخ اليهودي، وهيكل سليمان المزعوم.

فأخذت السلطات الاسرائيلية تقوم بالحفر في أماكن متعددة في الأحياء العربية المصادرة داخل السور والمناطق الملاصقة للحائطين الجنوبي والغربي للحرم. وتغلغلت إلى مسافة 230 م أسفل الحرم وعقارات الوقف الإسلامي التابعة له بعمق عشرة أمتار وعرض 6 أمتار . وترتب على هذه الحفريات تصدع الزاوية الغربية الفخرية (مقر مفتي الشافعية) فضلاً عن تهديد سور الحرم.

حريق الأقصى... جريمة العصر

في الساعة السادسة والدقيقة العشرين من صباح 31 آب 1969. أشعل شاب يهودي يدعى مايكل دنس وليم روهش النار في المسجد الأقصى. واستمر اشتعال النيران بالمسجد إلى الساعة الثانية عشر ظهراً، ما أدى إلى حرق وتدمير القصور الملكية بالمسجد وحرق وإتلاف خشب السقف الجنوبي منه وحرق منبر نور الدين الذي وضعه صلاح الدين الأيوبي في موضعه. إضافة إلى السجاد الموجود بالجهة الجنوبية الشرقية، وظلت النار مشتعلة حتى الساعة الثانية

عشر والدقيقة العاشرة ظهراً، ولم يطفىء الحريق سوى مسلمو القدس بوسائلهم البدائية وبقيت السلطات الأسرائيلية تراقب النيران وهي تلتهم المسجد.

الإصلاحات الحديثة

ظهرت بعض الاصلاحات الحديثة بالمسجد الأقصى وذلك في ثلاث مراحل:.

1- المرحلة الأولى: حيث ظهرت بعض التصدعات والوهن في بناء المسجد الأقصى. اكتشفها المجلس الإسلامي بفلسطين. فاستدعى المهندس المعماري التركي (كمال الدين) للاستشارة . وحضر المهندس ومعه فريق من المهندسين الأتراك ووجدوا أن تيجان الأعمدة وقواعدها قد تصدعت ومال بعضها عن وضعه. كما أن قطع من الفسيفساء والنوافذ المصنوعة من الجص الملون قد سقطت. وانضم إلى ذلك فريق من المهندسين المصريين. وأخذوا برأي تقوية الأسس والأعمدة وتجديد الشادات الخشبية وحفظ العقود وعنق القبة.

2- المرحلة الثانية: استمرت خمس سنوات فهدم الرواق الشرقي وأعيد بناؤه مع الحفاظ على شكل المعاري القديم ونقش سقفه الخشبي بأوراق الخشب.

3- والمرحلة الثالثة: عمارة قبة الصخرة المباركة عندما تعرض الحرم القدسي الشريف لعدوان اليهود ونتج عنه أضرار.. عند ذلك طلبت الحكومة الأردنية لجنة من المهندسين المصريين لدراسة تلفيات مسجد الصخرة وقدرت اللجنة كلفة الإصلاح (بنصف مليون دينار) وشكلت لجنة لجمع التبرعات من الدول العربية.

وأصلحت قبة الصخرة وقامت بالإصلاح شركة بن لادن وتبرع (محمد بن لادن) بمبلغ ستين ألف دينار وتمت عملية الاعمار بنجاح، ولا يزال مسجد قبة الصخرة في حاجة إلى إصلاح.

أضاف اليهود جريمة جديدة حين واصلوا حفرياتهم وأعلنوا عام 1981 م أنهم توصلوا إلى نفق يمتد تحت المسجد الأقصى يصل ما بين أسفل حائط المبكى وقبة الصخرة المشرفة، وزعم بعض الحاخامات أن هذا النفق هو أقدس الأماكن اليهودية، وأنه أهم من حائط المبكى إذ هو على حد زعمهم بوابة كيفونوس الواردة في كتاب التلمود. وهي أهم مكان للصلاة.

القدس... فتحها عمر... وحررها صلاح الدين فمن لها اليوم؟؟

يعتبر المسجد الأقصى اليوم مركزاً للحياة الفكرية والتعليمية فهو يخرج من مدارسه آلاف الأطفال المجاهدين سنوياً من مدارس ومعاهد تعليم القرآن الكريم وتحفيظه. إضافة إلى كافة العلوم الشرعية والإنسانية. ومثالاً على ذلك فقد خرج المسجد الأقصى عام 1987 أي العام الذي سبق عام الانتفاضة حوالي 7 آلاف طالب من المجاهدين الأبطال الذين جابهوا العدو الصهيوني بحجارتهم الصغيرة التي زلزلت الكيان الإسرائيلي وأربكت كل مخططاته. بل وشكلت ضغطاً حاداً على اقتصاده. فأضعفت تلك الحجارة الصغيرة الروح المعنوية لجنود اسرائيل وأصابتهم بالهلع والخوف رغم عتادهم وسلاحهم.

على أيدي مثل هؤلاء الشجعان والفدائيين البواسل سيأتي النصر القريب... سيأتي تحرير القدس الشريف«ان موعدهم الصبح أليس الصبح بقريب».

الفلسفة الأبيقورية

(نسبه إلى أبيقور)

هدف الفلسفة عند أبيقور تحرر الناس من الخوف وليس وظيفتها تفسير العالم، لأن الجزء لا يستطيع أن يفسر الكل. بل وظيفتها أن تهدي إلى السعادة وليس في الفلسفة إلا قضيتان مؤكدتان: اللذة خير والألم شر.

والفهم ليس من أسمى الفضائل وحسب بل إنه أسمى السعادة أيضاً. والحكمة هي وسيلتنا الوحيدة إلى الحرية. فهي التي تحررنا من رق الانفعالات.

الفلسفة الرواقية:

قضى زينون الفينيقي كثيراً من السنين تحت وصاية غيره من الفلاسفة ثم أنشأ مدرسته الفلسفية الخاصة به سنة 301 ق.م. وبدأ يتحدث إلى طلابه وهو رائح وغاد تحت أروقة أعمدة استوابوسيلي، وواصل عمل زينون بعد وفاته أقلانيتوس الأسوسي، ومن بعده أقريسبوس الصولي وكان أقريسبوس أكثر تلامذة المدرسة الرواقية علماً وإنتاجاً، وهو الذي أكسبها صورتها التاريخية عندما قدم شروحاً لها بلغت 270 كتاباً.

والرواقي مواطن عالمي ولاؤه للإنسانية بأجمعها.

روسيا القيصرية
وقيام الثورة البلشفية

كانت تسيطر على تلك البلاد جماعات وقبائل هندو أوروبية منهم «السبميريين والسلاف والسلتيين والجرمان. وقد كانت تتنازع فيما بينها من أجل السيطرة على تلك البلاد. وقد استلم الإمارة لأول مرة في تلك البلاد «فلاديمير الأول» الملقب «بالشمس المضطرمة» وقد عرفت إمارة كييف في عهده ازدهاراً واضحاً.

وقد كان ينازع الروس بالسيطرة على تلك البلاد المغول الذين كانوا يتمتعون بقوة عظمىٌ.

وابتداء من عام 1250 م بدأ دور موسكو يتعاظم حتى أصبحت العاصمة ابتداءً من سنة 1300 وكان يحكمها ملك مغولي لُقب بـ«أمير موسكو الكبير» وفي 8 أيلول عام 1380 انتصر الأمير ديمتري الرابع دونسكري (ابن إيفان الثاني) على الامبراطور المغولي «ماماي» في معركة دارت «كوليكوفو»، فاستلم الإمارة فاسيلي الثاني، واستبدل لقب «أمير موسكو الكبير» بـ«أمير روسيا الكبير» عام 1505 م.

والذي حمل هذا الاسم هو الأمير إيفان الرابع الملقب بالرهيب والذي بدأ معه ملك «القياصرة».

- **القيصر:** بدأت القيصرة مع إيفان الرابع والذي لقب «بالرهيب» وذلك بسبب شدته وحزمه وقمعه بقوة وعنف للاقطاعيين.

وقد كان كثير التسرع لدرجة أنه قتل ابنه البكر وقد ازدهرت روسيا في عهده اقتصادياً وعمرانياً وتوسعت حدودها.

بعد وفاته عاشت روسيا ثلاث عقود من الاضطرابات الداخلية والتي انتهت بوصول أسرة رومانوف إلى الحكم القيصري.

أسرة القياصرة رومانوف

(1613 ـ 1917)م بدأت مع القيصر ميخائيل الثالث رومانوف (1596 ـ 1645) أحد أحفاد القيصرة أناستازيا زوجة «إيفان الرهيب» وقد انتخبه النبلاء قيصراً لهم.

ثم توالى على الحكم عدد كبير من القياصرة من أهمهم بطرس الأكبر (1672 - 1725) الذي أرسىٰ دعائم الدولة القوية فعمد إلى تقوية الصناعات. ومن الناحية العسكرية فقد حمل لواء الصليبية وهاجم العثمانيين وحاول ضم الدول الإسلامية الواقعة في آسية الوسطى إلى حكمه، ويعود لبطرس الأكبر الفضل في بناء مدينة سان بطرسبرغ عام 1703، وقد أنشأ فيها «أكاديمية سان بطرسبرغ للعلوم» وتوفي بعد ذلك بأيام قليلة.

ثم وليت الحكم من بعده زوجته كاترين الأولىٰ، ثم تعاقب بعدها عدد من القياصرة أهمهم الكسندر الأول (1777 ـ 1825) الذي حارب ايران وأخذ منها أذربيجان الشمالية وداغستان. ثم قام بحرب أخرى ضد نابليون بونابرت وقد تكبد الروس خلالها آلاف القتلى. واحتل الفرنسيون موسكو عام 1813 ثم ما لبثوا أن هُزموا في معركة «بيريزينا».

ثم تسلم العرش من بعده شقيقه نقولا الأول (1796 ـ 1855) الذي قمع العديد من الثورات في موسكو (ثورة الضباط) وفي بولونيا وفي داغستان. وقد شجع الصناعة على كافة أنواعها.

وقد نشبت في عهده حرب القرم المشهورة إذ واجهت روسيا حلفاً ضم: تركيا وبريطانيا وفرنسا وسردينيا والتي انتهت بهزيمة الروس. وقد كان القيصر نقولا الأول مصراً على أن يكون الحامي للرعايا الأرثوذكس في الأراضي المقدسة (فلسطين)، وإزاء (فض السلطات عبد الحميدالاعتراف للقيصر بهذه الحماية شن الروس عليهم حرباً شرسة احتلوا خلالها إمارات: مولدافيا وفالاكيا (رومانيا) وحطموا الاسطول التركي في سينوب عام (1853

م) مما أدى إلى وقوف فرنسا وانكلترا إلى جانب العثمانيين فنزلت جيوشها في مدينة «أوباتوريا» على الساحل الغربي لجبل القرم عام 1854 م وهزمت الجيش الروسي وفي الوقت نفسه كان اسطول الدولتين يدك مدينة أوديسا. الأمر الذي أدى إلى هزيمة الجيش الروسي، كما أدت هذه الهزيمة لإجراء سلسلة من الاصلاحات الاجتماعية في روسيا ارتبطت باسم القيصر «الكسندر الثاني» الذي اعتلث العرش عام 1855 م.

وفي عهده تم توقيع معاهدة باريس عام 1856 م. كذلك ألغي في عهده نظام العبودية عام 1861 م ثم ورثه ابنه الكسندر الثالث (1845 ـ 1894) الذي عمل على اصلاح النظام الاستبدادي.

ثم استلم العرش من بعده ابنه «نقولا الثاني» 1868 ـ 1918. تزوج من الكسندرا فيدروفنا أميرة «أليكس دوهيس والرين» ولهما أربع بنات: أولفا ـ تاتيانا ـ ماري ـ أناستازيا، وابن واحد هو الفراندوف «ألكسي» الذي كان مريضاً لعدم توازنه النفسي.

وقد أعدموا جميعاً ليلة 16 ـ 17 تموز 1918 في بيت ايباتيف في مقاطعة «ايكاترينبوزغ» وتسمى اليوم «سفيردلوفسك» وقد كان نقولا الثاني ضعيف الشخصية وقد سيطرت عليه زوجته والتي سيطر عليها راهب ادعى القوة الروحية الخارقة «راسبوتين»، والذي رغم فسقه ومجونه استطاع أن يؤثر على القيصر وأن يترك بصماته على القرارات السياسية ويتدخل في الإدارة الحكومية. الأمر الذي أثار غيظ الروس وسخطهم عليه مما ساهم إلى حد كبير في إزالة ثقة الشعب بالعائلة القيصرية إلى أن قُتل هذا «الراهب» على أيدي بعض الأمراء وألقيت جثته في نهر «نيفا».

لقد اتسم عهد نقولا الثاني بالضعف والسياسة الخاطئة فبدأت مصالح روسيا تتعارض مع مصالح فرنسا وانكلترا اللتان تريدان الابقاء على الدولة العثمانية على ما هي عليه من الضعف ولا تريد أن تنتقل ملكية هذه البلاد لروسيا. كذلك كانت روسيا على الجهة المقابلة تخوض حرباً خاسرة مع

اليابان الذي استطاع الحاق خسائر فادحة بالجيش الروسي، وتتالت الضربات اليابانية للروس وتوالت الهزائم إلى أن توجت بسقوط بورت آرثر عام 1905 وتلت ذلك الهزيمة الروسية في آخر معركة برية خاضتها وهي معركة «فوكون» التي انتهت في 10 آذار 1905.

إثر هذه الخسائر المتتالية لجأ القيصر نقولا الثاني إلى المفاوضات، وكانت اليابان مكتفية بما حققته من انتصارات. وتم عقد مؤتمر سلام في «بورتسموث» في أميركا بإشراف الرئيس الأميركي «تيودور روزفلت» وأسفر عن اتفاقية «بورتسموث» التي سيطرت اليابان بموجبها على شبه جزيرة «لياتونغ» والخط الحديدي المنشوري الذي يصل إلى «بورت آرثر» ونصف جزيرة «سخالين» وقد كان هذا الانتصار الياباني في هذه الحرب نقطة تحول في اليابان إذ خرجت منها بقوة مهمة جعلتها تلعب دوراً مهماً في صناعة الأحداث العالمية فيما بعد. وبالمقابل كانت هذه الحرب بمثابة ضربة قوية لروسيا القيصرية ساهمت بقوة في انهاكها ومهدت الطريق أمام إزالتها.

كانت هذه الأحداث في الجبهة الخارجية.

أما على **الجبهة الداخلية** فقد كانت الأمور تسير إلى الأسوء. فقد استفحل التذمر في صفوف الشعب الروسي نتيجة هزائم روسيا الخارجية مع اليابان سنة 1904 و 1905. وعمت البلاد موجة من الاضرابات والمظاهرات. فبدأ العمال بتحركهم وتبعهم الفلاحون. وكثرت أحزاب المعارضة، وأبرزها حزب العمال الاشتراكي الديمقراطي وحزب الحرس الأحمر وحزب المناشفة الأمميين بقيادة «ليون تروتسكي».

وقد زاد الأمر سوءاً أحداث «الأحد الدامي». عندما تظاهر أكثر من 150 ألف عامل مع عائلاتهم باتجاه مقر القيصر في سان بطرسبورغ، فقام الجنود بضرب المتظاهرين بالمدافع والرشاشات الثقيلة فوقع في هذه المجزرة أكثر من ألف قتيل وخمسة آلاف جريح. فأثارت هذه المجزرة سخط الشعب والجيش معاً، فهب العمال إلى السلاح ودعوا إلى الثورة وكان ذلك عام 1905. وتتالت

الانتفاضات فمنَ العمال إلى الفلاحين في الأراضي الزراعية إلى البحارة والجنود إلى إضراب عمال سكة الحديد، الذي لم يشهد العالم مثيلاً له في ذلك الوقت، ثم بدأ الإضراب السياسي. الذي تحول إلى انتفاضة مسلحة استخدمت فيها الأسلحة واستمرت المعارك عشرة أيام سقط خلالها مئات الضحايا، ونتيجة لهذه الثورة وقع القيصر نقولا الثاني في عام 1906 بياناً عرف بـ«ميثاق أكتوبر» فتح بموجبه البلاد مجلساً نيابياً.

الثورة البلشفية: (1917 ـ 1918)

تفاقمت الأزمة السياسية في روسيا كثيراً. وأصبح مجلس النواب الروسي (الدوما) يضم أهم الأحزاب السياسية والقوى الفاعلة في البلد. فبدأ التحرك من مجلس الدوما.

ففي 12 آذار 1917 طلب رئيس مجلس الدوما «رود جيانكو» من القيصر أن يدعو مجلس ممثلي الشعب التشريعي إلى الانعقاد ـ وكان هذا المجلس ينعقد بقرار من القيصر ـ إلا أن القيصر رفض هذا الطلب ـ التهديدي ـ فما كان من مجلس الدوما إلا أن اجتمع بقرار ذاتي منه. وبالمقابل كانت الساحة الشعبية تنذر بالخطر فقد شهدت «بتروغراد» اضراباً عمالياً، ضخماً ونزل إلى الشارع أكثر من 200 ألف عامل فما كان من القيصر إلا أن أمر بضرب هؤلاء المتظاهرين وإرغامهم على الانكفاء، فرفض الجيش والقوى الأمنية هذا الأمر وانضموا إلى صفوف المتظاهرين.

عند ذلك قام القيصر نقولا الثاني في 15 آذار بالتنحي عن عرشه وكلف الأمير «لفوف» تشكيل حكومة جديدة، كما أوكل شقيقه الأمير ميشال شؤون الملك. لكن ميشال رفض هدية أخيه الملغومة. فأصبحت السلطة بيد «رواجيانكو» و«ليفوف»، وفي نفس الوقت كانت بتروغراد تشهد تأليف حكومة ثورية في أجواء تصاعد الاضرابات المصحوبة بأعمال عنف ومعارك مسلحة إضافة إلى تشكيل مجالس السوفيات المحلية في المدن والمناطق التي

سيطر عليها المنشفيك (الجناح البرجوازي في الحزب الشيوعي والذي يقابله البلشفيك بزعامة لينين).

جرى بعد ذلك توقيف القيصر. وفرضت الإقامة الجبرية عليه وعلى عائلته، مع ذلك فإن الحكومة لم تعلن إلغاء النظام الملكي ولم تستجب بالتالي لمطالب الشعب، ففسر موقفها وكأنها تنتظر الفرصة المناسبة لإعادة القيصر إلى مكانه. فكان هناك ازدواج واضح بين الحكومة في بتروغراد والسوفيتات المنتشرة في المناطق.

في 3 نيسان 1917 عاد لينين إلى روسيا من منفاه في سويسرا ومعه 30 شخصاً من رفاقه. وبدأ على الفور تطبيق خطته الرامية إلى الانتقال بالثورة القائمة من مرحلتها البرجوازية الديمقراطية إلى الثورة الاشتراكية. فوقف جناح المنشفيك إلى جانب الحكومة في حين استمر البلشفيك يعملون تحت شعار: «كل السلطة للسوفيات». وحاولت الحكومة لفت الأنظار إلى مخاطر الحرب الناشئة مع الألمان والتي راح ضحيتها في غضون أيام قليلة أكثر من 160 ألف قتيل روسي، إلا أنها فشلت في ذلك، فراحت تشدد الضغط على البلشفيك الذين بدأوا يقتنعون بأن «السوفيتات» أصبحت تابعة للحكومة فدعا لينين إلى تشديد الكفاح لكسب «السوفيتات» من سيطرة «المونشفيك» إلى «البلاشفة» ووضع خطة الانتفاضة المسلحة لإسقاط الحكم ونقله إلى الطبقة العاملة (البروليتاريا). وفي الأول من آب تم إبعاد نقولا الثاني وعائلته إلى سيبيريا حيث بقي هناك حتى إعدامه مع عائلته عام 1919.

ثم ازدادت الاضطرابات وتوسعت أعمال التخريب في الصناعة ووسائل النقل وأصبحت الحكومة المؤقتة مرتكزة بالكامل على القوى الغربية. وفي 21 آب 1917 سقطت مدينة ريفا بيد الألمان. فاستغل الجنرال كورنيلوف (القائد العام للجيش) هذه الفرصة وقام بمحاولة انقلاب عسكري في 27 أب وتحركت قواته العسكرية باتجاه العاصمة. إلا أن البلاشفة والحكومة أفشلوا هذا الانقلاب وألقي القبض على كونيلوف وعين «كرنسكي» مكانه الذي سارع في

أول أيلول إلى تشكيل حكومة مصغَّرة وأعلن الجمهورية الروسية»، فاعتبر لينين أن الظرف صار مناسباً وأن الثورة قد نضجت تماماً، فدعا في 1917/10/10 إلى اشعال الانتفاضة المسلحة فأصدر أوامره إلى قوة الثورة بحسم الأمر والاستيلاء على المراكز الرسمية والدوائر الحكومية في البلاد. فاكتظت بتروغراد بفصائل الحرس الأحمر والجنود والبحارة. فاحتلوا محطات سكة الحديد والجسور ومراكز المواصلات والمصرف المركزي، وتمركزت الحكومة في «قصر الشتاء»، بينما هرب رئيسها «كيرنسكي». ودخل الثوار «قصر الشتاء» واعتقلوا الوزراء ورفرف العلم الأحمر فوق العاصمة بتروغراد.

لم تستسلم القوات المضادة للثورة، فقاد كيرنسكي وحدات عسكرية من القوزاق من مدينة «أوستروف» باتجاه «بتروغراد» إلا أن قوات الثورة استطاعت صد هذا الهجوم ودحره، وفرَّ كرنسكي» مجدداً.

وفي موسكو وقعت معارك عنيفة بين الطرفين، استطاعت فيها قوى الثوار السيطرة على الكرملين.

وكذلك في «باكو» و«بسكوف» و«كييف» و«خاركوف» ومعظم أرجاء سيبريا. حيث تم انتقال السلطة إلى البلاشفة في باقي المناطق بشكل سلمي.

مع بداية عام 1918 تم تأميم المشاريع الصناعية الكبرى والبنوك. وأعلنت السلطات السوفياتية المساواة والسيادة لشعوب روسيا كلها.

شكل إعلان حقوق العمال والشعوب المستقلة أساس الدستور السوفياتي الأول (1918) دستور «جمهورية روسيا الاشتراكية السوفياتية المتحدة»، وفتحت الثورة الروسية صفحة جديدة في تاريخ العالم وبها انقسم العالم إلى نظامين متعارضين: النظام الاشتراكي والنظام الرأسمالي.

وكانت هذه الثورة بداية عصر الثورات الاشتراكية في الدول الرأسمالية وشكلت بالتالي انعطافاً حاسماً في تاريخ البشرية.

انهيار دولة عظمى

نبذة عن حياة غورباتشوف

من مواليد عام 1931 عضو الحزب الشيوعي السوفياتي منذ عام 1952. أنهى دراسة القانون في جامعة لومونوف في موسكو عام 1955، وفي عام 1967 نال دبلوم زراعي ـ اقتصادي من معهد الزراعة في ستافروبول.

منذ عام 1955 ناضل في صفوف الشبيبة الشيوعية (كوموسمول) وفي الحزب، واستمر يندرج في مسؤولياته الحزبية إلى أن أصبح في آذار 1985 سكرتير اللجنة التنفيذية للحزب الشيوعي السوفياتي ونائب في مجلس السوفيات الأعلى في الدورات الانتخابية الثامنة وحتى الحادية عشر. عضو البريزيديوم الأعلى منذ عام 1985، فأصيف عام الحزب ورئيس الدولة. وكان قبل ذلك، بعد وفاة ليونيد بريجينيف من الذين ارتكز عليهم أندروبوف في جهوده الاصلاحية في وجه الرعيل القديم.

البيروسترويكا

أطلق غورباتشوف البيروسترويكا بعد وقت قصير من تولية مناصبه القيادية في الدولة والحزب. والفكرة الأساسية التي يعالجها الكتاب والتي استمر غورباتشوف يدافع عنها هي: إعادة البناء عن طريق الديمقراطية والعلنية والنقد ليتاح للاتحاد السوفياتي تحقيق هدفه في حل مشكلاته الداخلية (خصوصاً الاقتصادية) وإبقائه الدولة العظمى الثانية، أو الانتقال به إلى المرتبة الأولى في العالم وقد اتبع سياسة الانفتاح الكبير على الغرب وسط تهليل كل الأوساط الغربية له ولمبادرته خاصة من الدوائر الغربية الحاكمة ومن الصحافة.

وقد أدى الانقلاب العسكري الفاشل الذي قاده عدد من قادة الحزب والدولة في الاتحاد السوفياتي إلى وضع نهاية مأساوية لحكم الحزب الشيوعي السوفياتي الذي استمر 74 عاماً. وقد لعب الرئيس الروسي بوريس يلتسين دوراً

رئيسياً في تنظيم الانقلاب المضاد الذي أخرج الحزب الشيوعي من السلطة وأسقط النظام السوفياتي.

الانهيار التام

وقد أُرغم غورباتشوف الذي بدا منهاراً وفاقداً لكل سلطة على المثول أمام البرلمان الروسي فوقع قرار منع نشاط الحزب الشيوعي السوفياتي في روسيا. وتم حظر صدور عدد من الصحف الشيوعية ومن بينها البرافدا التي ظلت تصدر بشكل يومي لأكثر من ثلاثة أرباع القرن. وقد أكثر غورباتشوف على ضرورة ملاحقة الخونة أينما كانوا ولكنه حذر من عواقب الحملة المعادية للشيوعية والتي كانت بلغت أوجها بعد الانقلاب مباشرة حيث جرى احتلال جميع مباني الحزب الشيوعي في موسكو، وتم فيما بعد اعتقال جميع المشاركين في الانقلاب في موسكو. وتلا ذلك استقالات للمسؤولين في كازاخستان ومولدافيا وأوزبكستان وفي ليتوانيا وأستونيا منع الحزب الشيوعي من العمل واعتبر نشاطه مناقضاً للدستور.

أرغمت هذه الحملة المعادية للشيوعية غورباتشوف على الاستقالة من منصبه كسكرتير عام للحزب، وحل اللجنة المركزية بعد منع الحزب الشيوعي السوفياتي من العمل ودعا الجناح الإصلاحي في الحزب إلى تشكيل حزب جديد على أسس مختلفة تحت اسم «الحزب الديمقراطي الشيوعي روسيا».

انهار النظام السوفياتي مثل بيت الورق، ومعه انهار حزب لينين الذي قاد أهم وأعظم ثورة في القرن العشرين، وأسس نظام جديد في التاريخ، وواجه النازية وأسقطها. ومع سقوط النظام الاشتراكي السوفياتي وحزبه، لم يعد ثمة ما يربط شعوب الاتحاد السوفياتي إلى بعضها. وتوالى إعلان بيانات الانفصال والاستقلال الكامل عن الاتحاد السوفياتي المنهار من قبل الجمهوريات، حيث أعلنت أوكرانيا الانفصال وتشكيل جيش ومجلس دفاع خاصين بها. مما جعل الجيش الروسي يتدخل بسرعة لنقل الأسلحة النووية

من أوكرانيا إلى روسيا، ثم أعلنت روسيا البيضاء الانفصال أيضاً وأوزبكستان ومولدافيا وجمهوريات البلطيق الثلاثة وباقي الجمهوريات.

الجوع... السلاح النووي... والنهاية

لقد مات الاتحاد السوفياتي، وتهاوت أكبر وأخطر امبراطورية في زمننا بطريقة لا مثيل لها في التاريخ كله، على حد قول وكالة الاستخبارات المركزية الأميركية التي قررت زيادة عدد جواسيسها في روسيا وبقية الجمهوريات الأخرى لتوجيه التطورات بما يخدم المصالح الأميركية.

إن نهاية الاتحاد السوفياتي بهذه الطريقة العجيبة (فالجوع يهدد الناس في كل مكان وخاصة الروس وخط انفلات السلاح النووي يشيع الرعب والذعر في أي وقت) يشكل تطوراً يخلو من أي مثيل له في التاريخ، فقد انهار كل شيء في دفعة واحدة. بين ليلة وضحاها تحول لينين من مثال أعلى مقدس إلى ما يسبه الشيطان والكابوس الجاثم على صدر الروس.

لقد رمى القادة الشيوعيون تاريخ 74عاماً من الكفاح المستمر للناس في المزبلة، وأصبح الشعب فجأة من دون تاريخ، بل من دون أي شيء.

وفي يوم الثلاثاء 17 كانون الأول 1991 جاء الخبر الخطير ولكنه غير مفاجىء لأحد حتى أن محطة موسكو أذاعته في المرتبة الثانية. فقد نقلت وكالة تاس إلى العالم أن الرئيس السوفياتي غورباتشوف والرئيس يلتسين قد التقيا واتفقا على حل الاتحاد السوفياتي.

أما اجتماع مجلس السوفيات الأعلى والذي كان من المقرر أن يعقد آخر جلسة له، فقد ألغي رغم أنه قد اعتبر قبل ذلك مجلس السوفيات الأعلى الهيئة الوحيدة التي يحق لها إعلان حل الاتحاد السوفياتي.

رئيس القبعات الخضر!؟

غادر ميخائيل غورباتشوف (روسيا) ـ إذا لم يعد هناك اتحاد سوفياتي، وأخذ يتنقل في العواصم الغربية (كما زار دولة الكيان الصهيوني) التي هللت وأسبغت عليه الألقاب والهدايا والميداليات وعينته محاضراً في السياسة والفكر السياسي في جامعاتها وكاتباً في صحفها وآخر مهمة له في الغرب تسميته رئيساً «للصليب الأخضر الدولي» ـ بعدما كان رئيساً لأعظم دولة ـ وقد أعلن الصليب الأحمر الدولي في جنيف أنه تأسس بشكل رسمي في 20 نيسان 1993 وأنه منظمة عالمية للتدخل في حال الكوارث البيئية. وأن رئيس الاتحاد السوفياتي السابق ميخائيل غورباتشوف هو أول رئيس له. وتهدف المنظمة الجديدة إلى إقامة مراكز إغاثة وإرسال فرق للتدخل السريع (القبعات الخضر) في حال حدوث كوارث بيئية واختيرت جنيف مقراً لها يا للمهزلة.

الحضارات اليونانية «الاغريقية»

قامت في جزر بحر إيجه حضارة سميت «ما قبل الهللينية» ومن هذه الجزر جزيرة كريت وجزر السيكلاد ، حيث سكنها الإنسان قبل الألف الخامس قبل الميلاد، وازدهرت حضارة كريت حول سنوات (2500- 3000 ق.م) ثم غزا كريت شعبٌ غاز لا يعرف منشأه حوالي سنة 2400 ق.م. وقد أسهمت الحضارة الكريتية في نشوء الحضارة اليونانية.

الحضارة الرومانية

غزت إيطالية الشعوب الهندية والأوروبية في أواخر الألف الثاني وأوائل الألف الأول قبل الميلاد، والليفوريون أول من عرف من شعوب إيطالية، فهم سكانها من العصر الحجري الحديث، عاشوا في صقلية وفي سهل اللاتيوم وفي شمال إيطالية، ثم تحركت قبائل هندية أوربية على موجات إلى إيطالية، فكان منها اللاتينيون والسبيليون فدخلها عصر الحديد حوالي سنة 1000 ق.م. وجاءها الاتروسكيون في أوائل القرن الثامن قبل الميلاد، جاؤوا من الشرق، فهم من آسية الصغرى على الأرجح، فسكنوا سهل اللاتيوم، وتأسست روما سنة 753 ق.م. وحكموا اللاتيوم وشمالي إيطاليا قرناً ونصف القرن، وكان عندهم لكل مدينة أتروسكية عبادة خاصة، وأكبر إله عندهم «فولتمنا» رب الأرباب، ومن آلهتهم أيضاً الثالوث المقدس «تينيا» «جوبيتير» و«أوفي» و«مزفا» وكانت هذه الآلهة الثلاثة هي أصل الثالوث الذي أقام نهائياً على تل الكابتول والذي عبده الرومان فيما بعد.

وفي ممالك المدن الأتروسكية هذه كان المجتمع يتألف من طبقة الأرقاء، من طبقة أرستقراطية تستثمر الأرقاء وتعيش من كدّهم.

وما كاد حكم الأتروسكيين يزول من روما حتى اتحد أهلها مع السابينيين وألغوا حكومة أرستقراطية وكان ذلك سنة 509 ق.م. ولكن بقي تأثير الأتروسكيين كبيراً في نشوء المنظمات الرومانية السياسية الأولى، منها

الملكية ومجلس الجماعات الذي يملك السلطات التشريعية والقضائية أما مجلس الشيوخ فيتألف من رؤساء الأسر المتنفذة الرومانية والأتروسكية والسابينية.

يختارهم الملك ويبلغ عددهم ثلاثمائة عضو. ومهمتهم مساعدة الملك في كل أمور الدولة. ومنذ حوالي 270 ق.م. حققت روما الوحدة الإيطالية وأصبح الجيش الروماني أداة عسكرية قوية وتكاملت معداته وتنوعت خططه وازدهرت طبقة العوام وانحطت طبقة الخواص. وتشكلت طبقة جديدة من النبلاء استلمت زمام الحكم في روما.

وما كاد ينتصف القرن الثاني قبل الميلاد حتى شهد العالم نهاية استقلال كثير من الشعوب، فقد فتح الرومان مكدونية وزهقت حرية اليونان سنة 146 ق.م. وأصبحت قرطاجة خراباً ينعق فيها البوم في آخر عام 146 ق.م. ولفظت اسبانيا أنفاسها بعد ثلاثة عشر سنة وأصبحت آسية الصغرى وإفريقيا القرطاجية ولايات مسالمة في امبراطورية روما العالمية.

ثم فتحت سوريا عام 64 ق.م. وأنهى الرومان حكم السلوقيين ثم فتحت مصر.

لقد اتخذ الرومان لأنفسهم الحضارة اليونانية منهجاً. فأمدوا بحياتها ونشروها في كل الأصقاع التي وصلوا إليها فانطبعت بطابعهم وأصبحت تدعى بالحضارة الإغريقية ـ الرومانية ولما احتكوا بالشرق وامتزجوا بأممه، أخذوا عنها الكثير من العلوم والمعارف وتلقوا منها المسيحية فاعتنقوها بعد تردد.

الحضارة الصينية

في وديان الأنهار الثلاثة الرئيسية وجدت أهم مراكز الحضارة الصينية القديمة. حيث وجدت بقايا الإنسان القديم، وتعود إلى نحو أربعمائة ألف سنة، حيث كان يعيش على الصيد ثم على الزراعة.

واعتقد الصينيون أن كتابتهم من أصل إلهي. وهي بلا أبجدية. فلكل كلمة أو فكرة إشارة خاصة. ويمكن للصيني أن يتدبر أمره بثلاثة أو أربعة آلاف إشارة، والكتابة كانت للأشراف فقط. والأدب الصيني في هذا العصر سمي بالأدب الكلاسيكي، ولقد جمعت المؤلفات الهامة لهذا العصر في مجموعة تسمى « كتب كونفوشيوس» وهي:

أولاً: الكتب الخمسة الكلاسيكية: كتاب التغييرات وهو كتاب تنبؤ وتنجيم وكتاب التاريخ: وهو مجموعة وثائق ، وكتاب الشعر انتقاه كونفوشيوس، وكتاب المراسم أو القواعد المتعلقة بالسلوك وحوليات الربيع والخريف وهو سجل حوادث ما بين ((721 ـ 478) ق.م.

ثانياً: الكتب الأربعة: وأولها «كتاب التعاليم» ويضم أقوال كونفوشيوس ومحادثاته وكتاب التعاليم الأعظم وكتاب منسيوس وفيه تعاليم هذا الفيلسوف الذي وضع تعاليم كونفوشيوس بشكل شعبي خاص.

الديانة الكونفوشيوسية

عاش كونفوشيوس ما بين (551 ـ 478) ق.م. واسمه هذا باللاتيني. وهو يعني المعلم. كان وزيراً مثالاً للعدل والنظام، ثم أصبح متعلماً جوالاً متفرغاً للتعليم، ولم يكن مؤسس ديانة إنما وضع قواعد شديدة للسلوك.

وظهر من بعده فلاسفة منهم موتزو الذي جعل البساطة والمحبة طريقاً لسعادة الإنسان ونشر الكونفوشيوسية في الصين منسيوس.

الديانة الطاوية

أسسها لاوتزو، وكان معاصراً لكونفوشيوس، ومارس السلوك المعروف باسم طاو، والفضيلة المعروفة باسم تي، ومبدأه يقوم على العزلة وعدم الاعتداد بالنفس والكنوز الثلاثة هي: الرحمة والبساطة مع الاقتصاد والتواضع. وقامت مناقشات حادكة بين الكونفوشيوسية والطاوية، مع أن الصينيين ألّهوا لا وتزو وكونفوشيوس فيما بعد، فقالت الكونفوشيوسية عن الطاوية إنها تجعل كل

إنسان يعمل لنفسه، ولا يقتلع ولو شعرة من رأسه إذا كان في ذلك فائدة لغيره وانتقدت الطاوية الكونفوشيوسية التي نسيت العالم والطبيعة وتمركزت في الإنسان.

العلوم في الحضارة الصينية

كتب الصينيون عن الكسوف والخسوف وعن مجموعات من النجوم. وأدوا ملاحظات عن الضوء والمرايا المقعرة والمحدبة والمستوية، وكانوا عارفين بمسائل البرونز وأدركوا النسبة الصحيحة في النحاس والقصدير لصنع خواص معينة منه.

كما اخترعوا الورق من قشر الشجر والخرق. واخترع الصينيون البارود واخترعوا البوصلة والطباعة، وتقدموا بالكيمياء حيث عرفوا الحبر الأسود والحبر الأحمر واهتموا بالأنهار والترع وبنوا سور الصين العظيم الذي انتهى بناؤه 214 ق.م. ويبلغ ارتفاعه ما بين 6 ـ 10 أمتار وطوله 1400 ميل.

الحضارة اليابانية

أهم مراكز الحضارة اليابانية كان في الجنوب الغربي لجزيرة هونشو، ولم تعرف اليابان العصر الحجري القديم فحضارتها بدأت في الألف الثالث ق.م. متأخرة ثلاثة آلاف سنة عن بلاد الشرق الأدنى. وتدل معتقداتهم على عبادة الأرواح والطبيعية، وأسمى الآلهة في الجو هي الشمس. كما أن النار هي أسمى الآلهة على الأرض.

ودخلت اليابان حول العصور الميلادية الأولى شعوب تسمى ياموتو. دفعت بالسكان القدماء أمامها، أتت من بر آسية عن طريق كوريا وهي من عنصر منغولي مع بعض الاختلاط بعناصر جنوبية من الملايو القدماء. ودخلتها الكتابة في القرن الخامس، والبوذية في القرن السادس من كوريا والصين.

الديانة الشنتوية:

من عبادة الأسلاف نشأت أقدم عبادة يابانية. وهي شنتو وتعني «طريق الآلهة». إذ كان اليابانيون يخاطبون السلف المقدس الأول الذي منه جاءت سلسلة الأباطرة وأول ذكر لهذه الديانة سنة 587 م. عندما بدأت تشعر بحاجتها إلى حماية رتعزيز بعد دخول البوذية إلى اليابان.

أُلغيت الديانة الشنتوية الرسمية كديانة دولة بعد الحرب العالمية الثانية وأصدر الامبراطور هيروهيتو انكاراً رسمياً لألوهيته كملك، وبقيت الشنتوية مذهباً خاصاً أتباعه عشرون مليون نسمة.

ماذا يقول يورانت باليابان؟

لن نجد في التاريخ الحديث أروع ولا أعجب من الطريقة التي استيقظت بها اليابان من نعاسها استيقاظ جازعاً على صوت مدفع الغرب، فوثبت تتعلم الدروس وأصلحت صنع ما تعلمت صنعه، وأفسحت صدرها للعلم والصناعة والحرب ثم هزمت كل منافسيها، في ميدان الحرب وميدان التجارة والصناعة معاً... (قصة الحضارة).

الحضارة الهلنستية

وحد الاسكندر بلاد اليونان سنة 336 ق.م. فألغى جميع الحكومات الدكتاتورية، وأقر أن تعيش كل مدينة يونانية حرة حسب قوانينها، وأعربت جميع الممالك اليونانية ـ باستثناء اسبارطة ـ عن ولائها له. ثم سار شرقاً إلى آسيا فاتحاً لينال مجد إقامة دولة عالمية، بلغة وثقافة واحدة، فهزم داريوس ملك الفرس ووصل السند وأصبح امبراطوراً يونانياً فارسياً يحكم دولة يكون فيها الفرس واليونان أكفاء.

أراد أن تمتزج ثقافتهم ودماؤهم امتزاجاً سليماً ينهي النزاع الطويل بين الشرق والغرب، بذلك الاقتران السعيد بين حضارتيهما، فشجع الآلاف من جنوده على أن يتخذوا لهم زوجات فارسيات وتزوج هو في عرس عظيم استاتيرا ابنة دار الثالث، وبهذا ربط نفسه بالأسرة المالكة الفارسية.

ولما عاد الأسكندر من السند إلى بابل انغمس في الشراب ومات عن عمر يناهز ثلاث وثلاثون سنة عام 323 ق.م. ولما سأله قواده لمن تترك ملكك؟ أجاب: «إلى أعظمكم قوة».

انتشار الهلنستية

انقسمت امبراطورية الاسكندر بعد وفاته، فقامت ثلاث ممالك هي:

- **الدولة السلوقية** أسسها القائد سلوقس وعاصمتها مدينة أنطاكية، وضمت إيران والعراق وسوريا وآسية الصغرى.

- **دولة البطالمة أو البطالسة**: أسسها القائد بطليموس في مصر وعاصمتها الاسكندرية.

- **الدولة الانتيغونية**: أسسها القائد أنتيغون في مقدونية وعاصمتها بيلا.

لقد كانت التجارة حياة الاقتصاد لهلنستي فهي التي أوجدت الثروات الكبرى.

وشادت المدن العظيمة، وكان التجار مع تجارتهم ينشرون نزعتهم العالمية، وتدين علوم اليونان الرياضية بازدهارها والقوة الدافعة لها إلى مصر، ويدين الفلك اليوناني بازدهاره وقوته إلى بابل ذلك أن استيلاء الاسكندر على بلاد الشرق قد أدى إلى عودة تبادل الأفكار وإلى اتساع ذلك التبادل الذي أعان منذ ثلاثة قرون قبل ذلك الوقت على ميلاد العلم اليوناني في أيوقيا، وفي وسعنا أن نعزو إلى هذا الاتصال الجديد بمصر والشرق الأدنى ما نراه من تناقض، فقد بلغ العلم اليوناني ذروته في العصر الهلنستي، حيث كان الأدب اليوناني والفن اليوناني آخذين في الاضمحلال.

فمن علماء الهندسة في هذه الحضارة إقليدس الذي أنشأ مدرسة في الإسكندرية وأرخميدس الذي سافر إلى الإسكندرية حيث درس على خلفاء إقليدس وشغف بالرياضيات وتوازن السوائل وقوانين الرافعة... وازدهرت في الحضارة الهلنستية فلسفتان.

الحضارة الهندية

قامت حضارة الهند القديمة على ضفاف أنهارها ودلتاتها. كوادي السند وروافده حيث مقاطعة البنجاب ونهر الغانج وروافده. وأقدم حضارة عرفتها الهند قبل قدوم الآريين كانت في وادي السند. وترجع إلى نحو 2500 ق.م.

حضارة الهند القديمة في عصر الفيدا: (2000 ـ 1000) ق.م.

أقدم عصور حضارة للآريين في الهند هي عصر الفيدا. وهي مجموعة أغنيات استقيت منها المعلومات عن الهنود الآريين. وهي أقدم أثر أدبي في أية لغة هندية ـ أوروبية في الشرق والغرب.

والفيدا هي المعرفة لكسب رضى الخالق. وأهم أسس الحياة الاجتماعية في الهند نظام الطبقات. فقد انقسم المجتمع الهندي إلى خمس طبقات:

1- **الكهنة أو البراهمة**: ويعتقدون أنهم خلقوا من رأس براهما أو من فمه ويأتي بعدهم.

2- **المحاربون**: وخلقوا من كتفي براهما ويديه.

3- المزارعون والتجار وأصحاب الحرف وخلقوا من فخذي براهما.

4- الخدم وخلقوا من قدمي براهما وهم من نسل السكان الأصليين.

5- المنبوذون ولا ينتسبون إلى طبقة معينة وهم نحو أربعين درجة.

حضارة عصر البطولة والديانة البراهمية: (1000 ـ 500) ق.م.

مصدر المعلومات عن هذه الفترة ملحمتان تسميان المهابهراتا أو قصة أسرة بهراتا، والرامايانا أو تاريخ راما. وقد ظهر في العصر الحالي ثالوث إلهي مؤلف من براهما الخالق وشيوا المهلك وفشنو الحافظ، والهندوسيون اليوم

يتبعون إمّا شيوا أو فشنو والتعليم في هذا العصر كان في طبقة الكهنة أو البراهمة وكان شفهياً حتى لا تصل المعرفة إذا كتبت إلى الطبقات الدنيا.

وظهرت في هذه الفترة عقيدة التقمص بمعنى أن الروح تولد مرات متعاقبة.

وحصلت ردة فعل ضد البراهمة فقامت ثورة ضد الكهنة البراهميين. وظهرت الجينية ومؤسسها مهاقيرا (550 ـ 477) ق.م. الذي كان أسيراً وترك الأمارة وراح يعذب نفسه 12 سنة، حتى جاءه الهدى دون مساعدة الكهنة، وقد أسس رهبنة كان فيها 14000 من أتباعه عندما توفي والطريق المؤدية إلى الخلاص عند الجينيين هي التوبة التقشفية وامتناع الإيذاء لأي شخص كما ظهرت ضمن ردة الفعل ضد البراهمة ـ البوذية ومؤسسها غوماتا سيدهانا (564 ـ 483) ق.م. الذي دعي بوذا أي المستنير.

وقد كان ابن أمير منطقة على حدود النيبال فتنكر لسلطة الفيدا، الكهنة البراهمة وقرر قواعد خلقية خمساً وهي بمثابة الوصايا هي:

1 ـ لا يقتلن أحد كائناً حياً.

2 ـ لا يأذن أحد ما لم يعطه.

3 ـ لا يقولن أحد كذباً.

4 ـ لا يشربن أحد مسكراً.

5 ـ لا يقيمن أحد على دنس.

ويهتم الطرفان بالسلوك القديم وبالمعرفة الصحيحة وبميلان إلى الرهبنة، والجاينية تشجع الزهد التام وإماتة النفس، بينما البوذية أكثر اعتدالاً، وبقيت الجاينية في الهند بينما انتشرت البوذية في بلاد الشرق الأقصى واعتبر مؤسسا هذين الفكرتين كائنين إلهيين بعد مدة من وفاتهما.

العلوم الهندية القديمة

عرفت الهند الطب والرياضيات وازدهر الفلك بين القرنين الثالث والرابع الميلاديين، وتأثر بمدرسة الاسكندرية، وتحوي كتب السدهانتا الهندية أهم عناصر الفلك الهندي. ويذكر سارتون أن الهنود ابتكروا على الأغلب الأرقام التسعة والنظام العشري.

وللهنود فضل على المثلثات. كذلك ازدهرت الفلسفة في الحضارة الهندية.

آزتك (Aztec)

هي إمبراطورية قديمة و دولة الأمريكان الأصليين بما يعرف حاليا بالمكسيك .

تاريخها :

حكمت إمبراطورية الآزتك منذ سنة 1428م ، وحتي 1521م. عندما غزاها الأسبان .

وهذه الإمبراطورية كانت أساس حضارة الأزتك . وكانت الإمبراطورية تحكم من وادي المكسيك ووسطها حتي شرق خليج المكسيك وجنوبا لجواتيمالا. بني الأزتك المدن الكبري والبنايات الدينية والإدارية والسياسية. وكانت تينوشيتتلان Tenochtitlán العاصمة وكان مكانها موقع مدينة مكسيكو حاليا .

وكانت تعد أكبر مدينة في العالم عندما غزاها الأسبان في أوائل القرن 16 م. وكان بها معبد هائل وقصر الملك والعديد من القنوات . لكنهم دمروها إلا أن حضارتها ظلت لها تأثيرها علي الثقافة المكسيكية . والأزتك آخر عشائر البرابرة التي دخلت وادي المكسيك بالأمريكتين بالقرن 12 م. وكانت العاصمة تينوشيتتلان بها هرم من أعظم أهرامات الآزتك ويمثل إله الحرب. وقاعدته مساحتها 700قدم مربع وإرتفاعه 300قدم وبه درج يتكون من 340 درجة وفي نهايته فوق القمة يوجد برجان كل برج من ثلاثة طوابق وبه مذبح للقرابين البشرية التي كان الكهنة يقدمونها ويحتوي الهرم في جوانبه علي كوات (فتحات) كل كوة ترمز ليوم من أيام السنة (أنظر :مايا). وكثير من المكسيكيين المعاصرين من الأزتك . ويوجد مليون مكسيكي مازالوا يتكلمون نهواتل Nahuatl لغة الأزتك القومية .

وفي مدينة مكسيكو تجري الحفريات للكشف عن حضارة الأزتك .. وكان شعب الأزتك يطلق عليه شعب مكسيكا Mexica أو تنوتشكا Tenochca.

وإسم أزتك مشتق من كلمة آزتلان Aztlán التي في أساطير مكسيكا . وكان شعب آزتلان يوجد بشمال غرب وادي المكسيك . وقبل قيام الآزتك كان وادي المكسيك مركزا لحضارة متطورة . فمنذ سنة 100 م. حتي 650 م. كان الوادي به مدينة تيوتيهواكان وكانت مركزا لدولة سياسية ودينية وإقتصادية قوية . وبعد أفول هذه المدينة هاجر شعب التولتك (مادة) من الشمال لوسط المكسيك مكونا دولة قوية . حيث قامت حضارة التلتك Toltec civilization التي بلغت إزدهارها مابين القرنين 10 و11 ق.م. و في القرن 13م. هاجم الشيشيمك Chichimec وادي المكسيك واستولوا علي مدن التولتك . واندمجوا بثقافتهم مع ثقافة التولتك مكونين حضارة الآزتك المبكرة . وكان مجتمع الآزتك يقوم علي الزراعة وكان يعيش بتوجيه ديني في كل مناحي الحياة ....

مثولوجيا

كان الآزتك يعبدون آلهة تمثل قوي الطبيعة التي لها تأثيرها علي الإقتصاد الزراعي لديهم . وكانت مدنهم بها الأهرامات الحجرية العملاقة وفوق قممها المعابد وكان يقدم بها القرابين البشرية للآلهة . ولأنه شعب زراعي ، فلقد كان في عبادته يعبد قوي الطبيعة . فإتخذوا هذه القوي آلهة ، فعبدوا إله الشمس هويتزيلولوشتيلي Huitzilopochtli, والذي كان يعتبر إله الحرب أيضا.

وكان لديهم إله المطر تلالوكTlaloc وإله الريح . وكان الأزتك يعتقدون أن الآلهة الخيرة والنافعة ،لا بد أن تظل قوية لتمنع الآلهة الشريرة من تدمير العالم . لهذا السبب كانوا يقدمون لها الأضاحي البشرية . وكان معظمهم من أسري الحرب. وكانوا يعتقدون أن إله المطر تلالوك يفضل

ضحاياه من الأطفال . وكانت طقوس التضحية في مواعيد كانوا يحسبونها حسب النجوم لتحديد وقت خاص لكل إله . وكان الضحية تصعد لقمة الهرم حيث كان الكاهن يمدده فوق فوق حجر المذبح وينتزع قلب الضحية . وكان يرفعه عاليا للإله الذي يجري تكريمه ، ثم يضع القلب وهو ينبض ليشوي في النيران المقدسة. وأحيانا كان االضحايا الكثيرون يقتلون مرة واحدة . ففي عام 1487م.

قتل كهنة الأزتك 80 ألف أسيرحرب لتكريس إعادة بماء معبد الشمس مدينة تنوكتتلان . وكان الكهنة يظنون أنهم ينالون رضا الآلهة بالصوم أو جرح أنفسهم . وكان منهم من كان يدير مدارس لتعليم الكهنوت الأطفال الذين سيصبحون كهنة. وكان من أهم أعمال الكهنة تحديد الأيام السعيدة لشن الحروب أو القيام بالأعمال . وكان يوجد أجندة دينية مكونة من 260يوم عليها هذه المعلومات . وكانت الأيام المقدسة لتكريم الآلهة كان لها أجندة للتقويم الشمسي، مكونة من 365 يوم . وهذا التقويم كان متبعا لدي الأولمك والمايا والزابوتك في أمريكا الوسطي .وكان الفن يأخذ طابعا دينيا أو حربيا .

حضارة

طور الأزتك نظام الري واستعملوا الأسمدة . لم يعر ف الفلاحون المحراث ولكنهم كانوا بضعون البذور في حفر صغيرة . وكانوا يصنعون الفخار والسلال . وكانت المرأة تطحن الذرة بالرحاية الحجرية . لم يكن يعرفون العملات المعدنية . ولكن كانوا يستعملون حبات الكاكاو والملابس القطنية والملح في البيع والشراء بها . ولم يكن لدى الأزتك العربات على العجل ولاحيوانات للجر . ولكن كانوا يستعملون قوارب صغير من جذوع الأشجار المحفورة (قوارب الكانو) أو علي ظهور الحمالين الذين كانوا يسيرون في قوافل وأمامهم التجار . وكانت قوافل الحمالين يحرسها مسلحون . وكان التجار يعملون في الجاسوسية لحساب الإمبراطورية ولاسيما في المدن التي كانوا يبيعون فيها والتي كانت لاتخضع للأزتك .

فنون الآزتك

معظم الفن الأزتكي يعبر عن المفاهيم والمنظور الديني . فكان يستعمل رسومات فاقعة اللون . وكان الرسومات فوق الجدران أو ورق لحاء الشجر amatl ، وكان يصور مراسم الإحتفالات الدينية صور الآلهة . وكانوا يمارسون فن النحت والنقش . فكانوا قد نقشوا معبودهم بالنقش الغائر أو بالنحت البارز وكان من هذه الأعمال إظهار الآلهة أو تسجيل الضحايا المقدسة

ومن أشهر تماثيل الأزتك حجر التقويم الذي يزن 22طن وقطره 3,7متر . ويمثل الكون والعالم بالنسبة للأزتك . ففي وسط الحجر منقوش صورة وجه الشمس ويحيط بها دوائر مصممة لترمز للأيام والسموات.

وكان الفنانون يصنعون أشكالا للأشخاص والحيوانات في شكل تماثيل صغيرة من الكوارتز وحجر الأبيسديان (زجاج صخري) والياقوت .

الكتابة والحساب

كانت الكتابة لدي الأزتك عبارة عن بيكتوجرافية حيث كانت تكتب برسم أو نقش الصوراتعبر عن الحروف أو صور صغيرة ترمز للاشياء ومقاطع الأصوات syllables . واستعملوا الكتابة التصويرية في العد الحسابي الذي كان يعتمد علي الرقم 20. وكانت صورة العلم نرمز إلي العدد 20 أو 400 مادة والجراب pouch يشير إلي العدد 400 مرة ضغف العدد 20او 800 . ولا يمكن للبكتورافية النغيسر عن أفكار تجريدية ideas abstract, لكنها كانت مقيدة في تدوين التاريخ والإتصال في شئون الأعمال وإثبات الملكية للأراضي وحفظ الأنساب .

مجتمع وتراث

كان الأزتك يستعملون آلات يدوية بسيطة ليعملوا بها . وكان الشعب لديه مهارة يدوية . فكانت المرأة تغزل القطن وألياف نبات مجواي maguey fibers لغزل بالمغازل من العصي وفلك المغزل من الطين المجفف . وكن

يصبغن الخيوط بألوان زاهية. وينسجنها لمآزروقيعلت وملابس فضفاضة للرجال وسترات لها اكمام وتنورات طويلة للمرأة بتصميمات وأشكال هندسية مميزة .وكان الصناع المهرة يدويا يعقدون الريش ويصنعون منه الحجاب وغطاء الرأس والبيارق. وكانوا يصنعون الفخار بترصسص طبقات من شرائح الطين فوق بعضها لصنع قدورللتخزين والكؤوس وبلاطات الفرن (عرسة) للخبيز وكانت هذه الأواني تشوي في نيران أفران مفتوحة . وكانت حمراء وبيضاء. رسم عليها بدقة تصميمات هندسية. ولم يكم لدي الأزنك الحديد والبرونز كما كان في بلدان الشرق الأوسط. وكانت آلات التقطيع من حجر الأبسيديان وعند مجيء الأسبان المسبعمرين كانوا يستعملون آلات من النحاس . وكان الأزتك بزبنوم الحلي والمجوهرات بالذهب والفضة والنحاس والزمرد والفيروز والياقوت . وكانت البلط يصنع شفرتها من الحجر أو النحاس وأيديها من الخشب والمثاقيب من العظام أو البوص .

أهرامات الأزتك (Aztec):

آخر عشائر البرابرة التي دخلت وادي المكسيك بالأمريكتين بالقرن 12بعدما إتحسرت حضارة التولتك وكانت العاصمة تينوشيتلان حبث بها أعظم أهراماتهم الذي يمثل إله الحرب وقاعدته مساحتها 700قدم مربع وإرتفاعه 300 قدم وبه درج يتكون من 340 درجة وفي نهايته فوق القمة يوجد برجان كل برج من ثلاثة طوابق وبه مذبح للقرابين البشرية التي كان الكهنة يقدمونها ويحتوي الهرم في جوانبه علي كوات كل كوة ترمز ليوم من أيام السنة.

دولة الحضر - عربايا -

سنة 50 ق.م. وقضى عليها الفرس في 241 م.

قامت بين دجلة والفرات في ارض الجزيرة، والحضر العاصمة من مدن القوافل تشبه تماماً تدمر والبتراء وجرش، وفن البناء فيها والنحت لا يقل روعة ولا عظمة عن آثار تدمر والبتراء. لقد كانت على طريق هام قادم من الصين والهند ذاهب إلى آسية الصغرى وأوروبة.

دولة الأنباط

كانت دولتهم دولة تجارية، وصلت علاقاتها إلى أبعد المناطق المتمدنة آنذاك واهتمت بالزراعة، فحفرت الآبار، وجمعت مياه السيول في صهاريج حفروها. وتركزت صناعاتهم على صنع الأواني الخزفية، أما العمران فإنه من نوع فريد متأثر بالفن الهلنستي، فهيكل الخزنة المحفور بالصخر الوردي باقٍ إلى يومنا هذا يشهد بعظمة علم الهندسة وفن النحت عند الأنباط أما ديانتهم فكانت الوثنية فعبدوا اللات والعزة وهبل ومناة.

مملكة تدمر:

كانت أهم المحطات للقوافل التجارية، امتد نشاطها حتى روما وفرنسا واسبانيا غرباً وحتى الهند والصين شرقاً، ووضعت قانوناً مالياً للتدمريين والجاليات الأجنبية فيه أسماء المواد التجارية التي تمر بتدمر مع نسبة الرسوم المفروضة عليها وآثار مدينة تدمر العظيمة في بادية الشام تشهد على فن البناء المتأثر بالبناء اليوناني، وقد امتد سلطان مملكة تدمر حتى سيطرت على جميع بلاد الشام وشمالي الجزيرة العربية وذلك في عهد ملكتهم الشهيرة زنوبيا.

اسطنبول أو بيزنطة أو القسطنطينة أو الآستانة

بيزنطية في اليونانية: وهي مدينة تراقيا قديماً. يحدها شمالاً القرن الذهبي، وشرقاً البوسفور، وجنوباً بحر مررة. احتلها الأثينيون (470 ـ 411)

ق.م. استقلت بشؤونها مند 358 ق.م. وأصبحت إحدى القوى البحرية الكبرى. تعرضت مرات للحصار، بدءاً من الحصار الذي ضربه عليها فيليب المقدوني في (341 ـ 339) ق.م. وحصار القائد سبيتم الفارسي الذي دمرها في 196 م.

القسطنطينية: اختارها بيزنطية الامبراطور الروماني قسطنطين الأول عاصمة له في 330 ق.م. ودعيت على اسمه وأصبحت عاصمة الدولة البيزنطية. على أثر تقسيم الامبراطورية الرومانية في 395ق.م واستمرت كذلك حتى 1453م عندما أصبحت عاصمة الدولة العثمانية اسطمبول.

اشتهرت القسطنطينية بنهضتها وعمرانها من قصور وكنائس وأديرة. وهي مركز صناعي ثقافي وتجاري. كانت المدينة الأكبر والأجمل والأغنى طيلة القرون الوسطى.

بين القرن السادس والعاشر تعرضت القسطنطينية لحصار من الفرس ثم من المسلمين ثم السلاف، ثم سقطت في يد الصليبين الذين حولوها إلى عاصمة «امبراطورية الشرق اللاتينية» بين 1204و 1261 م يوم استرد البيزنطيون المدينة فعادت وبلغت المستوى الذي كانت قد وصلت إليه قبل 1200 م. وبحلول القرن الخامس عشر أصبحت المدينة بدرجة متزايدة عاصمة دولة أكثر منها عاصمة امبراطورية كبرى. في ذلك الوقت كانت الجيوش الإسلامية العثمانية تقترب من جهة الشرق. ويتوغلون داخل أوروبا وقبل انقضاء وقت طويل سقطت في أيديهم أراض واسعة. وكانوا خلال ذلك يزيدون من قوة جيوشهم بالاستراحة والإعداد الدائم حتى سهّل اللـه عليهم فتح هذه المدينة العريقة عام 1453 م فكيف تسنى لهم ذلك.

لتفتحن القسطنطينية

في صبيحة 5 نيسان 1453 سارع سكان القسطنطينية إلى الأسوار على أصوات قرع الطبول والأبواق المصحوبة بالأناشيد الدينية، ، ففوجئوا بمشهد رهيب أثّر على ما تبقى من معنويات منهارة، فمن بحر مرمرة إلى القرن الذهبي

حشد هائل من الجنود المسلمين، وقد قدر عدد الجيش الإسلامي بمليون جندي بينما قدّر أخرون العدد بمائة ألف وعلى رأس هذا الجيش الكبير سلطان شاب لا يتجاوز الثالثة والعشرين من العمر، هو السلطان محمد الفاتح الذي عُرف رغم حداثة سنه بحدة ذكائه وشدة بأسه. وكان محمد الثاني مصمماً على مواصلة الفتح في داخل أوروبا. لذلك كان لابد من إزالة هذه العقبة التي استعصت على كافة قادة المسلمين. وأمنية من اللـه أن يتحقق النصر الموعود من رسول اللـه صلى اللـه عليه وسلم علي يديه. وكان على عرش القسطنطينية يومذاك قسطنطين الحادي عشر، وهو من أسوأ أباطرة الامبراطورية الشرقية الرومانية وأقواهم وأشدهم بأساً.

بيد أنه وجد نفسه في وضع يائس. فمن المائة ألف جندي في الجيش البيزنطي لم يبق سوى ثلاثين ألفاً ومن الأسطول الحربي الذي كان يضم مئات السفن. لم يبق إلا نصفهم إضافة إلى ذلك عدة آلاف من الجنود الإيطاليين المرتزقة. بينهم فرقة كاملة من إمارة جنوى بقيادة جيوفاني جوستنياني. وقد حاول الجنود الجنوبيون اختراق الحصار التركي أكثر من مرة دون أية جدوى فاقتصر دور الجميع على الدفاع عن المدينة المحاصرة.

الحصون المنيعة للمدينة وخطة الفتح الإسلامي

فضلاً عن الموقع الطبيعي المميز للمدينة، كانت القسطنطينية مجهزة بنظام دفاعي محكم، فهناك أولاً الأسوار المبنية من عهد الامبراطور تيودور الثاني في القرن الخامس الميلادي. ويبلغ سمكها 21 ذراعاً وكان لها مائة باب، وعلى مقربة من القرن الذهبي حصن يحتوي على سبعة أبراج كان بمثابة صلة وصل بين الأسوار الشرقية عند بحر مرمرة وبين الأسوار الغربية على شاطىء القرن الذهبي. وكان هذا النظام لا يزال يحتفظ بفعاليته كما كان شأنه في القرون الوسطى.

لقد كان اعتماد العثمانيين بالدرجة الأولى على المدفعية، وخصوصاً على مدفع ثقيل كان فريداً من نوعه يحتاج لجره مئات الثيران والرجال.

اقتضى نقله من المصنع إلى مكان العمليات شهرين كاملين. وقد أحدثت قذائفه ثغرات واسعة في الأسوار الضخمة وقد عمد السلطان محمد الفاتح قبل عام من بداية الحصار إلى تشييد حصن كبير في الطرف الشرقي من مضيق البوسفور على الشاطىء الأوروبي سماه «روميلي حصار» وقبالته على الشاطىء الآسيوي حصن آخر سماه «أما دولي حصار» فقطع بذلك الطريق البحري على السفن القادمة من البحر الأسود. وكان قذائف المدافع المنطلقة من روميلي تسقط في قلب المدينة.

وقد رد البيزنطيون بإغلاق مدخل خليج القرن الذهبي بواسطة سلاسل ضخمة من الحديد تمنع السفن التركية من العبور وقصف المدينة من تلك الجهة.

وقد عرض السلطان محمد الفاتح على قسطنطين الحادي عشر أن يجنب المدينة الدمار إذا استسلم له، إلا أن الامبراطور البيزنطي رفض طلب السلطان واستهزأ به.

عند ذلك قام السلطان العثماني بعملية حربية تعتبر من أكثر العمليات الحربية جرأة وغرابة في التاريخ الحربي دلت على عمق إيمان وذكاء حربي لا مثيل له.

فقد عمد إلى شق طريق برية عبر شبه جزيرة غالاتا يبلغ طولها 8 كلم.

وفي 23 نيسان جرى نقل 80 سفينة حربية عبر تلك الطريق بواسطة عجلات خشبية ضخمة وآلاف الثيران والجنود.

وعندما لاحت أشرعة السفن الإسلامية أمام أنظار السكان أيقن الامبراطور البيزنطي أن مصير المدينة صار محسوماً. وقد نجحت السفن العثمانية في تشتيت السفن البيزنطية والإيطالية بفضل مدفعيتها. ثم بنى الأتراك عائماً فوق البحر مما جعل القسطنطينية في عزلة تامة. ورغم ذلك

أيضاً فإن الخليفة العثماني عرض على الامبراطور الاستسلام لكن الامبراطور أعاد رفضه وأصر على الحرب.

وبدأت المعركة الحاسمة

في 23 أيار 1453. قرر السلطان محمد الفاتح وقد أرهقه الحصار الطويل، وإصرار الامبراطور على المقاومة ، شن هجوم نهائي على المدينة وفتحها. وقد حث جنوده على القتال حتى الشهادة أو النصر ليكونوا موضع حديث رسول اللـه صلى اللـه عليه وسلم الذي وصف الجيش الذي يفتح القسطنطينية بأنه خير الجيوش.

وعلت أصوات التكبير والتهليل مع قرع الطبول واهتزت المدينة بكاملها واندفعوا نحو المدينة كالسيل الجارف بعد أن أنهكتها المدافع. وعنفت المعارك والتحم الجيشان أمام السور وفوق السور، واستمرت المعارك متواصلة 22 ساعة دون توقف قتل أثناءها القائد الجنوي جوستانيوس.

وبعد أيام عدة أيام في 29 أيار وبينما كانت المقاومة على أشدها فوق الأسوار المنيعة. فوجىء المقاومون بالجنود العثمانيين في مؤخرتهم ذلك أنهم نجحوا في التسلل من أحد الأبواب الخلفية وهو باب السيرك وتغلغلوا داخل المدينة.

أما قسطنطين الحادي عشر فقد قاتل بضراوة حتى قتل على يد أحد الفرسان العثمانيين وعلت أصوات التكبير عند قتله ودخلت الجيوش الإسلامية القسطنطينية التي غيرت اسمها إلى اسطنبول أو اسلام بول أي مدينة الإسلام.

اسطنبول: عاصمة الخلافة العثمانية

يبلغ حجم اسطنبول اليوم عشرة أضعاف حجم المدينة القديمة. التي كانت تعتبر أكبر مدن أوروبا في زمانها. ويصل عدد سكانها اليوم إلى 9 ملايين نسمة تقريباً. وقد حل اسم اسطنبول محل اسم القسطنطينية إثر فتحها وأصبحت مركز الخلافة العثمانية.

وقد عادت اسطنبول وشهدت نهضة عمرانية وعلمية جديدة وكبيرة، وقد شجع السلاطين العثمانيين انتقال النخبة من الأهالي والعلماء العرب إلى هذه المدينة الفخمة.

وعندما احتلها الحلفاء بين عامي 1918 و 1923 فقدت دورها كعاصمة سياسية، وحلت محلها أنقرة. إن نظرة عامة على اسطنبول اليوم تظهر أنها منتشرة على التلال السبع التي تشكل جيولوجية المكان. ويقسمها خليج البوسفور إلى هويتين: «أوروبية وآسيوية». وهو ما يشكل لها انفراداً على كثير من مدن العالم البحرية فترتبط بالبحرين الأسود ومرمرة وتطل في الوقت نفسه على البحر المتوسط.

شهر معالم اسطنبول.. والأمانات المقدسة من النبي صلى الله عليه وسلم

- كنيسة آيا صوفيا التي تم بناؤها عام 425، وعندما دخلها السلطان محمد الفاتح صلى فيها وأمر بتحويلها إلى مسجد والذي يعد اليوم من أجمل المساجد في تركيا والعالم وفيه أيضاً متحف تركي.الموجودة في متحف طوب قابي الذي أمر بإنشائه السلطان أحمد الأول 1603 ـ 1607 ويحوي هذا المتحف على الأمانات المقدسة والمقصود فيها: بردة الرسول محمدصلى الله عليه وسلم وهي البردة الشريفة التي أهداها رسول الله صلى الله عليه وسلم للشاعر كعب بن زهير بعد أن ألقى في حضرة الرسول قصيدته المشهورة والتي اشتراها من ورثته معاوية بن أبي سفيان وتعاقب الخلفاء جميعاً على الاحتفاظ بها إلى أن نقلت مع الخلافة العباسية من بغداد إلى القاهرة وعندما فتح السلطان سليم القاهرة اصطحبها معه إلى اسطمبول.

- البيرق النبوي: من الأمانات أيضاً العلم النبوي الشريف كان يحمله السلاطين أو القادة أثناء الحروب. غير أنه بسبب اصابة العلم بالتلف فقد حوفظ عليه داخل صندوق من الذهب.

- رسالة النبي إلى ملك الأقباط.

- سيوف الرسول والخلفاء: وتتضمن 21 سيفاً من سيوف الخلفاء وكبار الصحابة وفي مقدمة هذه السيوف سيفان للنبي صلى الله عليه وسلم نفسه يمكن رؤيتها موضوعين على حاشية من المخمل الأزرق فوق صندوق من الفضة المرصعة المزخرفة.

- خاتم النبي صلى الله عليه وسلم المصنوع من حجر العقيق وهو بيضاوي الشكل ولا يتعدى حجمه حجم فص خاتم كبير وقد نقشت عليه عبارة «محمد رسول الله».

- سن من أسنان النبي صلى الله عليه وسلم موضوع فوق بقجة مرصعة داخل عليه فضية مزخرفة وهي السن التي إنكسرت يوم أحد.

- شعرة من لحيته الشريفة: يحتفظ فيها ضمن علبة مصنوعة من الزجاج وحولها إطار من الذهب ويتم وضعها في علبة فضية مزخرفة.

- مصحف عثمان: ومن بين الأمانات المقدسة المصحف الشريف المخطوط على جلد غزال والذي يقال أنه المصحف الذي كان يتلو فيه عثمان بن عفان رضي الله عنه عندما استشهد في بيته ويلاحظ أنه ملطخ بالدماء.

إضافة إلى بعض الأمانات الخاصة بالكعبة الشريفة حيث يوجد مفتاح وقفل الكعبة وكذلك توجد ستارتان مأخوذتان من غطاء الكعبة.

أهم المساجد في اسطنبول

- المسجد الأزرق أو «يني جامع» الذي بنته السلطانة صفية زوجة مراد الثالث. وللجامع مئذنتان وهو يتشكل من 66 قبة، وجدرانه مغلفة من الأرض إلى السقف بالخزف الصيني نصف أزرق ونصف أخضر.

- **مسجد السلطان أحمد**: ويقع شرقي الميدان. مواجهاً لمسجد أيا صوفيا الكبير، وله نفس التكوين الشاسع للمساجد السلطانية العثمانية، لكن يميزه وجود ست مآذن وهو المسجد الوحيد الذي له ست مآذن في اسطنبول. وقد بنى هذا المسجد المهندس المعماري الإسلامي سنان. الذي يعتبر عبقري العمارة الإسلامية فقد خلف 320 صرحاً معمارياً من بينها 80 مسجداً سلطانياً و50 مسجداً عادياً ومدارس ومستشفيات وقصور.

- **مسجد السلطان أيوب**: يعلو جميع المساجد في اسطمبول من حيث المكانة الدينية عند الناس فهو يحوي رفات الصحابي الجليل أبو أيوب الأنصاري الذي توفي أثناء محاولة المسلمين فتح القسطنطينية عام 52 هـ.

- **مسجد السليمانية**: بناه المهندس سنان في عصر السلطان سليمان القانون الذي يعتبر عصره من العصور الزاهية في التاريخ العثماني وقد استمرت عمليات البناء لأكثر من 80 عاماً فيبلغ طوله 69 متراً وعرضه 63 متراً ويحتوي 138 نافذة بزجاج ملون.

- **قصر ضولمه بهجه**: بناه السلطان عبد المجيد عام 1855 ونقل إليه إدارة شؤون الامبراطورية بعد ما كانت في قصر «طوب قابي» الذي تحول إلى متحف الأمانات المقدسة. وهو مصمم على التراث الأوروبي الامبراطوري. وفي أحد صالوناته ثريا وزنها 4، 5 طن من الكريستال الأصلي المصنوع في إنكلترة زمن الملكة فكتوريا.

مملكة إسبانيا

يشتق اسمها من Hispania بلد الأرانب وهو الاسم الذي أعطاه الفينيقيون لهذه المنطقة . كان الإغريق يطلقون على اسبانيا اسم Iberia أو بلاد الإبر Iber ومن هنا جاءت عبارة «شبه الجزيرة الإيبيرية» (إسبانيا والبرتغال) .

مساحتها 4، 782.5 كيلومتر مربع، عاصمتها مدريد، وأهم مدنها برشلونة وفالنسيا.

اللغة الرسمية هي الاسبانية وإلى جانبها لغتان إضافيتان هما الباسك والكاتلان.

العملة المتداولة فيها هي بيستيا.

كثافة إسبانيا السكانية لا تتعدى 78 نسمة/كم مربع. وهي إحدى أقل الكثافات السكانية في أوروبا الغربية. يفصل جبل طارق إسبانيا عن القارة الإفريقية. يغلب الطابع الجبلي على البلاد. ففي الوسط (75 بالمائة من مساحة البلاد) منطقة هضاب متوسطة الارتفاع، في الشمال، سلسلة جبال البيرينيه (أعلاها قمة أنيتو 3404 م) التي تعزلها كلياً عن أوروبا، وسلسلة جبال سييرا نيفادا، في الجنوب، ويبلغ أقصى ارتفاعها 3481 م. المناطق السهلية تقتصر على السواحل، إضافة إلى حوض نهر سيجريه في الشرق (منطقة كاتالونيا)، وحوض نهر جواد الكيفير في الجنوب (منطقة الأندلس).

تنطوي الأراضي الإسبانية على شواذات غريبة، مثل منطقة ليفيا التابعة لإسبانيا والواقعة ضمن الأراضي الفرنسية. ومدينتي سبته ومليلية في شمال أفريقيا. إضافة إلى ثلاثة مواقع أخرى ذات أهمية ثانوية، وأخيراً جزر الكاناري الواقعة قبالة الشاطىء الجنوبي للمغرب والتي أصبحت اسبانية سنة 1479.

في المقابل، ينتمي جبل طارق الواقع على البر الإسباني إلى التاج البريطاني.

مناخ اسبانيا قاري: شتاؤها بارد جداً وصيفها حار جداً. والجفاف بارز قرب منطقة الإعصار المعاكس الصحراوي. أما المناخ فهو متوسطي في الثلث الجنوبي الشرقي في اسبانيا ألبي الشتاء بارد جداً والصيف رطب نسبياً ومعتدل البرودة.

الإنتاج الزراعي في إسبانيا ضخم وله أهمية كبرى في النشاط الاقتصادي. يأتي الشعير في طليعة المنتجات الزراعية. وتحتل اسبانيا المركز الأول في العالم من حيث إنتاج زيت الزيتون، وتصدير البرتقال. كما ينتج الصيد كميات وافرة من السمك.

أهم الزراعات تتمثل في زراعة الحمضيات والشعير والبطاطا وزيت الزيتون والبرتقال والكرمة. تربى بها الماشية (أبقار، أغنام، خنازير). وفيها مصائد عديدة للأسماك. تعتمد إسبانيا في إنتاج الطاقة الكهربائية على المحطات النووية والكهرمائية.

أهم مواردها الزنك والفضة واللينيت والفحم. على اسبانيا أن تلحق بركب دول أوروبا الصناعية، وتعمل على معالجة تأخرها في المجال الصناعي، وهي تستخرج من أرضها 30 نوعاً من المواد المختلفة، ولكن بكميات ضئيلة نسبياً إلا في ما يخص الزئبق.

أهم الصناعات: الطاقة الكهربائية، المنسوجات، صناعة الحديد، الأحذية، الألعاب، بناء السفن، صناعة السيارات، المعلبات، النبيذ والورق.

المملكة المتحدة

(بريطانيا العظمى)

اسمها الرسمي المملكة المتحدة لبريطانيا، العظمى وإيرلندا الشمالية. والأسماء التي تعرف بها عادة هي إنجلترا وبريطانيا العظمى والجزر البريطانية وألبيون.

مساحتها 244، 046 كيلومتر مربع، عاصمتها لندن، وأهم مدنها وليدز وبرمنجهام وليفربول.

اللغة الرسمية هي الانجليزية وعملتها الجنيه الاسترليني.

المملكة المتحدة بلد سهول وتلال، يمتد شمالاً حتى جزر شتلاند التي تقع على خط العرض الذي تقع عليه سان بيترسبورج وهلسنكي.

يعرف هذا البلد بعدة أسماء: إنكلترا بمعنى الحصر التي تغطي 62% فقط من مساحة البلاد؛ وبريطانيا العظمى التي تضم إنكلترا وبلاد الجال واسكوتلندا؛ وأخيراً المملكة المتحدة التي تضم بريطانيا العظمى وألستر وهي أرض تابعة لبريطانيا تقع في شمال إيرلندا.

لا تشكّل جزرمان والجزر الإنكليزية ـ النورماندية جزءاً من المملكة المتحدة فهي تابعة للتاج البريطاني.

مناخ المملكة المتحدة محيطي بارد. الواجهة الشرقية التي تحميها البلاد من الرياح الغربية «قارية» أكثر، وتشهد جليداً في الشتاء وحرارة مرتفعة في الصيف، ولا تتعدى كمية الأمطار التي تتلقاها 500 مم.

تتمتع الزراعة البريطانية بفعالية عالية وأهم الزرعات الشعير والبطاط والقمح والحبوب. تربى فيها الماشية (أبقار، أغنام وخنازير).

تحتل المملكة المتحدة المرتبة السادسة في العالم من حيث الموارد المنجمية وأهمها البترول والغاز الطبيعي والقصدير والفحم.

لكن كلفة استخراج النفط البريطاني مرتفعة جداً: 10 دولارات تقريباً للبرميل مقابل 1 دولار إلى 1، 5 دولار للبرميل في المملكة العربية السعودية.

سجلت الصناعة البريطانية تراجعاً ملحوظاً لكنها استعادت طريق النمو سنة 1993.

انخفض مؤشر الإنتاج الصناعي في 1991 و 1992، لكنه عاد إلى الارتفاع عام 93 وقد اشترى اليابانيون مصانع السيارات الوطنية. أهم الصناعات صناعة المنسوجات وصناعة الفخار والصوف والمعادن وصناعة الحديد والكيمياء والفحم والصناعة الميكانيكية وبناء السفن وصناعة الطائرات.

حضارة عربية إسلامية

أهتمت الدولة الإسلامية التي انشأها النبي محمد صلى الله عليه وآله وسلم واستمرت تحت مسمى الخلافة في الفترات الأموية والعباسية بالعلوم والمدنية كما اهتمت بالنواحي الدينية فكانت الحضارة العربية الإسلامية حضارة تمزج بين العقل والروح فامتازت عن غيرها من الحضارات السابقة والتي كانت عبارة عن مجرد أمبراطوريات ليس لها أساس من علم ودين. الإسلام كدين عالمي يحض على العلم ويعتبره فريضة علي كل مسلم. لتنهض أممه وشعوبه.

ولم يكن في أي وقت مدعاة للتخلف كما يأفك الغرب. فأي علم مقبول إلا لوكان علما يخالف قواعد الإسلام ونواهيه .والإسلام يكرم العلماء ويجعلهم ورثة الأنبياء.

وتتميز الحضارة الإسلامية بالتوحيد والتنوع العرقي في الفنون والعلوم والعمارة طالما لاتخرج عن نطاق القواعد الإسلامية . لأن الإسلام لايعرف الكهنوت كما كانت تعرفه أوروبا. لأن الحرية الفكرية كانت مقبولة تحت ظلال الإسلام.

وكانت الفلسفة يخضعها الفلاسفة المسلمون للقواعد الأصولية مما أظهر علم الكلام الذي يعتبر علما في الإ لهيات. فترجمت أعمالها في أوربا وكان له تأثيره في ظهور الفلسفة الحديثة وتحرير العلم من الهنوت الكنسي فيما بعد. مما حقق لأوربا ظهور عصر النهضة بها. لهذا لما دخل الإسلام هذه الشعوب لم يضعها في بيات حضاري ولكنه أخذ بها ووضعها علي المضمار الحضاري لتركض فيه بلا جامح بها أو كابح لها .وكانت مشاعل هذه الحضارة الفتية تبدد ظلمات الجهل وتنير للبشرية طريقها من خلال التمدن الإسلامي. فبينما كانت الحضارة الإسلامية تموج بديار الإسلام من الأندلس

غربا لتخوم الصين شرقا وكانت أوربا وبقية أنحاء المعمورة تعيش في إظلام حضاري وجهل مطبق.

وامتدت هذه الحضارة القائمة بعدما أصبح لها مصارفها وروافدها لتشع علي الغرب ونطرق أبوابه .فنهل منها معارفه وبهر بها لأصالتها المعرفية والعلمية. مما جعله يشعر بالدونية الحضارية. فثار علي الكهنوت الديني ووصاية الكنيسة وهيمنتها علي الفكر الإسلامي حتي لايشيع . لكن رغم هذا التعتيم زهت الحضارة الإسلامية وشاعت . وانبهر فلاسفة وعلماء أوربا من هذا الغيث الحضاري الذي فاض عليهم . فثاروا علي الكنيسة وتمردوا عليها وقبضوا علي العلوم الإسلامية من يقبض علي الجمر خشية هيمنة الكنيسة التي عقدت لهم محاكم التفتيش والإحراق .ولكن الفكر الإسلامي قد تمل منهم وأصبحت الكتب الإسلامية التراثية والتي خلفها عباقرة الحضارة الإسلامية فكرا شائعا ومبهرا.

فتغيرت أفكار الغرب وغيرت الكنيسة من فكرها مبادئها المسيحية لتسايرالتأثير الإسلامي علي الفكر الأوربي وللتصدي للعلمانيين الذين تخلوا عن الفكر الكنسي وعارضوه وانتقدوه علانية. وظهرت المدارس الفلسفية الحديثة في عصر النهضة أو التنوير بأوربا كصدي لأفكار الفلاسفة العرب . ظهرت مدن تاريخية في ظلال الحكم الإسلامي كالكوفة والبصرة وبغداد ودمشق والقاهرة والفسطاط والعسكر والقطائع والقيروان وفاس ومراكش والمهدية والجزائر وغيرها.

كما خلفت الحضارة الإسلامية مدنا متحفية تعبر عن العمارة الإسلامية كإستانبول بمساجدها والقاهرة بعمائرها الإسلامية وبخارى وسمرقند ودلهي وحيدر أباد وقندهار وبلخ وترمذ وغزنة وبوزجان وطليطلة وقرطبة وإشبيلية ومرسية وسراييفو وأصفهان وتبريز ونيقيا وغيرها من المدن الإسلامية.

خلال قرني من وفاة الرسول صلى الله عليه وسلم كانت صناعة الكتب منتشرة في كل أنحاء العالم الإسلامي وكانت الحضارة الإسلامية تدور حول الكتب.

فقد كانت توجد المكتبات الملكية والعامة والخاصة في كل مكان حيث كانت تجارة الكتب ومهنة النساخة رائجة وكان يقتنيها كل طبقات المجتمع الإسلامي الذين كانوا يقبلون عليها إقبالا منقطع النظير. وكان سبب هذا الرواج صناعة الورق ببغداد وسمرقند. وكانت المكتبات تتيح فرص الإستعارة الخارجية.

وكانت منتشرة في كل الولايات والمدن الإسلامية بالقاهرة وحلب وإيران ووسط آسيا وبلاد الرافدين والأندلس وشمال أفريقيا. وكانت شبكات المكتبات قد وصلت في كل مكان بالعالم الإسلامي. وكان الكتاب الذي يصدر في بغداد أو دمشق تحمله القوافل التجارية فوق الجمال ليصل لقرطبة بأسبانيا في غضون شهر. وهذا الرواج قد حقق الوحدة الثقافية وإنتشار اللغة العربية .

وكانت هي اللغة العلمية والثقافية في شتي الديار الإسلامية. كما كان يعني بالنسخ والورق والتجليد. مما ماجعل صناعة الكتب صناعة مزدهرة في العالم الإسلامي لإقبال القراء والدارسين عليها وإقتنائها. وكانت هذه الكتب تتناول شتي فروع المعرفة والخط وعلوم القرآن وتفاسيره واللغة العربية والشعر والرحلات والسير والتراث والمصاحف وغيرها من آلاف عناوين الكتب. وهذه النهضة الثقافية كانت كافية لإزدهار الفكر العربي وتميزه وتطوره. وفي غرب أفريقيا في مملكتي مالي وتمبكتو أثناء إزدهارهما في عصريهما الذهبي ، كانت الكتب العربية لها قيمتها. وكان من بينها الكتب النادرة التي كانت تنسخ بالعربية، وكانت المملكتان قد أقامتا المكتبات العامة مع المكتبات الخاصة. يعتبر القرن التاسع الميلادي له أهميته في ثبت الحضارة الإسلامية المتنامية. لأن أعمال العلماء المسلمين كانت رائعة وكانوا رجال علم متميزين وكان المأمون الخليفة العباسي العالم المستنير (ت 833) يحثهم علي طلب

العلم. وقد أنشأ لهم بيت الحكمة لتكون أكاديمية البحث العلمي ببغداد تحت رعايته الشخصية. وأقام به مرصدا ومكتبة ضخمة. كما أقام مرصدا ثانيا في سهل تدمر بالشام. وجمع المخطوطات من كل الدنيا لترجم علومها. وكان يشجع الدارسين مهما تنوعت دراستهم. وحقق بهذا التوجه قفزة حضارية غير مسبوقة رغم وجود النهضة العلمية وقتها. وهذا ما لم يحدث بعد إنشاء جامعة ومكتبة الإسكندرية في القرن الثالث ق.م. وقام الفلكيون في تدمر في عهده بتحديد ميل خسوف القمر ووضعوا جداول لحركات الكواكب . وطلب منهم تحديد حجم الأرض ، وقاسوا محيطها ، فوجدوه 20400 ميل ،وقطرها 6500 ميل. وهذا يدل علي أن العرب كانوا علي علم وقتها ،بأن الأرض كروية قبل كويرنيق بخمسة قرون . كما طلب المأمون منهم وضع خريطة للأرض . وفي علم الفلك أثبتوا دورانها. وقياساتهم تقريبا لها تطابق ما قاسه علماء الفلك بالأقمار الصناعية ، وأنهم كانوا يعتقدون خطأ أنها مركز الكون، يدورحولها القمر والشمس والكواكب. وهذا الإعتقاد توارد إليهم من فكر الإغريق . واكتشفوا الكثير من النجوم والمجرات السماوية وسموها بأسمائها العربية التي مازالت تطلق عليها حتي الآن. وكانت كل الأبحاث في الفلك والرياضيات في العصر العباسي قد إنفرد بها العلماء المسلمون وقد نقلوها عن الهنود الذين قد ترجموها عن الصينيين للعربية وقاموا بتطويرها بشكل ملحوظ.

نهضة علمية مع هذه النهضة العلمية ظهرت الجامعات الإسلامية لأول مرة بالعالم الإسلامي قبل أوربا بقرنين .وكانت أول جامعة بيت الحكمة أنشئت في بغداد سنة 830 م، ثم تلاها جامعة القرويين سنة 859 م في فاس ثم جامعة الأزهر سنة 970 م في القاهرة. وكانت أول جامعة في أوربا أنشئت في "سالرنو" بصقلية سنة 1090 م على عهد ملك صقلية روجر الثاني. وقد أخذ فكرتها عن العرب هناك. ثم تلاها جامعة بادوا بايطاليا سنة 1222 م. وكانت الكتب العربية تدرس بها وقتها. وكان للجامعات الإسلامية تقاليد متبعة وتنظيم .فكان للطلاب زي موحد خاص بهم وللأساتذة زي خاص. وربما

اختلف الزي من بلد إلي بلد ومن عصر إلي عصر. وقد أخذ الأوربيون عن الزي الجامعي الإسلامي الروب الجامعي المعمول به الآن في جامعاتهم. وكان الخلفاء والوزراء إذا أرادوا زيارة الجامعة الإسلامية يخلعون زي الإمارة والوزراة ويلبسون زي الجامعة قبل دخولها .وكانت اعتمادات الجامعات من ايرادات الأوقاف. فكان يصرف للطالب المستجد زي جديد وجراية لطعامه. وأغلبهم كان يتلقى منحة مالية بشكل راتب وهو ما يسمى في عصرنا بالمنحة الدراسية. فكان التعليم للجميع بالمجان يستوي فيه العربي والأعجمي والأبيض والأسود.

وبالجامعات كان يوجد المدن الجامعية المجانية لسكني الغرباء وكان يطلق عليها الأروقة. والطلبة كان يطلق عليهم المجاورون لسكناهم بجوارها. وكان بالجامعة الواحدة أجناس عديدة من الأمم والشعوب الإسلامية يعيشون في إخاء ومساواة تحت مظلة الإسلام والعلم. فكان من بينهم المغاربة والشوام والأكراد والأتراك وأهل الصين وبخارى وسمرقند. وحتى من مجاهل افريقيا وآسيا وأوروبا.

وكان نظام التدريس في حلقات بعضها يعقد داخل الفصول. وأكثرها كان في الخلاء بالساحات أو بجوار النافورات بالمساجد الكبري. وكان لكل حلقة أستاذها يسجل طلابها والحضور والغياب.ولم يكن هناك سن للدارسين بهذه الجامعات المفتوحة.

وكان بعض الخلفاء والحكام يحضرون هذه الحلقات.وكانوا يتنافسون في استجلاب العلماء المشهو رين من أنحاء العالم الإسلامي ،ويغرونهم بالرواتب والمناصب، ويقدمون لهم أقصى التسهيلات لأبحاثهم. وكان هذا يساعد على سرعة انتشار العلم وانتقال الحضارة الإسلامية بديار الإسلام.

كانت الدولة الإسلامية تعني بالمرافق الخدماتية والعامة بشكل ملحوظ. فكانت تقيم المساجد ويلحق بها المكتبات العامة المزودة بأحدث الإصدارات في عصرها ودواوين الحكومة والحمامات العامة ومطاعم الفقراء وخانات

المسافرين علي الطرق العامة ولاسيما طرق القوافل التجارية العالمية، وطرق الحج التراثية وإنشاء المدن والخانقاهات والتكايا المجانية للصوفية واليتامي والأرامل والفقراء وأبناء السبيل. واقيمت الأسبلة لتقدم المياه للشرب بالشوارع.

وكان إنشاء البيمارستنات (المستشفيات الإسلامية) سمة متبعة في كل مكان بالدولة الإسلامية يقدم بها الخدمة المجانية من العلاج والدواء والغذاء ومساعدة أسر المرضي الموعزين .وكلمة باريمستان بالفارسيةهو مكان تجمع المرضي ،وكلمة مستشفي معناها بالعربية مكان طلب الشفاء .لهذا كان الهدف من إنشاء هذه المستشفيات غرضا طبيا وعلاجيا. عكس المستشفيات في أوربا وقتها ،كانت عبارة عن غرف للضيافة ملحقة بالكنائس والأديرة لتقدم الطعام لعابري السبيل أو ملاجيء للعجزة والعميان والمقعدين ولم تكن للتطبيب. وكان يطلقون على هذه الغرف كلمة مضيفة، وهي مشتقة من كلمة ضيافة. وأول مستشفي بني بإنجلترا في القرن 14م. بعد إنحسار الحروب الصليبية علي المشرق العربي، بعدما أخذ الصليبيون نظام المستشفيات الإسلامية والطب العربي عن العرب . وكان أول مستشفي في الإسلام بناه الوليد بن عبد الملك سنة 706 م (88 هـ) في دمشق. وكان الخلفاء المسلمون يتابعون إنشاء المستشفيات الإسلامية الخيرية بإهتمام بالغ. ويختارون مواقعها المناسبة من حيث الموقع والبيئة الصالحة للإستشفاء والإتساع المكاني بعيدا عن المناطق السكنية. وأول مستشفى للجذام بناه المسلمون في التاريخ سنة 707 م بدمشق.

في حين أن أوروبا كانت تنظر إلى الجذام على إنه غضب من اللـه يستحق الإنسان عليه العقاب حتى أصدر الملك فيليب أمره سنة 1313 م بحرق جميع المجذومين في النار. وكانت المستشفيات العامة بها أقسام طب المسنين ، بها أجنحة لكبار السن وأمراض الشيخوخة . وكانت توجد المستشفيات الخاصة. والمستوصفات لكبار الأطباء بالمستشفيات العامة ..

ومن المعروف أن الدولة الإسلامية في عصور ازدهارها كانت تعطي أهمية قصوى لمرافق الخدمات العامة مثل المساجد ودواوين الحكومة والحمامات والمطاعم الشعبية واستراحات المسافرين والحجاج. وبديهي أن تكون أهم هذه المرافق المستشفيات.. فقد كانت تتميز بالاتساع والفخامة والجمال مع البساطة. ومن بين هذه المستشفيات التراثية اليوم مستشفي السلطان قلاوون ومستشفي أحمد بن طولون بالقاهرة والمستشفي السلجوقي بتركيا. وكانت مزودة بالحمامات والصيدليات لتقديم الدواء والأعشاب. والمطابخ الكبيرة لتقديم الطعام الطبي الذي يصفه الأطباء للمرضي حسب مرضهم. لأن الغذاء المناسب للمرض كانوا يعتبرنه جزءا من العلاج .

ويشتمل المستشفى الكبير (الجامعي) على قاعة كبيرة للمحاضرات والدرس وامتحان الأطباء الجدد وملحق بها مكتبة طبية ضخمة تشمل على المخطوطات الطبية. والمشاهد لهذه المستشفيات سيجدها أشبه القصورالضخمة والمتسعة، بل والمنيفة.

وحول المبني الحدائق ومن بينها حديقة تزرع فيها الأعشاب الطبية.ولم يأت منتصف القرن العاشر م. حتى كان في قرطبة بالأندلس وحدها خمسون مستشفي وأكثر منها في دمشق وبغداد والقاهرة والقيروان علاوة المستشفيات المتنقلة والمستشفيات الميدانية لجرحي الحرب، والمستشفيات التخصصية كمستشفيات الحميات التي كان بها معزل طبي لعزل الأمراض المعدية.

وفيها كان يبرد الجو وتلطف الحرارة بنوافير المياه أو بالملاقف الهوائية. ومستشفيات للجراحةالتي كان يشترط فيها الجو الجاف ليساعد على التئام الجروح. لكثرة حروب المسلمين فقد طوروا أساليب معالجة الجروح فابتكروا أسلوب الغيار الجاف المغلق وهو اسلوب نقله عنهم الأسبان وطبقوه لأول مرة في الحرب الاهلية الأسبانية ثم عمم في الحرب العالمية الأولى بنتائج ممتازة. وهم أول من استعمل فتيلة الجرح لمنع التقيح الداخلي وأول من استعمل خيوطا من مصارين الحيوان في الجراحة الداخلية.. ومن أهم وسائل الغيار على الجروح

التى أدخلها المسلمون استعمال عسل النحل الذي ثبت حديثا أن له خصائص واسعة في تطهير الجرح ومنع نمو البكتريا فيه..

العمارة

وكان المعمار الإسلامي يعتمد على النواحي التطبيقية لعلم التحليل وهذا يتضح في إقامة المساجد والمآذن والقباب والقناطر والسدود فلقد برع المسلمون في تشييد القباب الضخمة ونجحوا في حساباتها المعقدة التي تقوم على طرق تحليل الإنشاءات القشرية. فهذه الإنشاءات المعقدة والمتطورة من القباب مثل قبة الصخرة في بيت المقدس وقباب مساجد الأستانة والقاهرة والأندلس والتي تختلف اختلافا جذرياً عن القباب الرومانية وتعتمد إعتمادا كليا على الرياضيات المعقدة. فلقد شيد البناؤن المسلمون المآذن العالية والطويلة والتي تختلف عن الأبراج الرومانية . لأن المئذنة قد يصل إرتفاعها لسبعين متراً فوق سطح المسجد.

وأقاموا السدود الضخمة أيام العباسيين والفاطميين والأندلسيين فوق الأنهار كسد النهروان وسد الرستن وسد الفرات. كما أقاموا سور مجري العيون بالقاهرة أيام صلاح الدين الأيوبي وكان ينقل الماء من فم الخليج على النيل إلى القلعة فوق جبل المقطم. وكانت ساقية تدار بالحيوانات ترفع المياه لعشرة أمتار ليتدفق في القناة فوق السور وتسير بطريقة الأواني المستطرقة لتصل القلعة.

تتميز الحضارة الإسلامية بالتوحيد والتنوع العرقي في الفنون والعلوم والعمارة طالما لاتخرج عن نطاق القواعد الإسلامية . ففي العمارة بنى أبو جعفر المنصورالخليفة العباسي، على نهر دجلة عاصمته بغداد سنة (145 - 149 هـ) على شكل دائري، وهو اتجاه جديد في بناء المدن الإسلامية، لأن معظم المدن الإسلامية، كانت إما مستطيلة كالفسطاط، أو مربعة كالقاهرة، أو بيضاوية كصنعاء. ولعل السبب في ذلك يرجع إلى أن هذه المدن نشأت بجوار مرتفعات حالت دون استدارتها. ويعتبر تخطيط المدينة المدورة (بغداد)، ظاهرة

جديدة في الفن المعماري الإسلامي ولاسيما في المدن الأخرى التي شيدها العباسيون مثل مدينة سامراء وما حوله من مساجد وقصور خلافية فخمة. وظهرت مدن تاريخية في ظلال الحكم الإسلامي كالكوفة والبصرة وبغداد والقاهرة والفسطاط والعسكر والقطائع والقيروان وفاس ومراكش والمهدية والجزائر وغيرها. كما خلفت الحضارة الإسلامية مدنا متحفية تعبر عن العمارة الإسلامية كإستانبول بمساجدها والقاهرة بعمائرها الإسلامية وبخاري وسمرقند ودلهي وحيدر أباد وقندهار وبلخ وترمذ وغزنة وبوزجان وطليطلة وقرطبة وإشبيلية ومرسية وسراييفووأصفهان وتبريز ونيقيا والقيروان والحمراء وغيرها من المدن الإسلامية. وكان تخطيط المدن سمة العمران في ظلال الخلافة الإسلامية التي إمتدت من جتوب الصين حتي تخوم جنوب فرنسا عند جبال البرانس.

وكانت المدن التاريخية متاحف عمرانية تتسم بالطابع الإسلاني . فكانت المدينة المنورة قد وضع النبي أساسها العمراني والتخطيط حيث جعل مسجده في وسط المدينة ،وألحق به بيته وجعلها قطائع حددلها إتساع شوارعها الرئيسية. وكلها تتحلق حول مسجده. وجعل سوقها قي قلب مدينته. لتكون بلد جنده. وعلى نمط مدينة الرسول صلى اللـه عليه وسلم أقيمت مد ن الموصل والكوفة وواسط بالعراق والفسطاط بمصر لتكون أول بلدة إسلامية بأفريقيا . وقد أقامها عمرو بن العاص كمدينة جند فجعل مسجده في قلبها وبجواره دووابن الجند ودار الإمارة ، وحولها قطائع سكنية تلتحق بمسجده . وكل قطعة كانت تضم جنود كل قبيلة . وكذلك كانت مدينة القيروان بشمال أفريقيا.

وكان التخطيط العمراني له سماته الشرعية حيث تشق الشوارع بالمدينة الإسلامية تحت الريح لمنع التلوث وتقام الورش تحت خارج المدينة لمنع الإقلاق . وكان تمنح تراخيص للبناء بحيث يكون المبني من طابق أو طابقين . والأسواق كانت مسقوفة لمنع تأثير الشمس. وكان يعين لكل سوق محتسب

لمراقبة البيع والأسعار وجودة البضائع والتفتيش علي المصانع للتأكد من عدم الغش السلعي والإنتاجي.وبكل مدينة أو بلدة كانت تقام الحمامات العامةلتكون مجانا. وكان لها مواصفات وشروط متفقط متبعة .وكان يتم التفتيش علي النظافة بها واتباع الصحة العامة. حقيقة كانت الحمامات معروفة لدي الإغريق والرومان. لكنها كانت للموسرين. والعرب أدخلوا فيها التدليك كنوع من العلاج الطبيعي. واقاموا بها غرف البخار (السونا).

والمسلمون أول من أدخلوا شبكات المياه في مواسير الرصاص أو الزنك إلى البيوت والحمامات والمساجد.. وقد أورد كتاب "صناعات العرب" رسما وخرائط لشبكات المياه في بعض العواصم الإسلامية. ومعروف أن الكيميائيين العرب قد اخترعوا الصابون. وصنعوا منه الملون والمعطر. وكان في كل حمام مدلك مختص. وآخر للعناية باليدين.. والقدمين وبه حلاق للشعر كما كان يلحق به مطعم شعبي. وقد قدر عدد الحمامات في بغداد وحدها في القرن الثالث الهجري (955 م) حوالي عشرة آلاف حمام وفي مدن الأندلس أضعاف هذا العدد.

ويعتبر المسجد بيتا من بيوت الله حيث يؤدي به شعائر الخمس صلوات وصلاة الحمعة التي فرضت علي المسلمين ويقام فيه تحفيظ القرآن . وبكل مسجد قبلة يتوجه كل مسلم في صلاته لشطر الكعبة بيت الله الحرام . وأول مسجد أقيم في الإسلام مسجد الرسول بالمدينة المنورة. وكان ملحقا به بيته. وإنتشرت إقامة المساجد كبيوت لله في كل أنحاء العالم ليرفع من فوق مآذنها الآذان للصلاة.

وقد تنوعت في عمارتها حسب طرز العمارة في الدول التي دخلت في الإسلام . لكنها كلها موحدة في الإطار العام ولاسيما في إتجاه محاريب القبلة بها لتكون تجاه الكعبة المشرفة . وبكل مسجد يوجد المنبر لإلقاء خطبة الجمعة من فوقه . وفي بعض المساجد توجد اماكن معزولة مخصصة للسيدات للصلاة بها . وللمسجد مئذنة واحدة أو أكثر ليرفع المؤذن من فوقها الآذان

للصلاة وتنوعت طرزها. وبعض المساجد يعلو سقفها قبة متنوعة في طرزها المعمارية .

وفي المساجد نجد المحراب علامة دلالية لتعيين اتجاه القبلة (الكعبة). وهذه العلامة على هيئة مسطح أو غائر(مجوف) أو بارز .والمسلمون استعملوا المحاريب المجوفة ذات المسقط المتعامد الأضلاع. أو المسقط النصف دائري . وقداختيرت الهيئة المجوفة للمحراب لغرضين رئيسين هما، تعيين اتجاه القبلة، وتوظيف التجويف لتضخيم صوت الإمام في الصلاة ليبلغ المصلين خلفه في الصفوف.

وكانت تجاويف المحاريب تبطن وتكسى بمواد شديدة التنوع كالجص والرخام والشرائط المزخرفة بالفسيفساء أو المرمر المزخرف.ونري المحاريب التي شيدها المماليك في مصر والشام من أبدع المحاريب الرخامية ، حيث تنتهي تجويفة المحراب بطاقية على شكل نصف قبة مكسوة بأشرطة رخامية متعددة الألوان. وأبرع الفنانون المسلمون في استخدام مختلف أنواع البلاطات الخزفية لتغشية المحاريب أما الخزافون في الشرق، فقد استخداموا بلاطات الخزف ذات البريق المعدني والخزف الملون باللون الأزرق الفيروزي. وقد حفلت المحاريب بالكتابات النسخية التي تضم آيات من القرآن الكريم، بجانب الزخارف النباتية المميزة بالتوريق والأرابيسك . كما إستخدمت فيها المقرنصات الخزفية لتزيين طواقي المحاريب. وجرت العادة وضع المحراب في منتصف جدار القبلة بالضبط ليكون محوراً لتوزيع فتحات النوافذ على جانبيه بالتوازن.

و المئذنة (المنارة) الملحقة ببنايات المساجد لها سماتها المعمارية .و تتكون من كتلة معمارية مرتفعة كالبرج وقد تكون مربعة أو مستديرة أو بها جزء مربع وأعلاها مستدير. وبداخلها سلم حلزوني (دوار) يؤدي إلي شرفة تحيط بالمئذنة ليؤذن من عليها المؤذن وليصل صوته أبعد مدى ممكن. والمآذن المملوكية تتكون من جزء مربع ثم جزء مثمن ثم جزء مستدير بينهم الدروات

ويعلوها جوسق ينتهى بخوذة يثبت بها صوارى تعلق بها ثرايات أو فوانيس. ومئذنة مدرسة لغورى بالقاهرة، أقيم في طرفها الغربى منار مربع يشتمل على ثلاثة أدوار يعلو الدور الثالث منها أربع خوذ كل خوذة منها في دور مستقل، ومحمولة على أربعة دعائم وبكل خوذة ثلاث صوارى لتعليق القناديل أو الثريات.

الفنون

فن التصوير، أي رسم الإنسان والحيوان. فبالرغم من أن بعض علماء المسلمين الأولين، اعتبروه مكروهاً، إلا أنهم لم يفتوا بتحريمه أيام خلفاء بني أمية وبني العباس. فقد ترخصوا في ذلك حيث خلفوا صورا آدمية متقنة على جدران قصورهم التي اكتشفت آثارها في شرق الأردن وسامراء، أو في الكتب العربية الموضحة بالصور الجميلة التي رسمها المصورون المسلمون كالواسطي وغيره، في مقامات "الحريري " وكتاب "كليلة ودمنة" التصوير في الفن الإسلامي.

وفن التصوير اقتصر أول الأمر على رسوم زخرفية لمناظر آدمية وحيوانية رسمت بالألوان على جدران بعض قصور الخلفاء والأمراء كما يري في إطلال قصور قصير عمرو والطوبة وسامراء ونيسابور والحمام الفاطمي بالفسطاط غير أن التصوير في الفنون الإسلامية اكتشف مجاله الحقيقي في تصوير المخطوطات منذ القرن الثالث الهجري - التاسع الميلادي - ومن اقدم المخطوطات المصورة مخطوطة في علم الطب محفوظة بدار الكتب المصرية بالقاهرة وأخرى لكتاب مقامات الحريري ومحفوظة بالمكتبة الأهلية في باريس وهما مزدانتان بالرسوم والصور وتمت كتابتها وتصويرها في بغداد سنة 619 - 1222- وكانت فارس قد تولت ريادة فن التصوير الإسلامي إبان العصر السلجوقي ونهض نهضة كبيرة في عصر المغول في أواخر القرن السابع حتى منتصف القرن الثامن -الثالث عشر والرابع عشر الميلادي - وكان أشهر المخطوطات المصورة (جامع التواريخ) للوزير رشيد الدين في أوائل القرن السابع

الهجري والشاهنامة للفردوسي التي ضمت تاريخ ملوك الفرس والأساطير الفارسية والمخطوطات المصورة في بغداد لكتاب كليلة ودمنة .وكان الأسلوب الفني في صور هذه المخطوطات المغولية متأثرا إلى حد كبير بالأسلوب الصيني سواء من حيث واقعية المناظر أو استطالة رسوم الأجسام أو اقتضاب الألوان.

وأخذ فن التصوير الإيراني ينال شهرة عالمية في العصر التيموري وبخاصة في القرن التاسع الهجري - الخامس عشر الميلادي - وقد ظهرت فيه نخبة من كبار الفنانين الذين اختصوا بتصوير المخطوطات مثل خليل وأمير شاهي وبهزاد ويتميز التصوير الإيراني بصياغة المناظر في مجموعات زخرفية كاملة تبدو فيها الأشكال كعناصر تنبت من وحدة زخرفية وتتجمع حولها أو تمتد وتتفرع مع حرص المصورين على ملاحظة الطبيعة ومحاولاتهم محاكاتها والتعبير عن مظاهر الجمال والحركة فيها بسمائها ونجومها وأقمارها وبما تحتويه من جبال ووديان وأشجار وأزهار وبما فيها من رجال ونساء وأطفال وطيور وحيوان. وكانت العلاقة قوية بين الشعر والتصوير حيث كان التصوير نوعا من الموسيقى والمصور أشبه بالملحن لكتاب الشاعر . فكان يضع الشعر المكتوب في أشكال محسوسة ليطبع التفكير والخيال بنوع من الحقيقة والحركات المتنوعة. مما يجعله يعبر في ألوانه عن هذه الروح الموسيقية وتلك الحساسية الشاعرية. فكانت الألوان تمتزج في صوره امتزاجا عجيبا بين الزهاء والهدوء وتنسجم انسجام الألحان في المقطوعة الموسيقية بحيث تختلف الألوان في الصورة الواحدة وتتعدد. كما تختلف فيها درجات اللون الواحد الذي ينبثق من صفاء السماء وينعكس فيه أشعة الشمس الذهبية الصافية. فالتصوير الإيراني كان فنا تعبيريا عن الشاعرية والعاطفة من خلال تسجيل ما في الطبيعة من حقائق جذابة وما في القلوب من خيال أخاذ ونغمات دفينة ..

الزخرفة

وتعتبر الزخرفة لغة الفن الإسلامي، حيث تقوم على زخرفة المساجد والقصور والقباب بأشكال هندسية أو نباتية جميلة تبعث في النفس الراحة

والهدوء والانشراح. وسمي هذا الفن الزخرفي الإسلامي في أوروبا باسم "أرابسك" بالفرنسية وبالأسبانية "أتوريك" أي التوريق. وقد إشتهر الفنان المسلم فيه بالفن السريالي التجريدي من حيث الوحدة الزخرفية النباتية كالورقة أو الزهرة، وكان يجردها من شكلها الطبيعي حتى لا تعطى إحساسا بالذبول والفناء، ويحورها في أشكال هندسية حتى تعطي الشعور بالدوام والبقاء والخلود.

و وجد الفنانون المسلمون في الحروف العربية أساسا لزخارف جميلة. فصار الخط العربي فناً رائعاً، على يد خطاطين مشهورين. فظهر الخط الكوفي الذي يستعمل في الشئون الهامة مثل كتابة المصاحف والنقش على العملة، وعلى المساجد، وشواهد القبور. ومن أبرز من اشتهر بكتابة الخط الكوفي، مبارك المكي في القرن الثالث الهجري، وخط النسخ الذي استخدم في الرسائل والتدوين ونسخ الكتب، لهذا سمي بخط النسخ. وكان الخطاطون والنساخ يهتمون بمظهر الكتاب، ويزينونه بالزخرف الإسلامية. كما كانت تزين المصاحف وتحلى المخطوطات بالآيات القرآنية والأحاديث المناسبة التي كانت تكتب بماء الذهب.

الصناعة: صناعة السفن والملاحة

وكانت صناعة السفن في كل أنحاء العالم الاسلامي في ظلال الخلافة الإسلامية الأموية والعباسية .فلقد ظهرت صناعة السفن والأساطيل في موانيء الشام بعكا وصور وطربلس وبيروت وحيفا . وفي المغرب كانت هناك طرابلس وتونس وسوسة وطنجة ووهران والرباط. وفي الأندلس اشتهرت إشبيلية ومالقة ومرسية وفي مصر اشتهرت المقس والاسكندرية ودمياط وعيذاب (على ساحل البحر الأحمر).وكانت المراكب النيلية تصنع بالقاهرة .وكانت ترسانات البحرية لصناعة السفن يطلق عليها دور الصناعة . وكان الأسطول يتكون من عدة أنواع من السفن مختلفة الحجم ولكل نوع وظيفة. فالشونة كانت حاملات للجنود، والأسلحة الثقيلة

وفي علوم الملاحة وعلوم البحار كتب الجغرافيون المسلمون كتبهم. فضمنوها وصفا دقيقا لخطوط الملاحة البحرية، كماوضعوا فيها سرودا تفصيلية لكل المعارك الإسلاميةالبحرية، ثم وصفوا فيها البحار والتيارات إلما ئية والهوائية، ومن أشهر الجغرافيين العرب المسعودي والمقدسي وياقوت الحموي والبكري والشريف الادريسي ومن الرحالة ابن جبير وابن بطوطة. وهناك كتب ابن ماجد في علوم البحار مثل كتاب "الفوائد في أصول علم البحر والقواعد" وأرجوزته بعنوان "حاوية الاختصار في اصول علم البحار" وهناك مخطوط باسم سليمان المهري عنوانه "المنهاج الفاخر في العلم البحري الزاخر: و"العمدة المهرية في ضبط العلوم البحرية".

النهضة والتقدم في

دولة الإمارات العربية المتحدة

الإمارات العربية المتحدة: 27 عاماً... أنتجت دولة متطورة ذات مكانة سامية.

في 2 كانون أول 1998 احتفلت دولة الإمارات العربية المتحدة بمرور 27 عاماً على قيامها.
وهي سنوات كانت حافلة بالإنجازات الرائعة التي خط سطورها رئيس الدولة الشيخ زايد بن
سلطان آل نهيان. الذي يلهج مواطنوه اليوم أيضاً بذكرى مرور 32 عاماً عل لى جلوسه حاكماً على
إمارة أبو ظبي، قبل قيام الاتحاد وبعده.وحيث كان هو المحرك لكل نهضة وإرادته هي المشجع
للتقدم الذي شهدته الدولة. فلقد استطاع الشيخ زايد بفكره الثاقب وحماسه اللامحدود أن ينطلق
بداية من إمارة أبو ظبي ليحوّل مجتمعها من البداوة البسيطة إلى تطور زاهر وتقدم ملموس.
ومن هذا المنطلق انبعثت تجربته الوحدوية لتلامس الواقع بقيام دولة الإمارات كدولة متطورة
ومتقدمة. وبفضل القيادة الحكيمة تطورت البلاد في المجالات كافة، فانطلق الشيخ زايد في تنمية
الإنسان الإماراتي ورعايته وبذل كل مال وجهد من أجله وهو القائل: لا فائدة للمال من دون
الرجال».

إرساء الهياكل الأساسية للدولة العصرية

بداية عمل الشيخ زايد بن سلطان آل نهيان على ارساء القواعد السياسية والإدارية والمالية
للحكم. وأمر بتنفيذ مئات المشاريع لبناء الهياكل الأساسية، ومشاريع الخدمات الضرورية التي
حولت البلاد إلى ورشة عمل كبرى. فامتدت الطرق المعبدة تشق الرمال. وانتقل التعليم من نظام
الكتاتيب إلى فناء المدارس الواسعة المجهزة وأنشئت المستشفيات والعيادات والمدن المتطورة.
وانتشرت الحدائق العامة والمرافق الترفيهية. ودخلت خدمات الماء والكهرباء كل بيت. وأنجزت
مشاريع البنية الأساسية من موانىء ومطارات وشبكة اتصالات. مما

فتح أبواب الاتصال مع العالم وأتاح تدفق الواردات التي يحتاجها المواطنون بسهولة ويسر.

وكان الشيخ زايد يتابع بنفسه مراحل انجاز هذه المشاريع، ويقف مع العاملين فيها ويحثهم على تسريع وتيرة الانجاز. ويدخل عليها ما يراه من تعديلات تتلاءم مع البيئة.

وقد شكل هذا النهج المتفرد في ممارسة مسؤوليات الحكم قدوة أراد الشيخ زايد أن يحتذي بها الآخرون من المسؤولين في استنهاض الهمم حيث يقول: أريد أن يراني المسؤولون بأنفسهم على رأس عملي وفي أي وقت حتى يقتدوا بهذا الأسلوب. وهو لا يزال متمسكاً بأسلوبه هذا.

الشورى في الحكم

ومنذ توليه الحكم إختط الشيخ زايد نهجاً واضحاً في ممارسة الشورى ينطلق من إيمانه الراسخ بالعقيدة والقيم الإسلامية. وقناعته التامة أن حكم الشورى من عند الله. ومن لم يطع الله فهو خاسر. لذلك حرص على اللقاءات المباشرة مع المواطنين خلال جولاته وزياراته الميدانية المنتظمة لهم سواء في مواقع عملهم أم في مدنهم ومناطقهم البعيدة ليتفقد أحوالهم واحتياجاتهم . ويطمئن على توفير الحياة الكريمة لهم. إنطلاقاً من فلسفة شاملة يؤمن بها وهي «إن خير هذه الأرض يجب أن يشمل الجميع».

ويؤكد «الوالد» كما يطيب للإماراتيين مخاطبة الشيخ زايد، أن الحاكم العادل المطمئن لا يخاف شعبه وإنما يوكل إليه ببعض مسؤولياته، وقد أوضح ذلك في عدة مرات. ولقد تبوأت الإمارات مكانة متقدمة بين الدول التي حققت معدلات قياسية عالية في التنمية الشاملة. مما أكسبها اعجاب العالم وتقديره. لمنجزاتها الحضارية الشامخة في جميع المجالات السياسية والاقتصادية والاجتماعية والثقافية والزراعية والعمرانية. وأوضح التقرير السنوي لبرنامج الأمم المتحدة، عن الإنماء لعام 1997 أن دولة الإمارات العربية

المتحدة تحتل المركز الرابع والأربعين من أصل 175 دولة في الترتيب العام لدليل التنمية البشرية. مؤكداً أن الانجازات التي حققتها دولة الإمارات على صعيد التنمية البشرية والخدمات الأساسية. تعود إلى السياسات الحكيمة التي تنتهجها الدولة بالاستغلال الأقل للموارد مع الانفاق بسخاء على برامج التخطيط التنموي. كما أصبحت الإمارات تحظى بفضل سياساتها الخارجية المتوازنة وحرصها على بناء علاقات إنسانية واسعة مع دول وشعوب العالم باحترام كبير من المجتمع الدولي، الذي ينظر إليها بإعجاب، كدولة صغيرة ولكنها ذات تأثير بالغ ووجود فاعل على الساحتين الاقليمية والدولية.

موانىء الإمارات والمناطق الحرة

تلعب الموانىء والمناطق الحرة في دولة الإمارات دوراً هاماً في حركة التجارة العالمية بفضل الموقع الاستراتيجي الذي تتمتع به الدولة على ساحل الخليج العربي.

ويتعزز دور هذه الموانىء يوماً بعد يوم في دور النقل البحري والمواصلات بين منطقة الخليج وبقية المناطق الأخرى في العالم، وقد أولت الدولة جل اهتمامها لتطوير الموانىء والمناطق الحرة ضمن خطتها للنهوض الشامل بمشاريع البنية التحتية، ومرافق المواصلات والنقل للاستفادة من موقعها كمركز تجاري هام، ونقطة التقاء بين منطقة الخليج وبقية مناطق العالم.

وتنفرد دولة الإمارات العربية المتحدة من بين دول مجلس التعاون الخليجي بوجود مناطق حرة صناعية وتجارية وهي: المنطقة الحرة في جبل علي وتبلغ مساحتها 10 آلاف هكتار. والمنطقة الحرة في جزيرة السعديات في إمارة أبو ظبي (قيد التأسيس) مساحتها 1500 هكتار. والمنطقة الحرة في مطار دبي مساحتها 100 هكتار. والمنطقة الحرة في الفجيرة ومساحتها 40 هكتار. والمنطقة الحرة بأم الفيومين ومساحتها 14 هكتار، ولقد أكدت هذه المناطق الحرة قدرتها على استقطاب الاستثمارات المحلية والأجنبية، وهو ما أعطى مزيداً من الثقة بنجاح المنطقة الحرة في السعديات والتي سوف تخدم على ضوء

دراسات الجدوى التي أعدتها شركات محلية ودولية سوقاً لتجارة السلع والمواد الخام.

مطارات بأرقى المستويات لمواجهة متطلبات العصر

التطور الذي شهدته موانىء الإمارات انسحب على نشاط الطيران المدني في الدولة ، حيث نمت هذه الصناعة نمواً كبيراً واكب التطورات الاقليمية والعالمية في هذا المجال. وباشرت هيئات ودوائر الطيران المدني في دولة الإمارات في تنفيذ خطط استراتيجية لتوسعة الطاقة الاستيعابية للمطارات الرئيسية للاستفادة من موقع الدولة المتميز بين الشرق والغرب. ولمواجهة تحديات مرحلة ما بعد العام 2000. وتقدر صناعة الطيران المدني في الإمارات أن أكثر من ملياري درهم سيتم انفاقها على خطط توسعة المطارات في كل من أبو ظبي ودبي والشارقة خلال السنوات القلية المقبلة.

ويوجد في دولة الإمارات العربية المتحدة ستة مطارات دولية هي: أبو ظبي، العين، دبي، الشارقة، الفجيرة، ورأس الخيمة تتعامل مع أكثر من 13 مليون راكب سنوياً. ومع أكثر من 165 ألف رحلة جوية على مدار السنة. وفي ضوء تنامي عدد المسافرين والرحلات الجوية والشحن الجوي بدأت دائرة الطيران المدني في أبو ظبي تنفيذ خطة طموحة لإجراء توسيعات كبيرة في مطارها الدولي. وتوسيع منشآت الشحن الجوي لزيادة طاقتها. وإنشاء مرافق إضافية لخدمات التموين في تطوير أجهزة الملاحة الجوية في مطاري أبو ظبي والعين الدوليين. وربطهما بشبكة موحدة تؤمن التعاون بين المطارين وسلامة المراقبة الجوية، كما بدأت الدراسة الهندسية لإنشاء المطار الثانوي (الساتلايت) وإنشاء المدرج الرئيسي الثاني للطائرات ومدارجه الفرعية في مطار أبو ظبي الدولي.

الخدمات العامة والأمور الحياتية:

تعتبر الإمارات العربية المتحدة في صدارة الدول التي تؤمن أرقى الخدمات العامة
لمواطنيها، على الصعد كافة. من صحة وتعليم ودعم للشباب وتوجيه للمرأة والتقديمات
الاجتماعية للأرامل والمعوزين عموماً. إلى جانب خدمات الكهرباء والماء والمواصلات والاسكان.
بحيث أن المواطن يبقى مطمئناً إلى يومه وغده مع عياله، وتتحدث الأعمال الضخمة عن مدى
الأموال التي تصرفها الدولة في هذا السبيل عاماً بعد عام.

أما في مجالي الكهرباء والمياه، فإن دولة الإمارات تواصل بذل جهود كبيرة لمواجهة الطلب
المتنامي. ويقدر حجم الانفاق الحكومي بحوالي خمسة مليارات درهم سنوياً على مشاريع تحلية
المياه وتوليد الطاقة الكهربائية في كافة أنحاء الدولة.

وعلى صعيد الثروة الزراعية الخضراء، فإن هذا القطاع في دولة الإمارات يحظى باهتمام
ورعاية الشيخ زايد. الأمر الذي يساهم في تحقيق الانجازات الزراعية الضخمة التي تشهدها البلاد.
وإذا كانت الأرقام هي البرهان الأكبر فيكفي أن نشير إلى أن 51 مليون شجرة و 18 مليون نخلة
زرعتها بلدية أبو ظبي في المدينة والمنطقة الغربية. وهناك 45 حديقة ومنتزهاً لتوفير الراحة
والهدوء للسكان. وعلى صعيد تشجير الشوارع والحدائق والميادين العامة في أبوظبي والمناطق
الملحقة بها، بلغت المساحة حتى نهاية نيسان الماضي/1997 حوالي 90800 هكتار. ووصل عدد
الأشجار المزروعة إلى 33660000 شجرة مختلفة الأنواع. ووصلت مساحة المسطحات الخضراء إلى
2400 هكتار. والمساحة المزروعة بالأعلاف إلى 1350 هكتار، ويصل الإجمالي العام لعدد المزارع
(حتى عام 1997) إلى 12021 مزرعة في مساحة 27584 هكتاراً.

الإعلام والسياسة الخارجية

هذه الغلال من العطاءات عطاءات الخير التي تزداد عاماً بعد عام، في ظل القيادة الحكيمة. تجد طريقها إلى المواطن والمقيم في الداخل. وإلى كل الناس في كل الدول الخارجية، عبر الاعلام الإماراتي النشط الذي يأخذ كل التقنيات الحديثة لاسماع صوت الإمارات ونقل صورتها الوضاحة إلى الخارج عبر فريق عمل يلم بكل أسباب الاعلام الراقي والمتزن الذي يعرف كيف يبرز وجه البلاد الحق.

ولقد حظيت السياسة الخارجية لدولة الإمارات باحترام وتقدير العالم أجمع. وذلك لاعتمادها أسلوب الحوار والتفاهم بين الأشقاء والأصدقاء واحترام المواثيق والقوانين الدولية والالتزام بميثاق الأمم المتحدة وعدم التدخل في الشؤون الداخلية.

وهكذا لم يتوقف رئيس الدولة يوماً عن ترديد كلمة الحق على أسماع القوى العظمى. حتى تراعي العدالة وترفع الظلم أينما كان سواء عن كاهل الشعب الفلسطيني أو رفع المعاناة عن الشعب العراقي، أو الوقوف إلى جانب لبنان وسوريا. أو ما تتعرض إليه الشعوب الإسلامية من القهر والظلم في البوسنة والهرسك أو كوسوفو....

دولة كندة:

لقد شغلت قلب الجزيرة العربية، وكانت عاصمتها «الفاو» وهي قرية حالياً تقع بين جنوبي الجزيرة العربية وشمالها على أطراف الربع الخالي. تمر بها القوافل القادمة من سبأ ومعين وقتبان وحضرموت وحمير فهي بذلك اعتبرت مركزاً تجارياً واقتصادياً هاماً في قلب الجزيرة العربية لمدة تزيد على خمسة قرون.

ولم تكن الفاو بمعزل عن منابع الحضارات آنذاك، فجذبت أجمل مميزات حضارات العصر وأنتجت حضارة خاصة بها متميزة عما جاورها تتجلى بفن

العمارة والتزيين والنحت. لقد تاجروا بالحبوب والطيوب والنسيج والأحجار الكريمة والمعادن، فأثروا ثراء انعكست آثاره فيما بنوه من قصور ومعابد وأسواق. وما زينوا به بيوتهم من رسوم متنوعة في مادتها وموضوعها وتماثيل معدنية وأخرى مصنوعة من المرمر وقمة تقدمهم كانت في سكهم عملة خاصة بهم ضربوا عليها اسم الههم كهل.

المدينة العتيقة

هي المدينة القديمة اي التي وجدت قبل ان تبنى الاحياء الحديثة من حولها. يستعمل هذا المصطلح في المغرب العربي, في افريقيا الغربية و الشرقية.

المدينة العتيقة تتميز بمبادلاتها التجارية مع المناطق الريفية التي تحيط بها و التي تزودها بحاجياتها. رغم الاسوار والبوابات التي تحميها من الغزاة, مساحة كبيرة من المدينة العتيقة تحتلها الاسواق.

اليوم، و مع تقدم الدول، برز اشكال المحافظة على التقاليد والمعالم والنسيج الاجتماعي و الخدمي و الاقتصادي في المدن العتيقة. وأصبحت هذه المدن العتيقة تعرف بروابطها الاجتماعية و الاقتصادية مع الأحياء الحديثة التي أصبحت تحيط بها. وهي اليوم تساعد على الحفاظ على التراث و الفنون و الصناعات التقليدية و أصبحت مقاصد سياحية هامة.

ومن أهم مدنها:

الجزائـر

عاصمة الجمهورية الجزائرية الديمقراطية الشعبية. مركز سياسي وإقتصادي وثقافي للبلاد. يبلغ تعداد سكانها حوالي 4 ملايين نسمة. عشر سكان الجمهورية:

البهجة - دزاير - العاصمة - مزغنة - لطالما لقبت بالجزائر البيضاء من قبل المعمرين الفرنسيين و الجزائرين سويا.

الموقـع

تقع على شاطئ المتوسط في منتصف الطريق الساحلي الذي يربط تونس شرقا بالمغرب وهي من أجمل مدن ساحل البحر الابيض المتوسط الجنوبي، وتنتشر احياؤها ومبانيها فوق مجموعة من التلال المطلة على البحر، كما تنتشر على منحدراتها وسفوحها وفي السهل المنبسط تحتها غابات

النخيل واشجار الليمون والبرتقال والزيتون ،تتربع المدينة علي مساحة 230 كم مربع و للجزائر أو بالاحرى جزائر ما قبل 1830 أي قبل احتلالها الفرنسي 5 أبواب و هي :

1- باب جديد   2- باب دزيرة   3- باب عزون

4- باب الواد   5- باب البحر

كانت الابواب تغلق عند غروب الشمس ولا تفتح الا عند طلوعها.

التقسيمات الإدارية

تضم ولاية الجزائر 28 بلدية ويشكل تجمع السكان فيها من أكبر التجمعات في إفريقيا الشمالية.

تاريخها ما قبل الاسلام

دعيت إيكوسيوم Ikosium (جزيرة النورس) لما حولت في العهد الفينيقي إلى مرفأ تجاري هام في المنطقة بأكملها، تاريخ بناءها يعود إلى القرن السادس قبل الميلاد (هذا ما يدل عليه بقايا أواني تعودللحقبةالكامبدية القرن الثالث ق/م أكتشفت في بئر عمقه 20متر في عام 1940)

في عام202 ق/م غير إسم المدينة Icosium، و أدخلت تحت الهيمنة الرومانية، بعد حلف تم بين ماسينيسا و سكيبيون الافريقي ضد قرطاج.

في حوالي القرن الرابع دخلت الديانة المسيحية المدينة.

في 429، يغزو الوندال المدينة يضلون فيها حتى عام 442 اثم معادة سمحت لروما باسترجاع إيكوسيوم و هذا مدة 100 سنة التي ضلها الوندال بالجزائر.

بعد 533، بالكاد تحت السيطرة البيزنطية و الهجمات الدائمة لقبائل البربر و الموريطانيين أدت إلي تدهور المدينة و إنحطاطها.

بعد الاسلام أو العصر الوسيط

حوالي 702 بدأالفتح الاسلامي في الجزائر على يد عقبة بن نافع

في 960 بلغين بن زيري بن مناد، يعيد بناءها و تحصينها موسعا في مساحتها المحتلة من قبل بني مزغنة و يعيد تسميتها الجزائر مزغنة أين إسمها العربي الحالي الجزائر، نسبتا لاربعة جزر صغيرة كانت قبالة ساحل المدينة.

في 1082 دخلت المدينة تحت حكم المرابطين،حيث من أكبر آثارهم بناء الجامع الكبير في عهد يوسف ابن تاشفين.

في 1152 يدخلها الموحدون

العصر الحديث : الجزائر 1830

وفد إليها كثيرون من العرب الذين خرجوا هروبا من الاندلس بعد زوال الحكم العربي عنها عام 1492.

مع بداية القرن السادس عشر و التحرش الاسباني على شمال افرقيا، أقام الأسطول الاسباني بحصار الجزائر، حتى بنو قلعتا احدى جزر الخليج لضرب المدينة بالمدافع و منعها من التزود.

بطلب من مشائخ الجزائر جاء فحررها الاخوة عروج و خير الدين بربروس عام 1511 تم ذلك تحت راية الخلافة العثمانية.

1516 يتولى بربروس اتمام توحيد الجزائر و يتخذ المدينة عاصمة للامارة و يضعها تحت الخلافة العثمانية، لاول مرة يطلق اسم الجزائر على كامل المغرب الاوسط.

1529 يقوم خير الدين بربروس بهدم القلعة الاسبانية و يصل الجزر الاربعة ببعضها و بالارض، يكون بذلك قد شيد أول ميناء للمدينة.

وفي القرن الثامن عشر استقل داي الجزائر بها عن تركيا.

1830 بعد حادثة المروحةالتي ادت بفرنسالاحتلال الجزائر حيث حولوها منطلقا لكل حملاتهم الاستعمارية في الجزائر و المغرب العربي، إذ ان الجزئر هي أول مستعمرة فرنسية في أفريقا.

الحرب العالمية الثانية

إبان الحرب العالمية الثانية شهدت إنزال قوات التحالف الريطانية والأمريكية في اطار عملية تورش، لكن الإنزال لم ينجح الا بعد انقلاب 1942 على يد فرنسيين مناهضون لحكومة فيشي، تحولت المدينة مركزا لقيادة الحلفاء تحت إمرة أيزنهاور، الرئيس القادم للولايات المتحدة.

1962 استقلال الجزائر بعد حرب شاملة دامت من 01 نوفمبر 1954 إلى غاية 05 جويلية 1962. 1965 تسلم هواري بومدين للسلطة بعد انقلاب 19 جوان 1965 او ما عرف بالتصحيح الثوري. 1979 تسلم الشاذلي بن جديد للرآسة بعد وفاة هواري بومدين. 1992 دخول الجزائر في مرحلة اللاامن.

هندستها : الجامع الجديد

تتميز مدينة الجزائر بقسميها الإسلامي القديم والأوروبي الحديث، ويعرف القديم باسم «القصبة» بشوارعها الضيقة ومساجدها العديدة وقلعتها التي بنيت في القرن السادس عشر.

والقصبة تعد تراثاً معمارياً تاريخياً هاماً وسجلت من قبل منظمة اليونسكو كتراث عالمي سنة 1992.

ومن معالمها: الحدائق، المرصد الفلكي، والمتحف الوطني، ودار الكتب الوطنية وجامعة الجزائر التي تأسست عام 1909.

وفي القصبة كثير من القصور والمنازل الفاخرة ذات الطراز العربي الاسلامي ومن أبرز مساجدها المسجد الكبير ومسجد كتشاوة.

بنيت القصبة على مرتفعات، تتخللها شوارع ضيقة و منحنية. تشكلت قصبة المدينة مع قدوم الأندلسيين ابتداءً من القرن الخامس عشر.

عرفت المدينة بعدها تحولات جذرية مع بداية الإحتلال الفرنسي. هدم شطر كبير من القصبة القديمة لفسح المجال للمدينة الأوروبية الجديدة. تحوي المدينة عدة مساجد على غرار الجامع الكبير الذي شرع في بناءه سنة 1018 م.، الجامع الجديد، مسجد سيدي عبد الرحمن الثعالبي و الذي قام بتشييده الداي أحمد العلج سنة 1669 م. على ضريح الوالي المشهور ثم جامع كتشاوة الذي يعود إلى عهد الدولة الجزائرية الاولى1792 م.

قرطبة (إسبانيا)

قرطبة (بالإسبانية:Córdoba) مدينة وعاصمة مقاطعة تحمل اسمها بمنطقة الأندلس في جنوب إسبانيا وتقع على نهر جوادالكبير.و على دائرة عرض (38ْ) شمال خط الاستواء يبلغ عدد سكانها حوالي 310,000 نسمة. اشتهرت أيام الحكم الإسلامي لإسبانيا حيث كانت عاصمة الدولة الاسلامية هناك . من أهم معالمها مسجد قرطبة.

افتتحها طارق بن زياد بعد أن أمعن في بلاد الأندلس وقتل ملكها ادرينوق، وانتقل الأمويون إلى قرطبة عام 750 لدى سقوط دمشق في أيدي العباسيين وحكموها كإمارة حتى عام 929 عندما أعلن عبد الرحمن الناصر نفسه خليفة المؤمنين متنافساً بذلك مع الخلافة العباسية، ومحولاً إمارته إلى خلافة قرطبة.

وصلت المدينة لأوج مجدها في القرن العاشر في عهد حكامها العظام: الخليفة عبد الرحمن الناصر (912 - 961) ، وابنه الحكم الثاني (961 -976) و المستبد المنصور بن أبي عامر (981 - 1002). خلافة قرطبة كانت أكبر الدول الأوروبية في القرن العاشر. وكانت منارة العلم في اوروبا والتى اخد عنها الاوروبيين العلم عن العرب المسلمين في مجالات كثيرة منها الطب والفلك والرياضيات والكيمياء.

في العقدين 1020، 1030 سقطت الخلافة بسبب ثورة البربر ونشوء ملوك الطوائف الذين قسموا الدولة إلى أكثر من 12 دويلة، منهم غرناطة وأشبيلية والمرية وبلنسية وطليطلة وسرقسطة والبرازين والبداجوز. وبينما ورثت تلك الدويلات ثراء الخلافة، إلا أن عدم استقرار الحكم فيها والتناحر المستمر بين بعضها البعض جعل منهم فريسة لمسيحيي الشمال. إلى أن أفتى الفقهاء و أهل الشورى من المغرب و الأندلس يوسف بن تاشفين بخلعهم و انتزاع الأمر من أيديهم و صارت إليه بذلك فتاوى أهل الشرق الأعلام مثل : الغزالي و

الطرطوشي فاقتحم عامة الأندلس من أيدي ملوك الطوائف و انتظمت بلاد الأندلس في ملكة يوسف بن تاشفين.

أهم معالم قرطبة الإسلامية

- مسجدها الجامع من أجمل ما أبدعه المسلمون في الأندلس، وقد صنفه اليونسكو كموقع تراث عالمي.
- مدينة الزهراء التي أنشأها عبد الرحمن الناصر بإسم زوجته. وقد احترقت تماماً خلال ثورة البربر عام 1020. ويجري حاليا ترميمها.
- قصر قرطبة (Alcazar) ومنه تم السماح لكريستوفر كولمبوس عام 1492 بالسفر بحثاً عن طريق جديد إلى الهند.
- الحمامات العربية.
- خضيرية قرطبة: والخضيرية هي حي اليهود في أي مدينة أندلسية بزمن الحكم الإسلامي.
- ودار الروضة، وهى قصر "عبد الرحمن الناصر"، وجلب إليه الماء من الجبل.

القدس عبر التاريخ

حظيت مدينة القدس -وما تزال- بمكانة عظيمة في التاريخ الإنساني، لم تضاهيها في ذلك أي مدينة عبر التاريخ وعلى مر العصور، لقد تميزت هذه المدينة بخصوصية اكتسبتها من انفرادها بالبعد الروحي المرتبط بالزمان والمكان؛ فهي في الزمان ضاربة جذورها منذ الأزل بوجهها الكنعاني الحضاري، وتمتعت بكل من الموقع والموضع، فكانت ملتقى الاتصال والتواصل بين قارات العالم القديم، تعاقبت عليها الحضارات وأقامت بها المجموعات البشرية المختلفة، مخلفة وراءها آثارها ومخطوطاتها الأثرية التي جسدت الملاحم والحضارة والتاريخ دلالة على عظم وقدسية المكان.

ولا بد أن يكون لمثل هذه الظاهرة الحضارية الفذة أسباب ومبررات هي سر خلودها واستمرارها آلاف السنين، رغم كل ما حل بها من نكبات وحروب أدت إلى هدم المدينة وإعادة بنائها ثماني عشر مرة عبر التاريخ، وفي كل مرة كانت تخرج أعظم وأصلب من سابقتها وأكثر رسوخا، دليلا على إصرار المدينة المقدسة على البقاء، فمنذ أن قامت (القدس الأولى) الكنعانية قبل نحو 6000 سنة ق.م وهي محط أنظار البشرية منذ نشأت الحضارات الأولى في (فلسطين ووادي النيل والرافدين) مرورا بالحضارة العربية الإسلامية حتى يومنا هذا.

عروبة القدس تدحض الادعاءات التوراتية

يقدر علماء الآثار أن تاريخ مدينة القدس يرجع إلى حوالي 6 آلاف سنة قبل الميلاد، كما أكدت ذلك تلك الحفريات التي قامت عليها المدرستان الفرنسية والبريطانية برئاسة الأب "ديفو" وبانضمام "رويال أنتوريا" برئاسة الدكتور "توستينج هام" ومشاركة جامعة "تورنتو" في كندا عام 1962م، حيث اعتبرت هذه البعثة أن ما تم التوصل إليه خلال موسم الحفريات من نتائج عن تاريخ مدينة القدس لا تعدو كونها معلومات تعيد صياغة تاريخ القدس، وزيف

بطلان النتائج المشوهة التي نشرت في السابق بالاعتماد على ما ورد في التوراة والتي تنادي بالقدس 3 آلاف عام.

العموريون والكنعانيون

وفقا للتقديرات التاريخية فإن الهجرة الأمورية- الكنعانية من الجزيرة العربية قد حدثت قبل 7 آلاف سنة، وذلك من خلال تتبع الآثار في مدنهم القديمة، ولعل أقدمها مدينة أريحا الباقية حتى اليوم والتي تعتبر أقدم مدينة في العالم وإن تأرجحت تقديرات البداية الزمنية لوجود الكنعانيين، فما من خلاف فيه أنهم كانوا أول من سكن المنطقة من الشعوب المعروفة تاريخيا، وأول من بنى على أرض فلسطين حضارة.

حيث ورد في الكتابات العبرية أن الكنعانيين هم سكان البلاد الأصليون، كما ذكر في التوراة أنه الشعب الأموري ولعل الكنعانيين هم أنفسهم العموريون أو ينحدرون منهم، وكذلك الفينيقيون، فقد كان الكنعانيون والفينيقيون في الأساس شعبا واحدا، تجمعهما روابط الدين واللغة والحضارة ولكن لم تكن تجمعهما روابط سياسية إلا في حالات درء الخطر الخارجي القادم من الشمال أو الجنوب.

ووفقا للتوراة فإن كنعان تمتد من أوغاريت (رأس شمرا) حتى غزة، وقد تم العثور على قطعة نقود أثرية كتب عليها "اللاذقية في كنعان"، وفي تلك الفترة توصل الكنعانيون إلى بناء الصهاريج فوق السطوح، وحفر الأنفاق الطولية تحت الأرض لإيصال المياه داخل القلاع، ومن أهم هذه الأنفاق نفق مدينة "جازر" التي كانت تقع على بعد 35 كم من القدس.

وكذلك نفق يبوس (القدس)، حفره اليبوسيون، وجاءوا بالمياه إلى حصن يبوس من نبع "جيحون".

اليبوسيون "بناة القدس الأولون"

اليبوسيون هم بطن من بطون العرب الأوائل، نشئوا في قلب الجزيرة العربية، ثم نزحوا عنها مع من نزح من القبائل الكنعانية التي ينتمون إليها، إنهم أول من سكن القدس وأول من بنى فيها لبنة.

عندما رحل الكنعانيون عن الجزيرة العربية رحلوا جماعات منفصلة وقد حطت هذه الجماعات في أماكن مختلفة من فلسطين فراحت تدعى (أرض كنعان)، فبعضهم اعتصم بالجبال، والبعض الأخر بالسهول والوديان، وقد عاشوا في بداية الأمر متفرقين في أنحاء مختلفة، حتى المدن التي أنشئوها ومنها (يبوس، وشكيم، وبيت شان، ومجدو، وبيت إيل، وجيزر، واشقلون، وتعنك، وغزة)، وغيرها من المدن التي لا تزال حتى يومنا هذا، بقيت كل مدينة من هذه المدن تعيش مستقلة عن الأخرى، هكذا كان الكنعانيون في بداية الأمر، ولكن ما لبث أن اتحدوا بحكم الطبيعة وغريزة الدفاع عن النفس، فكونوا قوة كبيرة، واستطاعوا بعدئذ أن يغزوا البلاد المجاورة لهم، فأسسوا كيانا عظيما بقى فترة طويلة.

كانت يبوس في ذلك العهد حصينة آهلة بالسكان، واشتهرت بزراعة العنب والزيتون كما عرفوا أنواعا عديدة من المعادن منها النحاس والبرونز، كما عرفوا أنواع عديدة من الخضار والحيوانات الداجنة، كما عرفوا الخشب واستخدموه في صناعاتهم عن طريق الفينيقيين، كما اشتهروا بصناعة الأسلحة والثياب.

لقد أسس الكنعانيون واليبوسيون حضارة كنعانية ذات طابع خاص، ورد ذكرها في ألواح (تل العمارنة).

ومن التفاصيل التي وردت في رسائل العمارنة

- علاقة مدينة القدس بملوك الفراعنة "أمنحوتب الثالث" والرابع (إخناتون).

- احتواء أرشيف العمارنة على (350 رسالة مكتوبة) باللغة الأكدية أرسلت من ملوك المدن الكنعانية إلى أمنحوتب الرابع، وتتحدث في معظمها عن العلاقات بين الطرفين والمساعدات التي ترسل إلى تلك المدن من الحكومة المركزية في مصر.

- تحدثت إحدى الرسائل عن اتفاقية حدود بين القدس وكل من جاراتها (شكيم) في الشمال و(بيت لحم) في الجنوب، حيث تنظم هذه الاتفاقية نقاط الحدود بين هذه الممالك.

- وورد في إحدى هذه الرسائل كلمة (أفرى) وتعني الغريب، وتنطبق هذه الكلمة على أولاد يعقوب، ومنها بدأت عملية التزوير التي أطلق بموجبها على الشعب اليهودي (العبري) في حين كانت أشد ما تكون وضوحا في الرسالة.

- ونلاحظ في رسائل أخرى عديدة اختلاف أو تعدد أسماء القدس.

- عثر أثناء الحفريات أيضا على بقايا فرعونية في موقع كنيسة (الست اثنى) وهي عبارة عن نصوص مكتوبة على لوح فخاري تدل على وجود معبد كانت تمارس به طقوس العبادة الفرعونية.

- تعود معظم الأبنية والأنماط المعمارية لهذا العصر، حيث وجدت في موقع مدينة "أوفل" أي خارج سور باب المغاربة.

- دلت الأساسات والبقايا والأنماط المعمارية التي اكتشفت في الأعوام (1961-1962- 1963م) على وجود أسوار بلغ ارتفاعها حوالي 10 أمتار، كما تدلل الكثير من الأبنية المكتشفة على وجود قصور وقلاع وحصون كانت قائمة في المدينة في تلك الحقبة.

- ومن أعظم المواقع المكتشفة وأبدعها في هذا العصر هو دار الحكومة في الجهة الجنوبية، كما أن الكهوف التي اكتشفت في منحدرات جبل

الزيتون ساعدت في التعرف على كثير من التماثيل والمواد الأثرية التي لم يتم نشرها، بل حفظت في مجموعات توجد الآن في متحف لندن.

وقد ظهر بينهم ملوك عظماء بنوا القلاع وأنشئوا الحصون وأنشئوا حولها أسوارًا من طين، ومن ملوكهم الذين حفظ التاريخ أسماءهم، (ملكي صادق) ويعتبر هو أول من بنى يبوس وأسسها، وكانت له سلطة على من جاوره من الملوك، حيث أطلق بنو قومه عليه لقب (كاهن الرب الأعظم).

كانت يبوس في ذلك العهد ذات أهمية من الناحية التجارية وكانت من أنشط المدن الكنعانية، وذلك لأنها واقعة على طرق التجارة، كما كانت ذات أهمية من الناحية الحربية؛ لأنها مبنية على 4 تلال وكانت محاطة بسورين، وحفر اليبوسيون تحت الأرض نفقا يمكنهم من الوصول إلى "عين روجل" والتي سميت الآن "عين أم الدرج".

كذلك كان فيها واد يعرف بواد التروبين يفصل بين تل أوفل وتل مدريا -عندما خرج بنو إسرائيل من مصر، ونظروا أرض كنعان ورأوا فيها ما رأوا من خيرات راحوا يغيرون عليها بقصد امتلاكها... قائلين: إنها هي الأرض التي وعدهم اللـه بها، وبذلك أيقن الكنعانيون الخطر القادم فطلبوا العون من مصر؛ ذلك لأن بني إسرائيل كانوا كلما احتلوا مدينة خربوها وأعملوا السيف فيها، أما المصريون فقد كانوا يكتفون بالجزية، فلا يتعرضون لسكان البلاد وعاداتهم ومعتقداتهم ولم يتوان المصريون في مد يد العون إلى الكنعانيين، فراحوا يدفعوا الأذى عنهم ونجحوا في صد الغارات والكنعانيين ضد العبريين.

ومن الجدير ذكره أن هناك بين ألواح تل العمارنة التي وجدت في هيكل الكرنك بصعيد مصر لوح يستدل منه على أن (عبد حيبا) أحد رجال السلطة المحلية في أورسالم أرسل 1550 ق.م إلى فرعون مصر تحتموس الأول رسالة طلب إليه أن يحميه من شر قوم دعاهم في رسالته بـ(الخبيري) أو (الحبيري).

بنو إسرائيل والقدس

في عهد الفرعون المصري "رمسيس الثاني" وولده "مرنبتاح"، خرج بنو إسرائيل من مصر وكان ذلك عام (1350 ق.م)، لقد اجتازوا بقيادة نبي اللـه "موسى" صحراء سيناء حاولوا في بادئ الأمر دخول فلسطين من ناحيتها الجنوبية، فوجدوا فيها قوما جبارين فرجعوا إلى موسى وقالوا له كما يخبرنا القرآن الكريم "فَاذْهَبْ أَنتَ وَرَبُّكَ فَقَاتِلا إِنَّا هَاهُنَا قَاعِدُونَ" وبعدها حكم عليهم الرب بالتيه في صحراء سيناء 40 عاما.

وبعدها توفي موسى ودفن في واد قريب من بيت فغور، ولم يعرف إنسان قبره إلى الآن لقد تولى "يوشع بن نون" قيادة بني إسرائيل بعد موسى (وهو أحد الذين أرسلهم موسى لعبور فلسطين)، فعبر بهم نهر الأردن (1189 ق.م) على رأس 4 أسباط هي: راشيل إفرايم، منسه، بنيامين، واحتل أريحا بعد حصار دام 6 أيام فأعملوا فيها السيف وارتكبوا أبشع المذابح، ولم ينج لا رجل ولا امرأة ولا شيخ ولا طفل ولا حتى البهائم.... ثم أحرقوا المدينة بالنار مع كل ما فيها، بعد أن نهبوا البلاد وبعدها تمكنوا من احتلال بعض المدن الكنعانية الأخرى حيث لقيت هذه المدن أيضا ما لقيته سابقتها.

وبعد أن سمع الكنعانيون نبأ خروج بني إسرائيل من مصر هبوا لإعداد العدة، حيث عقد ملك أورسالم (أضوني صادق) حلفا مع الملوك المجاورين له وكان عددهم واحدا وثلاثين مكونين جيشا مجهزا قويا، ولذلك لم يتمكن يشوع من إخضاع الكنعانيين ومات دون أن يتمكن من احتلال (أورشالم) لأنها كانت محصنة تحصينا تاما وكانت تحيط بها أسوار منيعة، ولقد مات يوشع بعد أن حكم 27 سنة بعد موت موسى، وبعده تولى قيادة بني إسرائيل (يهودا) وأخوه (شمعون). حيث غزا بنو إسرائيل في عهدهما الكنعانيين مرة أخرى وحاولوا إخضاعهم ورغم أن الكنعانيين خسروا ما يقارب 10 آلاف رجل في هذه المعركة فإن بني إسرائيل أرغموا على مغادرة المدينة.

عهد القضاة

عاش بنو إسرائيل على الفوضى والضلال طيلة حكم القضاة وعددهم أربعة عشر، وكان تاريخهم عبارة عن مشاغبات وانقسامات، حيث ارتد الكثير من الإسرائيليين إلى ديانات الكنعانيين وعبادة أوثانهم "كبعل" و"عشتروت"، هذا بالإضافة إلى الانقسامات والانقلابات الداخلية التي دبت في صفوفهم فكانوا يلتفون حول القائد الذي يتولى قيادة أمورهم سنة، ثم ينقلبون عليه ويعصون أوامره سنين، وخلال هذه الفوضى لم يذوقوا طعم الحرية والاستقلال أبدا؛ إذ حاربهم الكنعانيون وقضوا مضاجعهم أجيالا طويلة، ومن ثم حاربهم المؤابيون، وألحقوا بهم الذل والهوان، ثم حاربهم المديانيون والعمونيون والفلسطينيون حيث كانت حروبهم مع الفلسطينيين أشد ضراوة وأبعدها أثرا؛ الأمر الذي أدى إلى انتحار "شاؤول" ملك العبرانيين سنة (1095 ق. م).

ويذكر لنا التاريخ أن المدن (الكنعانية - الفلسطينية) التي عجز العبرانيون عن فتحها كانت ذات حضارة قديمة، حيث كانت المنازل مشيدة بإتقان، فيها الكثير من أسباب الراحة والرفاهية وكانت مدنهم تشتهر بحركة تجارية وصناعية نشطة وكانت هذه المدن على علم ومعرفة بالكتابة، ولها ديانة كما لها حكومة سياسية أيضا، لقد اقتبس أولئك العبرانيون من مواطني المدن الكنعانية حضارة لأنهم لم يستطيعوا أن يعيشوا بمعزل عن أهل هذه المدن التي عجزوا عن فتحها وقد أحدث هذا الامتزاج تغيرات جوهرية في حياة العبرانيين، فترك بعضهم سكنى الخيام وشرعوا يبنون بيوتا كبيوت الكنعانيين، وخلعوا عنهم الجلود التي كانوا يلبسونها وهم في البادية، ولبسوا عوضا عنها الثياب الكنعانية. هذا حال العبرانيين الذين أقاموا في الشمال الخصيب، أما أولئك الذين أقاموا في الجنوب من فلسطين فقد حافظوا على أسلوب معيشتهم البدوية القديمة.

ومن الجدير ذكره في تاريخ بني إسرائيل في تلك الحقبة أن منازعات داخلية كبيرة نشبت بين شاؤول وداود وبين أسرتيهما، أما داود فقد حالف

الفلسطينيين وعقد معهم حلفا والآخر أراد أن يحصل على استقلاله بالقوة؛ الأمر الذي عصى عليه ومات مقهورا.

ويدعي بعض اليهود أن المسجد الأقصى قد أقيم على أنقاض الهيكل الذي بناه سليمان بعدما أصبح ملكا على بني إسرائيل بعد موت أبيه داود غير أن هذا ليس صحيحا، فحتى هذه اللحظة لم يكتشف أي أثر يدل على بناء الهيكل في هذا المكان أو في منطقة القدس، وحتى هذه اللحظة لم يستطع أحد أن يحدد مكان مدينة داود فكيف لليهود أن يتحدثوا عن الهيكل.

- ونذكر هنا أن مدينة القدس تعرضت لغزوات عديدة كان أولها من قبل الكلدانيين، حيث قام "نبوخد نصر" بسبي بعض اليهود المقيمين في أطراف المدن الكنعانية لرفضهم دفع الجزية، فيما عرف بالسبي البابلي الأول وتلاه غزو آخر عرف بالسبي البابلي الثاني بسبب انضمام بعض اليهود إلى جملة المدن الثائرة على بابل عام 586 قبل الميلاد، واقتاد عددا منهم أسرى إلى بابل. حيث تلا ذلك الغزو الفارسي للمدينة سنة 539-538ق.م.

ومن ثم تعرضت المدينة للغزو اليوناني عندما دخل الإسكندر المقدوني الكبير فلسطين سنة 332 ق.م. وبعد ذلك دخلت الجيوش الرومانية القدس سنة 63 ق.م على يد "بوبي بومبيوس" الذي عمل على تدميرها بعد أن تم دمج الأطراف الشرقية للبحر الأبيض المتوسط في الإمبراطورية الرومانية، وفي هذه الأثناء عهد "بومبي" سوريا إلى أحد الموظفين الرومان البارزين وهو "غابينيوس" (57-55 ق.م) والذي عمل على فرض ضرائب باهظة على السكان وتقسيم الدولة إلى 5 أقاليم يحكم كل منهما مجلس، وأعاد "نما بينيوس" بناء عدد من المدن اليونانية- السورية التي كان المكابيون قد هدموها مثل السامرة وبيسان وغزة.

في تلك الفترة شهدت روما حروبا أهلية، ودب الاضطراب في الدولة الرومانية كلها؛ وهو ما أدى إلى انتقال هذه الاضطرابات إلى سوريا، وأثناء

تقسيم العالم الروماني من قبل الحكومة الثلاثية، أصبحت سوريا ومصر والشرق تحت سلطة "أنطونيو" المعروف بعلاقاته مع "كليوباترا" ملكة مصر.

وفي هذه الأثناء أهمل "أنطونيو "الأسرة الكابية، ووضع مكانها الأسرة الهيرودية، وقد برز من هذه الأسرة "هيرودوس الكبير" عام 37 ق.م الذي أخذ "أورشليم" ووطد سلطته عليها وبقي على الحكم ما يقارب الثلاثة وثلاثين عاما بدعم من روما.

وكان "لهيرودس الكبير" فضل إعادة تعمير مدينة القدس وبناء بعض المرافق العامة. وتوفي هيرودس في عام 4 ق.م، بعد نحو سنتين من ميلاد المسيح.

أسماء القدس عبر التاريخ

أسماء القدس كما وردت في السجلات والوثائق التاريخية عبر العصور:

- إيفن.
- مدينة الوديان.
- يور شالم.
- يهوستك.
- نور مستك.
- نور السلام.
- يارة.
- إريانة.
- يبوس.
- ميلو
- أنتوخيا.
- مدينة الأنهار.
- راشاليم.
- يور سلمايا.
- شهر شلايم.
- يبوس جلعاد.
- نور الغسق.
- كيلة.
- جبستي.
- أوفل.
- أكرى
- إيليا كابتولينا.

- إيليا كونستنبل.

- إيليا.

- بيت المقدس.

- القدس.

والأسماء المذكورة هنا وردت في وثائق وسجلات وجدت في أنحاء كثيرة من العالم؛ وهو ما يدل على اختلاط القدس بالحضارات المختلفة عبر العصور، وهذه الأسماء إما أن تكون كنعانية أو فارسية أو يونانية أو رومانية أو بيزنطية أو إسلامية.

من عجائب الدنيا السبع

الجديدة:

- سور الصين العظيم:

بدأ بناؤه قبل اكثر من الفي عام. وهو بالتأكيد الاثر الاطول في العالم، اذ يمتد من المحيط الهادىء الى تخوم آسيا الوسطى. وصنفت اليونسكو هذا السور في التراث العالمي في 1986.

- مدينة البتراء في الاردن:

على بعد حوالى 200 كلم جنوب عمان العاصمة الاردنية، شيدت مدينة البتراء، وهي من التراث العالمي. فالمعابد الكثيرة والاديار والمدافن التي تؤلف هذه المدينة، محفورة مباشرة في الصخر.

- تمثال المسيح الفادي في ريو دو جانيرو:

يعتبر تمثال المسيح الفادي رمزا للبرازيل كلها اليوم. وقد دشن قبل 75 عاما على جبل كوركوفادو في ريو دو جانيرو في نهاية اعمال استمرت خمس سنوات تطلبها شق طريق وسكة للحديد لتمكين الناس من الوصول الى كوركوفادو الذي يرتفع عن سطح البحر 710 امتار. وهو من ابرز الاماكن السياحية في ريو دو جانيرو (8,1 مليون سائح في السنة).

- اثار ماشو بيشو في البيرو:

بنيت قلعة ماشو بيشو الواقعة بين جبلين في سلسلة جبال الاند على ارتفاع 2438 مترا، في القرن الخامس عشر ايام الامبراطور باشاكوتك. وكانت ماشو بيشو تستخدم مركزا ثقافيا ودينيا ومرصدا لمراقبة الكواكب. ويزور اكثر من الفي سائح يوميا هذه القلعة التي اعلنتها اليونسكو من التراث التاريخي للبشرية في 1983.

- مدينة شيشن-ايتزا في المكسيك:

بنيت في العام 500 قبل المسيح شمال شبه جزيرة يوكاتان في المكسيك. وبالاضافة الى الهرم الذي يبلغ ارتفاعه 54 مترا، يعتبر المرصد الفلكي ومعبد المحاربين الذي يروي قصة اجتياح يوكاتان من قبل مجموعات اتت من وسط المكسيك، من ابرز مباني هذه المدينة.

- الكوليزيه في روما:

وهو رمز مدينة روما، وقد بني قبل حوالى الفي عام في القرن الاول بعد المسيح، ابان الامبراطورية الرومانية.

- معبد تاج محل:

شيد الامبراطور شان جاهان معبد تاج محل في القرن السابع عشر تخليدا لذكرى زوجته الراحلة ممتاز محل التي توفيت لدى وضعها ابنه الرابع عشر. وهذا المعبد الابيض اللون الواقع شمال مدينة اغرا، هو الموقع الذي يستقطب اكبر عدد من السياح في الهند. ويزوره سنويا ثلاثة ملايين سائح.

ويشار الى ان عجائب الدنيا السبع القديمة هي :

- الهرم الأكبر في الجيزة الذي بني في حوالي 2650-2500 قبل الميلاد ليكون مقبرة للملك الفرعوني المصري خوفو من الأسرة الرابعة وما زال الهرم الأكبر قائماً.

- حدائق بابل المعلقة وأقيمت حوالي 600 قبل الميلاد ودمرت في زلزال قبل القرن الأول قبل الميلاد.

- هيكل ارتميس في افسوس وبني عام 550 قبل الميلاد وجرى تكريسه لإلهة الإغريق ارتميس. ودمر هيروستراتوس الهيكل عام 356 قبل الميلاد في محاولة لتحقيق شهرة أبدية.

- تمثال زيوس في اولمبيا وأقيم عام 435 قبل الميلاد وارتفاعه 12 مترا. وفكك الحكام المسيحيون التمثال خلال القرنين الخامس والسادس للقضاء على الوثنية.

- ضريح موسولوس في هاليكارناسوس (وهي الآن جنوب شرق تركيا) وأقيم عام 351 قبل الميلاد وارتفاعه نحو 45 مترا وكل من جوانبه الأربعة مزين بنقوش بارزة. لحقت به أضرار في زلزال ودمره الصليبيون الأوروبيون تماما عام 1494 بعد الميلاد.

- تمثال رودس الضخم بني 292-280 قبل الميلاد وهو تمثال ضخم من البرونز لإله الإغريق هيليوس وهو تقريبا بنفس حجم تمثال الحرية في نيويورك في العصر الحالي. ودمر زلزال عام 224 قبل الميلاد تمثال رودس.

- منارة الاسكندرية وبنيت في القرن الثالث قبل الميلاد في مصر. وارتفاعها بين 115 و135 مترا وكانت بين أطول المباني التي أقامها الانسان على الأرض لعدة قرون. ودمرها زلزال في الفترة بين 1303-1480 بعد الميلاد.

أعلام العلماء

أعلام علماء العرب

قامت الحضارة الإسلامية علي جهود كثير من العلماء في شتي أقطارها وانصهروا جميعا في بوتقة العقيدة الإسلامية . فمنهم العربي والفارسي والأندلسي وقد برز العلماء العرب في مجالات عديده مثل :

الأدب والبلاغة

تأثرت نشأة الشعر الأسباني بالشعر العربي الأندلسي في الموشحات والزجل ، وفي مجال القصة فقد استوحي دانتي فكرة الكوميديا الآلهية من قصة الإسراء والمعراج الإسلامية

التاريخ

كانت لدي العرب رغبة شديدة لعلم التاريخ ، وقد بدأ التاريخ عند العرب بتدوين السيرة النبوية ، والفتوحات الإسلامية وقد أخذ مؤرخوا التاريخ الإسلامي يؤرخون تاريخ العرب قبل الإسلام وكذلك لتاريخ البلدان المجاورة للدولة الإسلامية

الجغرافيا

لقد كانت عناية العرب بالجغرافيا كبيرة فقد قاموا بترجمة كتب وعلوم الحضارات السابقة مثل كتب الإغريق الجغرافية . وقامو بتصحيح الأخطاء الكثيرة التي وقع فيها مؤلفوا هذة الكتب بعد معاينة الأماكن علي الطبيعة وقامو بوضع خرائط أكثر دقة من السابقة

الرياضة

ابتكر العرب طريقة الأرقام الغابرية ثم انتقلت هذة الطريقة إلي الدول الأوروبية عن طريق بلاد المغرب وقد قسم العرب الحساب إلي عدة أبواب وعرفوا الجذور والتناسب وجمع المربعات والمكعبات وقد استخدم العرب الرموز الرياضية قبل الأوربيين

الزراعة

كان فضل المسلمين العرب في الزراعة علي أوروبا كبيرا فقد برع المسلمون في مجال الزراعة ولهم أبحاث عظيمة . فقد أدخل العرب أنظمة زراعية جديدة مثل الطواحين الهوائية والمدرجات الزراعية وقاموا بشق القنوات والقنوات المغطاة،وإقامة القناطر والجسور،وإدخال الحيوانات الزراعية ، والنباتات النادرة. ولا تزال الأسماء العربية للنباتات في كثير من اللغات الأوروبية

الصيدلة

اهتم العلماء المسلمون بعلم النبات اهتماما كبيرا وذلك لإستخدامها في الأدوية ، فمعظم الأدوية والعقاقير الطبية المستعملة في العلاج إن هي إلا نباتات أو خلاصة نباتات ولقد ألفوا الكتب والرسائل في الصيدلة ورتبوها حسب حروف الألف باء ، وقد وصفوا كل دواء من حيث تركيبه وخواصه ومفعوله

الطب

عرف العرب قبل الإسلام شيئا عن العلاج والوقاية من الأمراض ، وكان لدي العرب الكهان والعرافون الذين يعتمدون علي الفراسة ، وقد آمن الأطباء العرب بالكليات عند اليونان ، ولم يحاولوا تغير الأسس التي قام عليها الطب ولما رأوا أنهم قد فهموا الطب بدأوا في تاليف الكتب في الطب

العقاقير الحيوانية

لقد تحدث بعض العلماء العرب عن الحيوانات التي يستخرج منها العقاقير المستخدمة في الدواء ولقد تحدث في هذا المجال : ابن البيطار والأنطاكي وابن سيناوالقزويني وابن سيدة والجاحظ فقد قام الجاحظ بتأليف كتاب ضخما في علم الحيوان من سبعة أجزاء وفيه قسم الحيوانات إلي ما يمشي وما يسبح وما ينساح

الفقة والدين

الفلسفة

لقد أسهمت الفلسفة الإسلامية في قيام عصر النهضة الأوروبية وذلك بتوجية أهل اوروبا إلى الاتجاه نحو الطبيعة ، والميل إلى التفكير المجرد ، والاتصال بالثقافات الإسلامية واليونانية فقد قام الفلاسفة الأوروبين بترجمة والتأثر بكتب وآراء الفلاسفة العرب.

الفلك

اهتم علماء العرب بعلم الفلك ، فقد ربط بعض العلماء الفلكيين الفلك بالعلوم الرياضية،كما أن الفلك أفاد في أثبات مواعيد الصلاة وقاموا بتصحيح أخطاء بطليموس في نظريته عن الكون وقاسوا أجرام الشمس والقمر والكواكب وأبعاد النجوم ، وقالوا أن الأرض مستديرة ، وأقاموا مراصد كثيرة ، وابتكروا آلات جديدة مثل ذات السمت والارتفاع وذات الأوتار و المشبهة بالمناطق وعصا الطوسي والربع التام و أدخلوا تعديلات على الاسطرلاب، ووضعوا أزياجا فلكية ، واكتشفوا الاختلاف القمري الثالث، واكتشفوا الغيوم، وأضافوا تحسينات إلى البوصلة البحرية ،ووضعوا أسماءللكواكب والنجوم لازالت مستعملة حتى الآن

الفيزياء

في هذا المجال العلمي نبغ كثير من العلماء العرب المسلمين ، فقد ألفوا كتبا كثيرة في الطبيعة وترجمت هذة الكتب إلى اللغة اللاتينية ودرست في جامعات اوروبا ، وكانت هي المراجع العلمية التي كان يأخذ بها طلاب الجامعة زهاء خمسة قرون

الكيمياء

الكيمياء هي علم عربي ينسب إلي مؤسس علم الكيمياء وهو جابر بن حيان ولا يزال حتي الآن إسمها كيمياء كما وضعه العرب ، كما لا تزال بعض الكلمات العربية تستعمل في لغات الأوروبيون حتي الآن ولقد جاء في مقدمة أحد كتب الكيمياء الأوربية إنكم يا معشر اللاتينين لا تعرفون بعد ما هي الكيمياء وما هي تراكيبها وأصولها . وسترون ذلك مشروحا في الكتاب الذي ننقله عن العربية

الموسيقي

لقد ترك علماء العرب مؤلفات كثيرة في الموسيقي استفاد منها أهل أوروبا ولم تكتفي الدول الاوروبية بالكتب فقط ولكنها أرسلت علمائها وطلابها في بعثات إلي عواصم الدول الإسلامية لدراسة العلوم والفنون والآداب وقامت أيضا بترجمة كتب الموسيقي العربية

أشهر علماء العرب

ابن النفيس

هو علاء الدين على بن أبي الحزم بن النفيس مكتشف الدورة الدموية الصغري . عبقري الطب العربي الذي جعل من معارف التشريح علما مستقلا وكشف أسرار القلب واكتشف الدورة الدمويه الصغري قبل وليم هارفي بأربعة قرون . ومن مؤلفاته المهذب المختار من الأغذية . لكن أهم كتاب ألفه ابن النفيس كان كتابه شرح تشريح ابن سينا . وعند دنوا اجله أشاراحدهم عليه بتناول شئ من الخمر فقال ابن النفيس مبتسما بوهن وضعف لا ألقى الله تعالى وفي احشائي شئ من الخمر واغمض عينيه إلى الأبد في اليوم الحادي والعشرين من شهر ذي القعده في العام السابع والستين وستمائه للهجرة

البتاني

البتانـي 235 - 317 هـ ـ 849 ـ 929 م هو أبو عبدالله محمد بن جابر بن سنان الحراني الصابي المعروف بالبتاني ، والمولود في حران التي تقع بأرض الجزيرة بين دجلة والفرات وتتبع اليوم تركيا . وهو أول من قال بأن المحيط الهندي يتصل بغيره من البحار . وله أثر كبير في تطوير حساب المثلثات.

واشتهر بكتابة (الزيج الصابي) الذي حدد فيه ميل دائرة الكسوف بدقة كبيرة، وطول السنة والفصول ومدار الشمس، سمي بطيلموس العرب، وصحح أخطاء من سبقوه في علم الفلك

ابن خلدون

ابن خلدون مؤرخ وفيلسوف اجتماعي عربي مسلم ينتهي نسبة إلي وائل بن حجر من عرب اليمن . ولد سنة 1332 م . أقامت أسرته في تونس حيث ولد ونشأ وتعلم بها . تنقل في بلاد المغرب والأندلس ومصر . حج إلي مكة سنة 1387 ثم انقطع للتدريس والتأليف و فأتم كتابة (العبر وديوان المبتدأ والخبر) وله قيمة كبري بين كتب التاريخ وتشتمل مقدمته علي فصول في أصول العمران والنظريات الاجتماعية والسياسية وتصنيف العلوم وغير ذلك مما جعل ابن خلدون مؤسسا لفلسفة التاريخ وعلم الاجتماع الذي يقول عنه أنه فرع فلسفي جديد لم يخطر علي قلب أرسطو . تأثر به الكثير من فلاسفة الغرب الذين درسوا كتاباته وأفكاره .

من الموضوعات التي تعمق ابن خلدون في دراستها علم التربية وعلاقة الفكر بالعمل وتكوين الملكات والعادات عن طرق المحاكاة والتلقين والتكرار . دعا ابن خلدون إلي الرحمة بالأطفال وعارض استعمال الشدة تجاههم وبين المفاسد الخلقية والاجتماعية التي تنجم عن القسوة وقال أن القهر والعسف يقضيان علي انبساط النفس ونشاطها، ويفسد معاني الانسانيه . توفي سنة 1406 م.

علمه:

كان ابن خلدون طموحاً وذكياً ومعتزاً بنفسه، ورث عن آباءه حب السياسة والمناصب وشجعه أصحاب البلاطات في دولهم المتنازعة . فسعى مع الساعين وكان «رجل الفرص» ينتهزها ولا يضيره أن يجزي الخير بالشر أما رغبته بالمعرفة فكانت بلا حدود فاطلع على كتب الأقدمين وأحوال البشر السابقين مكوناً ثقافة واسعة.

كان ابن خلدون أشعري السلوك، يعتقد أن العقل يقصر عن ادراك الحقائق الغيبية، لذا عدل على الشرع في حياته الشخصية، بينما هو في تفكيره

معتزلي، وبدا ذلك واضحاً في تآليفه، فهو يعتمد العقل يستهديه لقياس منطقي سليم في استنتاجاته.

لقد رفض ابن خلدون مقولات علماء سبقوه لكنه كان أميناً فيما بثه في مؤلفاته من آراء لهم علمية أو دينية وصريحاً واضحاً في نقده لتلك الآراء وعزوها أحياناً لجهلهم طبائع العمران وسنَّة التحول وعادات الأمم وقواعد السياسة وأصول المقايسة.

تجديد ابن خلدون وفلسفته

يتضح تجديد ابن خلدون في عرضه فن التاريخ وفلسفته، وعلم العمران أو علم الاجتماع. لقد كان رواة التاريخ قبل ابن خلدون يخلطون الخرافات بالأحداث ويعللون التاريخ استناداً إلى التنجيم والوثنيات... جاء ابن خلدون يحدد التاريخ بأنه: «في ظاهره لا يزيد على أخبار عن الأيام والدول وفي باطنه نظر وتحقيق وتعليل للكائنات ومبادئها. وعلم بكيفيات الوقائع وأسبابها». لأن التاريخ هو «خبر عن المجتمع الإنساني الذي هو عمران العالم وما يعرض لطبيعة هذا العمران من أحوال».

واضع علم الاجتماع... حقاً

لقد أثبت ابن خلدون أنه فيلسوف اجتماعي، بل هو واضع علم الاجتماع سابقاً بذلك علماء الغرب جميعاً، وقد كان فريداً نسيج وحده بين العلماء (علماء التاريخ والفلسفة)، فهو لم يكن مؤرخاً عادياً. فقد قال عنه المؤرخ الانكليزي تويني : «في المقدمة التي كتبها ابن خلدون لتاريخه العام أدرك وتصور، وأنشأ فلسفة التاريخ، وهي بلا شك أعظم عمل من نوعه خلقه أي عقل في أي زمان». ولا يضير ابن خلدون أن يقول عنه البعض أنه اقتصر في تاريخه على دراسة النواحي الاجتماعية والتاريخية في منطقة محددة وحقبة محددة، ذلك لأن القوانين الخاصة التي استنتجها لم تعد خاصة فقد انطلقت لتعم العالم وهي لم تزل مطبقة على بيئات عديدة وأزمنة عديدة.

مقدمة ابن خلدون

لقد رتب ابن خلدون أبواب مقدمته ترتيباً منطقياً مع أنه وقع في مراجعات متعددة في بعضها تشفع له في ذلك جدة موضوعه. أما أهم آراءه فهي:

- إن الاجتماع الإنساني ضروري، فالإنسان مدني الطبع وهو محتاج في تحصيل قوته إلى صناعات كثيرة وآلات متعددة ويستحيل أن تفي بذلك كله أو ببعضه قدرة الواحد، فلا بد من اجتماع القدر الكثيرة من أبناء جنسه ليحصل القوت له ولهم ـ بالتعاون ـ قدر الكفاية من الحاجة الأكثر منهم بأضعاف.
- العصبية هي شعور جماعة من الناس بأنهم ينتمون إلى أصل واحد ويشد بعضهم إلى بعض روابط من المنافع المادية أو من الأحوال الاجتماعية أو من المثل العليا. والأصل فيها أن تقوم على النسب ولكن النسب وحده قليل الأثر إذا لم يكن معه رابط من المنفعة أو الجوار. ومقومات العصبية العدد، المال، السلاح، الدعوة الدينية وهي ضرورية في البادية.
- العرب لا يحصل لهم الملك إلا بصبغة دينية من نبوة أو ولاية أو أثر عظيم من الدين على الجملة. وذلك لخلق التوحش الذي فيهم، فهم أصعب الأمم انقياداً بعضهم لبعض للغلظة والإنفة وبعد الهمة والمنافسة وقلما تجتمع أهواءهم...
- خصائص العمران الحضاري: الاستقرار (التحضر) والتوسع في المأكل والمشرب والملبس والمسكن، والتأنق في أسباب الحياة والترف أي الاخلاد إلى الراحة والتنفس في النعيم والاستكثار في المطاعم والملابس والمساكن، واستئجار العمران أي التوسع في وجود الحياة واستجادة الصنائع أي تطلب الدقة والجمال للتباهي في ذلك وانشاء الهياكل والمدن دلالة على العظمة والقوة ثم تكوين دولة الملك وطلب العلم.

ابن سينا

ابن سينا (370 _428 هـ 1037-980م)

هو أبو علي الحسين بن عبدالـلـه بن سينا، أمير الأطباء ، وطبيب الآمراء، والملقب بالشيخ الرئيس ، ولد في إقليم بخارى عام 980 م، وهوالآن جزء من الاتحاد السوفيتي، وتوفي في همدان بإيران عام 1037 م.

نشأ ابن سينا نشأة دينية فحفظ القرآن كله وهو في السابعة من عمره. وظهرت عبقريته منذ الطفولة، فدرس الآدب العربي والفقه الإسلامي وهو في العاشرة. ثم درس الحساب والمنطق والفلسلفة، ثم اتجه بشغف إلى علوم الطب. فلم يبلغ السابعة عشرة حتى كان طبيبا ممارسآ يبارى في علمه وحذقه كبار الآطباء ويتفوق عليهم. وذاع صيت ابن سينا حتى وصل إلى سلطان بخاري نوح بن منصور، فاستدعاه لعلاجه من مرض عجز الآطباء عن شفائه. فلما شفي على يديه أراد السلطان أن يكافئه فطلب من ابن سينا أن يسمح له بالأطلاع على مكتبته الخاصة التي كانت من أشهر وأضخم مكتبات العالم الاسلامي حينئذ، حيث كان فيها حجرات تشمل كتب الطب، وأخرى للفلسفة وأخرى للشعر وأخرى للفقه والدين. فعكف ابن سينا على قراءة المخطوطات النادرة، وبعضها لم يكن له مثيل في أي مكان أخر.

وكان له نهم وشغف بالقراءة حتى كان يبيت وياكل ويصلي بجوار الكتب. وبعد أن استوعب كل ما فيها خرج إلى الدنيا وقد أصبح من علماء عصره. وقد تصادف أن احترقت مكتبة السلطان بعد ذلك فاتهمه حساده أمام السلطان بأنه تعمد إحراقها بعد أن حفظ كل ما فيها من علم حتى لا يجاريه أحد في علمه، وهي تهمة بعيدة عن مثل هذا العالم الكبير.فكانت حياة هذا العالم العبقري مليئة بالأحداث الضخمة من رئاسة الوزارة الي السجن والتعرض للإعدام إلي الهروب من إقليم الي إقليم . ثم شرع ابن سينا يؤلف

المصنفات الضخمة وهو في سن العشرين ، حيث كان يؤلف خمسين صفحة في اليوم الواحد .وكان يكتب حتى أثناء السفر .

وبلغت مؤلفات ابن سينا 335 مصنفاً وكتابا في شتي فروع العلم ومن أشهر كتبه القانون في الالطب ويقع في خمسة مجلدات كبيرة ، وله ايضا كتاب الشفاء في العلاج بالادويه ، وكتاب الأرصاد الكلية في الفلك ، والمبدأ والمعاد في النفس ، والمجموع في الرياضيات ، وغيرها كثير .
يعتبر ابن سينا أول مكتشف لقانون الحركة الأول قبل اسحق نيوتن ، وهو أول من اخترع المخدر قبل الجراحة وسماه المرقد وكذلك اخترع اول حقنه لحقن الأدوية في الجسم وسماها الزراقة وابتكر أول جراحة للأعصاب المقطوعة. واكتشف مرض شلل عصب الوجه ، وهو اول من وضع قواعد جراحة السرطان والتي هي قواعد العلاج الجراحي لهذا المرض في الطب الحديث ، ووصف الكثير من الامراض العضوية التي تنجم عن التوتر العصبي .

وكان ابن سينا دمث الخلق محافظا علي الصلاة يؤدي الزكاة ويتصدق بسخاء ، ويذكر في مذكراته أنه كان إذا عجز عن حل مسأله علمية يعكف في المسجد بعد الصلاة يفكر فيها فإذا اهتدي إلي الحل تصدق بمبلغ كبير من المال علي الفقراء شكرا لله ، وكان يعتز بمكانته العلمية والادبية بين الناس ، وبفضل تربيته الاسلاميه وجه علمه لخدمة الانسانية.

ابن كثير

ابن كثير 701-744هـ 1301-1373 م، هو

إسماعيل بن عمرو بن كثير بن ضوء القرشي ، رغب في طلب العلم من صغره وأتم القرآن وعمره ثماني سنوات . ودرس الفقه والحساب .ثم اخذ علوم اللغه والحديث النبوي عن برهان الدين الدمياطي والمزي كان كثير التأليف ألف كتابه المشهور البداية والنهاية في التاريخ وجعله تاريخا للخليفه من بدايتها بخلق ادم .

فلذكر تواريخ الانبياء ثم اخبار جاهلية العجم وجاهلية العرب ، ثم تاريخ اللإسلام الي زمانه . ثم جمع في قسم النهاية من كتابه أخبار القيامه والجنه والنار بحسب ما فهمه من القرآن والسنه يمتاز كتابه هذا بأنه لا يقبل الأخبار التي يتناقلها المؤرخين إَلابعد تمحيص وتثبت ، ويمتاز أيضا وخاصه في اخر قسم البداية من تاريخه بأنه يصف الحوادث التي شهدها أو شارك فيها . أما كتابه المشهور الاخر فهو (تفسير القرآن العظيم) الذي عرف باسم تفسير ابن كثير وهو من خيرة تفاسير القرآن ، وأكثرها انتشارا في العالم . وله كتب أخري مهمة في الحديث والفقهه .وقد انتشرت كتبه حتي في حياته ، وأقبل عليها العلماء وطلاب العلم لطلاوتها ، وحسن تعبيراتها ، وكونها مفعمة بروح الايمان وحب الاسلام ، والتحقيق العلمي

ابن ماجة

ابن ماجه هو أبو عبدالـلـه محمد بن يزيد بن ماجه القزويني: ولد في بلاد قزوين وهي من بلاد فارس، وسافر ابن ماجه في طلب العلم إلى بغداد;والبصرة، والكوفة ، ومكة المكرمة، والشام، ومصر، وقد شهدله العلماء الذي التقى بهم في تلك الديار، بعد أن اختبروه، بأنه حافظ عالم ثقة في علم الحديث والتفسير واللغة والتاريخ. ولما رجع إلى بلاده بعد هذه الجولة والرحلةالعلمية اشتغل بالتدريس واشتهر بما تخصص به من علم الحديث.

فألف كتابًا كبيراً سماه كتاب، السنن، أي الكتاب الذي جمع سنن النبى صلى الـلـه عليه وسلم، وما زال العلماء وطلاب العلم يرجعون إلى هذا الكتاب لمعرفة أحاديث النبي صلى الـلـه عليه وسلم، كما ألف كتاباً كبيراً في تفسير القرأن الكريم، وكتاباً أخر في التاريخ. ولما اشتهر أمره بين أقطار العلم الأسلامي، خصوصا في علم الحديث ، بدأ طلاب العلم يرحلون إليه ليأخذوا عنه علم الحديث. وتخرج على يده الكثير من العلماء.

ابن الشاطر

ابن الشاطر هو الفلكي الرياضي أبو الحسن علاء الدين ابن الشاطر ، ولدفي دمشق عام1304م وتوفي عام 1375م درس الحساب والفلك والهندسة ، وارتحل إلى مصر حيث عمل فلكياً ورئيساً للمؤذنين، وكانت هذه المهنة في عصور الاسلام الزاهرة تحتاج إلى معرفة بالفلك والحساب لتحديد مواقيت الصلاة والآعياد ورصد القمر. وتنسب إليه عدة كتب جميعها في الفلك منها ((زيج ابن الشاطر)) . والزيج معناه الجدواول الفلكية ، وفيه تحقيق أماكن الكواكب .

كما أنه اخترع ألة لحساب الموقيت سماها ((الربع التام))، وألف كتاباً في طريقة استعمالها باسم ((النفع العام في العمل بالربع التام لمواقيت الإسلام، ((وقد وضع ابن الشاطر نظرية جديدة في حركة الكواكب السيارة ورصدها تسبق ما قال به كوبرنكس عالم الفلك الذي جاء بعده بعدة قرون .

الخوارزمي

هو محمد بن موسي الخوارزمي لقب بالخوارزمي لقدومه من خوارزم . يعيش الفتي محمد بن موسي مع أهله في قرية قطربل بالقرب من مدينة بغداد وهو أصغر إخوته من البنين والبنات ، كان محمد دائما مشغول الفكر بأشكال الأشياء والمسافات بينها ، وتقدير ارتفاعاتها وقضي محمد عامين في دراسته للرياضيات ولنبوغ الخوارزمي في علم الرياضيات ارسل الخليفه هارون الرشيد في طلبه ليعينه عالما بين علماء الرياضيات في مكتبة بيت الحكمه ويضمه الي من به صفوة العلماء .

وتفرغ الحوارزمي للإشراف علي ترجمه كتب الرياضيات الي العربيه في بيت الحكمه الذي ألحق بها . وعند تولي المأمون الخلافه بعد وفاة ابيه الرشيد وكان المأمون اكثر من ابيه حبا للعلم اختار المأمون الخوارزمي ليكون أمينا لخزانة الكتب بمكتبة قصر الخلافه في بغداد. وشارك الخوارزمي علماء المأمون في أعمال المرصد الفلكي ، لمعرفة محيط الارض ومساحتها وتقدير خطوط الطول والعرض ووضع حصاد هذا الجهد في كتابه الربع المعمور والف في الجغرافيا والفلك وجعل من معارف الجبر الممزقه علماً لأول مرة وأدرك قيمة الصفر في الحساب الهندي .

عاش العالم المسلم في القرن الثالث الهجري ولم يتفق أحد من مؤرخي العلم علي تاريخ ميلاد له أو وفاة، لكن حصاد عمر الخوارزمي في علم الجبر والحساب خاصة مازال يعطي ثماره في كل زمان ومكان.

القزويني:

هو أبو عبد الله بن زكريا بن محمد بن محمود القزويني ، ينتهي نسبه الي أنس بن مالك عالم المدينة المنورة . ولد في بلدة قزوين الواقعة في شمال إيران ومنها أخذ نسبه . رحل الي بغداد واتصل بضياء الدين بن الأثير وربطتهما صداقة قوية ، ثم تمكن من تولي قضاء (الحلة وواسطة) حتي

سقوط بغداد في 656 هـ علي يد هولاكو . كان القزويني شأن علماء عصره موسوعياً يهتم بالفقه والجغرافيا والفلك ، إلا ان أعظم أعماله شأناً كان علم الأرصاد الجوية ، وألف الي جانب ذلك العديد من كتب الجغرافيا والتاريخ الطبيعي

تناول بالتحليل ظاهرة خسوف القمر وكسوف الشمس مع تقديم وصف دقيق للظاهرتين مع أسباب وتعليلات مبهرة . من أبرز مؤلفاته آثار البلاد وأخبار العباد.

نيلسون مانديلا

ونصف قرن من النضال ضد العنصرية

ولد نيلسون مانديلا في 18 تموز 1918 في قرية صغيرة، مغيزو على ضفاف نهر ألمباشي في إقليم الترانسكاي. وقضى معظم طفولته وصباه الباكر في الإقليم ما بين قريته وأمتاتا (عاصمة الترانسكاي) حيث يعيش زعيم قبيلة الخوسا (ثاني أكبر قبائل السود عدداً بعد الزولو) وهو من عائلة مانديلا كذلك.

وبعد وفاة والده انتقل إلى العيش في بيت الزعيم الذي كفله حتى شب وكبر.

في المدرسة منحته المعلمة اسماً انكليزياً هو «نلسون» الذي بات يعرف به ويحل محل اسمه بالولادة «روليهلالا» أي مشاغب بلغة الخوسا.

مرحلة طفولته كلها أمضاها مانديلا في وسطه الأسود بعيداً عن الرجل الأبيض ومؤسساته، في المدرسة التابعة لـ «الآباء البيض» تمكن من إثراء ثقافته ومعارفه التقليدية القبلية بمعارف وثقافة حديثة. وفي 1938 التحق بجامعة نورث هير حيث بدأ دراسة القانون وحيث التقى بواحد من أكثر الشخصيات تأثيراً في مسار حياته وهو أوليفرتامبو الذي يعد من مؤسسي الحركة الناهضة للعنصرية ـ الأبارتيد ـ في مرحلة ما قبل 1948.

فبدءاً من تلك السنة ومن ذلك اللقاء دخل مانديلا معترك الحياة السياسية وبدأت تتشكل ملامح الرجل الذي يعرفه العالم اليوم. فساهم في تلك السنة 1938 إلى جانب تامبو في تنظيم اضراب طلابي أدى إلى طرده من الجامعة، فانتقل إلى مدينة جوهانسبرغ حيث بدأت مرحلة من السنوات العجاف كان خلالها يقسم وقته بين دراسة القانون وبين عدد من المهن الصغيرة يزاولها لتوفير قوته، وبين العمل السياسي الذي ما لبث أن أصبح علة وجوده.

وهكذا انطلق مانديلا بصحبة جمع من الشبان في محاولة للسيطرة على «منظمة» «المؤتمر الأفريقي» التي كان يقودها في ذلك الوقت وجيه أسود يدعى الدكتور خوما. وهو رجل كان شديد الاحتشام تجاه السلطة العنصرية التي كان يبالغ باحترامها ويكتفي بتوجيه عرائض الاجتجاج إليها في حين كان مانديلا وصحبه يؤمنون بضرورة الانتقال تدريجياً من النضال السلمي المتأثر إلى حد كبير بالقائدية إلى العنف والكفاح المسلح. وجاء انتصار الحزب الوطني داخل الأقلية البيضاء الذي انتزع السلطة من أيدي البيض الناطقين بالانكليزية والمستفيدين إلى بريطانيا، وأسس لنظام الأبارتيد في انتخابات 1948 ليسرع من قناعات مانديلا ورفاقه بضرورة اعتماد الكفاح المسلح كطريق وحيد للحرية.

بدء الكفاح المسلح... والبدء بالاعتقال

في الخمسينات أصبح مانديلا أحد أبرز قياديي المؤتمر الأفريقي، خاصة بعد حظر المنظمة في 1952، وشهد يوم 16 كانون الأول 1961 ما لا يقل 20 انفجاراً أعلنت ميلاد الحركة المسلحة أو الجناح العسكري للمؤتمر الأفريقي الذي أوكل إلى مانديلا رئاسته وعرف باسم منظمة «رأس حربة الشعب» أو الأمة بمعونة جو أسلوفو عن الحزب الشيوعي وأخرين.

وفي عام 1952 انتخب مانديلا رئيساً لحزب المؤتمر في اقليم ترانسفال فأصدرت الحكومة على الفور قراراً بوقفه عن ممارسة المحاماة وعدم دخوله العاصمة. وفي 26 حزيران 1955 صدق المؤتمر الشعبي في مدينة الكاب على دستور الحرية واشترك في هذا المؤتمر المهم آلاف من حزب المؤتمر الوطني. في العام التالي 1956 حوكم مانديلا مع 156 من رفاقه بتهمة الخيانة العظمى واستمرت محاكمته حتى 1961 ولكنه قبل ذلك وفي عام 1958 اقترن بروني مانديلا التي أنجبت له ابنتين.

الاجراءات القمعية والاعتقالات المستمرة

في عام 1960 بدأت الحكومة العنصرية اجراءات قمعها الدموي ضد السود والملونين، وأعلنت قانون الطوارىء للحد من المظاهرات واعتقل مانديلا مع 20 ألفاً، ولأن الحكومة منعت المحامين من الدفاع عنهم فقد تولى مانديلا وزملاءه الدفاع عن أنفسهم. وفي الوقت نفسه أصدرت الحكومة قراراً بحظر نشاط حزب المؤتمر الوطني. وفي العام نفسه أعلنت الأمم المتحدة عام 1960 «عام أفريقيا» ونادى الزعيم الأسود لوقولي الرئيس العام للمؤتمر الأفريقي بمقاطعة دولية لبضائع جنوب أفريقيا واثناء ذلك وقعت مجزرة بحق السود في منطقة شاربغيل التي أدت إلى انفجار عام.

وقبض البوليس على 22 ألف أسود بعد إعلان حالة الطوارىء. وعدَّ المؤتمر الوطني الأفريقي خارجاً عن القانون. وفي عام 1961 حصل مانديلا على البراءة من تهمة الخيانة العظمى. وبعد إطلاق سراحه أصدرت الحكومة أمراً جديداً بالقبض عليه، فاضطر إلى الاختفاء والعمل السري.

بعد ذلك حضر مؤتمراً في مدينة بيترمار نربورغ حضره 1400 مندوب من جميع أنحاء البلاد وألقى خطاباً ضد اعلان جمهورية جنوب أفريقيا البيضاء. سافر عام 1962 خارج البلاد لحضور مؤتمر في أديس أبابا ثم سافر إلى لندن فالجزائر ثم عاد سراً إلى جنوب أفريقيا فألقي القبض عليه من جديد في 15 آب 1962 وحوكم في جوهانسبرغ بتهمة مغادرة البلاد بطريقة غير قانونية، وحكم عليه بالسجن 5 سنوات وقد جيء به من السجن إلى المحكمة عام 1964 لمحاكمته بتهمته قيادة أعمال التخريب من داخل السجن وصدر عليه الحكم بالسجن مدى الحياة.

من السجن إلى... رئاسة البلاد

لقد أمضى مانديلا عشرة آلاف يوم بين جدران سجون مختلفة، بعضها مفرط في القسوة مثل سجن روبن ايلامز في المحيط الهندي حيث قضى ورفاقه

جل فترة سجنهم (1964 ـ 1984) في أعمال شاقة، وبعضها مريح نسبياً مثل سجن فيكتور برستر الذي قضى فيه عامة الأخير وحيداً، وتمكن ولمرة وحيدة في عمره أن يحتفل بعيد ميلاده مع زوجته وكان عمره 71 سنة.

وقبل أيام من اطلاق سراحه استدعاه رئيس جنوب افريقيا فريدريك دوكليرك لينبئه بقرار إطلاق سراحه ففوجىء مانديلا وطلب مهلة اسبوع ولكن دوكليرك رفض طلبه باعتبار أن الحكومة أخذت بالقرار وأعلمت الصحافة العالمية والمحلية.

وفي 11 شباط 1990 خرج مانديلا من بوابة السجن طليقاً حراً من جديد تحت أضواء عشرات الكاميرات وحشد من الأقارب والصحافيين وسار هذا الرجل من جديد ليغير مجرى التاريخ وليصنع حدثاً مهماً في تاريخ البشرية والعالم.

من القليل النادر والشاذ الذي قيل في مانديلا

قالت مارغريت تاتشر رئيسة الحكومة البريطانية السابقة، عام 1987 وهي تشجب أية مبادرة للحوار مع حزب المؤتمر الوطني الأفريقي: «إن المؤتمر الأفريقي منظمة إرهابية فعلاً. وإن أي شخص يعتقد أنها ستتسلم مقاليد الحكم في جنوب أفريقيا إنما يعيش في عالم ضبابي ووهمي» بل أن أحد نوابها، وهو تيدي تايلور قال في الثمانينات ينبغي اعدام نلسون مانديلا بالرصاص...؟!

من جميل ما قيل في مانديلا

قيل الكثير وما زال يقال، فمجلدات لا حصر لها، ولا عد وكلها تلتقي بشكل أو بآخر مع ما قالته «ما ري بريد» مراسلة صحيفة الاندبندنت عشية زيارة مانديلا إلى بريطانيا في الأسبوع الأول من تموز 1996: «إن نلسون مانديلا لواحد من أعظم رجال الدولة في قرننا العشرين. إنها خصائص هذا الرجل الفريد تلك التي تجعله يترفع عن وحل السياسة الحديثة إنه في نظر الآخرين

شخص ينضج حيوية وطيبة واستقامة، قائد روحي أكثر من أن يكون مجرد سياسي مراوغ وضيع».

وفي 19 آب 1996 أذيع رسمياً في جنوب أفريقيا أن رئيس الجمهورية نلسون مانديلا أبلغ اللجنة التنفذية لحزب المؤتمر الوطني الأفريقي أثناء اجتماعاتها التي جرت في جوها نسبرغ لمدة ثلاثة أيام وانتهت في 18 آب 1996 قراره التخلي عن زعامة الحزب في أقرب فرصة وكانت سبقت هذا الإعلان تصريحات متكررة من مانديلا أكد فيها أنه سيعتزل العمل السياسي عند انتهاء الفترة الرئاسية في 1999.

نجم المنابر الشيخ عبد الحميد كشك

ولد الشيخ عبد الحميد كشك عام 1933 في شبراخيت إحدى قرى محافظة البحيرة. وهو من عائلة ريفية فقيرة. حيث كان والده تاجراً متواضعاً جداً.

وكان لعبد الحميد خمسة أخوة بينهم فتاتان عندما توفي والده وهو لم يبلغ سن دخول المدرسة تاركاً أرملته مسؤولة عن أطفالها الستة.

حرمه الله البصر... وأعطاه البصيرة

أصرت والدة كشك أن تلحقه بالمعهد الابتدائي الأزهري بالاسكندرية حيث حفظ القرآن الكريم غيبا وهو لم يتجاوز سن الثامنة. وهناك تأثر الشيخ عبد الحميد تأثراً عميقاً بمدرس اللغة العربية الشيخ محمد جاد حيث عامله معاملة طيبة وحفزه على التفوق.

ومع حصوله على الشهادة الابتدائية أصبح الشيخ كشك ضريراً تماماً، وذلك بسبب إصابته ـ على الأرجح ـ بمرض الرمد الجيبي الذي كان يحصد أطفال الفلاحين الفقراء المصريين حينذاك ورغم أنه بحث عن العلاج لمدة عامين إلا إنه تحقق في النهاية ـ وفقاً لما ذكره في مذكراته ـ من أن الله قد وهبه «نعمة العمى» فاندفع بعد ذلك في دراسة علوم الدين بجد واجتهاد وحمد الله أنه أخذ منه البصر ووهبه البصيرة.

نبوغه وفصاحته

التحق بالثانوية الأزهرية بالقاهرة، حيث كان يحصل عادة خلال سنوات دراسته فيها على المرتبة الأولى. وفي المدرسة الثانوية تأثر الشيخ كشك بمدرس اللغة العربية الشيخ كمال شاهين الذي كان يختار كشك في كل حصة دراسية ليلخص الدرس الذي ألقاه في الحصة السابقة بسبب قدرته الفائقة على الحفظ.

وقد أهلته الثانوية الأزهرية التي حصل عليها بتفوق للالتحاق بكلية أصول الدين بجامعة الأزهر. وفي عام 1961 وفي الثامنة والعشرين من عمره ونظراً لنبوغه وتفوقه مثَّل الشيخ عبد الحميد كشك الأزهر في عيد العلم حيث برز كخطيب لامع.

وبعد تخرجه في الجامعة الأزهرية تم تعيينه إماماً بوزارة الأوقاف الحكومية، حيث كان يتنقل بين مساجد القاهرة يخطب فيها وتزحف وراءه آذان الناس أينما ذهب وفي عام 1964 صدر قرار وزاري بتعيينه إماماً لمسجد عين الحياة بالقاهرة.

شهرته بالخطابة وسطوع نجم المنابر

مع بداية عام 1972 بدأ الشيخ كشك يكثف خطبه ودروسه في مسجد عين الحياة حيث زادت شهرته بصورة كبيرة وذلك بسبب انتقاداته اللاذعة لكل أمر مخالف للشريعة الإسلامية وفي أي مجال. كان حرصه على جميع المسلمين في كافة .

وقد عمدت وزارة الأوقاف إلى منعه عن الخطابة أكثر من مرة وفي كل مرة كان الشيخ كشك يعود لخطابته وتعود معه مواضيعه الحماسية.

وقد جرى توسيع مسجد الحياة أكثر من مرة وذلك ليناسب الحشود الضخمة التي كانت تندفع إليه يوم الجمعة لسماع خطبة الشيخ كشك الأ سبوعية أو للاستماع لدروسه الدينية التي انتظمت ما بين صلاة المغرب وصلاة العشاء بصورة شبه يومية.

وقد ذاع صيته في كافة البلدان العربية والإسلامية وذلك بانتشار خطبة المنبرية على أشرطة الكاسيت والفيديو.

يوم الجمعة الأخير

صبيحة يوم الجمعة 6 كانون الأول (ديسمبر) 1998 استعد الشيخ عبد الحميد لصلاة الجمعة، وكعادته وقبل أن ينزل من منزله للصلاة في مسجد

المدينة المنورة المجاور لبيته صلى ركعتين لله تعالى، إلا أنه أطال السجود في الركعة الأولى، الأمر الذي أثار الشك في نفوس أبنائه فأخذوا ينادونه....

ولكن دون مجيب، وهكذا توفي الشيخ عبد الحميد كشك وهو ساجد لله تعالى.

وقد نعته وزارة الأوقاف المصرية وجامعة الأزهر الشريف والعديد من الجمعيات والأندية الثقافية والاجتماعية وشارك في مأتمه جمع غفير من محبي الصوت المجاهر بالحق.

رحم الله الشيخ عبد الحميد كشك فقد استحق حقيقة لقب «نجم المنابر».

زعيم النازية الفوهرر أدولف هتلر

الفوهرر أي الزعيم أدولف هتلر ولد في 20 نيسان 1889 في قرية بروناو النمساوية من أب يعمل موظفاً على الحدود. تعلم في مدينة لينز النمساوية ثم تنقل بين فيينا وميونيخ وعند نشوب الحرب العالمية الأولى تطوع في الجيش الألماني واشترك في الجبهة الغربية حتى قبل نهاية الحرب حين أصيب إصابة بالغة أودت بنظره عدة أسابيع، ومنح وسام الصليب الحديدي (الوسام الوحيد الذي طفق يتحلى به هتلر خلال رئاسته للدولة الألمانية بعد ذلك).

وعاد إلى ميونيخ مع هزيمة ألمانيا حيث تأثر بعاملي وجود طبقة كبيرة من اليهود تعيش حياة رغد بعد انكسار ألمانيا مع انتشار المجاعة فيها، والثاني انتشار الأحزاب السياسية المتباينة المذاهب والتي جعلت من مطاعم الجعة المنتشرة في المدينة مجالس لها. كما كان من العوامل الأخرى التي تأثر بها في حداثته حركة الجامعة الجرمانية.

اشترك هتلر إبان إقامته في ميونيخ بحزب «العمال الألماني» الذي أسسه أنطوان دركسلر فكان العضو السابع، وسرعان ما قام بتنظيمه والدعاية له، ووضع للحزب برنامجاً سياسياً يتضمن أهدافه حتى آلت إليه رئاسته فأطلق عليه اسم: «الحزب الاشتراكي الوطني للعمال»، ثم «الحزب الاشتراكي الوطني»، أو «النازي» اختصاراً.

برز الحزب على المستوى القومي بانقلاب سياسي في عام 1923. اشترك فيه بعض القادة العسكريين. إلا إنه فشل وحكم على هتلر بالسجن 5 سنوات في قلعة لندسبرغ (التي حوكم فيها عام 1946 بعض النازيين) ولكنه أطلق سراحه بعد 8 أشهر. وفي هذه الفترة أخذ في تأليف كتابه «كفاحي» الذي ضمنه مبادىء الحركة النازية والذي أكمله في عام 1927.

الفوهرر في القمة

بدأ نجم هتلر في السطوع في عام 1928. إذ نجح حزبه في الفوز بـ 12 مقعداً في الرايخستاغ ولم تلبث أن طغت موجة الأزمة الاقتصادية العالمية التي هزت الاقتصاد الألماني في عام 1930 فتمكن هتلر من استغلالها بوعود أطلقها لرجال الصناعة الألمانية تضمنت حمايتهم من المد الشيوعي فكان من نتائج هذه السياسة أن ارتفع عدد أعضاء حزبه في المجلس إلى 106، وبرزت رئاسة، الجمهورية أمام هندنبرغ الذي كان رمز الامبراطورية الألمانية المنهارة.

نال هتلر 13 مليون صوت مقابل 17 مليوناً حصل عليها المارشال هندنبرغ، ومع ذلك رفض هذا الأخير تعيين هتلر مستشاراً للرايخ عام 1932. مع أن أنصاره كانوا يمثلون أكبر الأحزاب في الرايخستاغ ثم عاد هندنبرغ وقبل أن يشكل هتلر وزارة إئتلافية في 30 كانون الثاني 1933. وباستيلاء هتلر على الحكم أخذ في تدعيم النظام النازي بالقضاء على الشيوعيين والاشتراكيين واليهود. مستخدماً وسائل مبتكرة في الدعاية تولاها الدكتور غوبلز، لا سيما ضد معاهدات الصلح وقوانين عدم التسلح. وبوفاة هندنبرغ في 30 تموز 1934 جمع هتلر بين منصب المستشارية (رئاسة الحكومة) ورئاسة الجمهورية، وعرف بلقبه الفوهرر.

الفوهرر يفتح النار على العالم

أخذ هتلر ينزلق بسرعة ويدفع العالم معه نحو الحرب العالمية الثانية. وفي خريف 1941 بلغت الانتصارات الألمانية أوجها وبلغ التوسع الألماني حده على جميع الجهات التي فتحوها في أنحاء العالم. لكن في الوقت نفسه أخذت موجة التوسع هذه بالانحسار. وأوضح معالمها رفع الحصار عن موسكو (كانون الثاني 1942) وعن ستالينغراد (كانون الثاني 1943) ونزول القوات الأميركية في شمال أفريقيا، ثم فتح جبهة إيطالية، بينما استعد الحلفاء للضربة القاضية بالنزول في نورماندي (شمال فرنسا) في 7 أي 1944 ثم حصار السوفيات لبرلين واقتحامهم (نيسان 1945) عند ذلك اعتزل هتلر في أول أيار 1945 وفي هذا

التاريخ أقدم على الانتحار. وكان قبل ذلك وفي اليوم نفسه أعلن زواجه من عشيقته أيفابراون، لأنه لما صمم على الانتحار أراد لهذه المرأة أن تنتحر معه وهي مسجلة رسمياً كزوجة شرعية له. وبعد اتمام مراسيم الزواج التي جرت على جناح السرعة وبدون شكليات في قبو المستشارية، وبعد أن كتب هتلر وصيته تجرع وإيفا السم ثم أطلق على نفسيهما النار. وفي اليوم التالي سقطت برلين بيد السوفيات. وفي السابع استسلمت ألمانيا.

أين دفن الفوهرر

لا تزال مسألة دفن جثة هتلر أو مكان دفنها، أو حرقها عصيةً على الباحثين والعلماء وفي آخر ما قيل حول هذا الموضوع أنه تم اكتشاف مقبرة في مدينة ماعزبرغ قد تحوي رفات الزعيم النازي أدولف هتلر وعشيقته إيفابراون ووزير دعايته جوزف غويلز ، وأن عمال البناء عثروا على مقبرة جماعية تحوي رفات 32 جثة غير معروفة الهوية، وكان العمال يقومون بعمليات حفر في موقع استخدامه، جهاز «أسميدش» لمكافحة التجسس التابع للقوات السوفياتية. وقيل أن تلك الهياكل قد تكون لهتلر ورفاقه المقربين.

وقال أحد الضباط في هذه الشبكة أنه بعد اكتشاف حثة هتلر وبراون وكلبيه خارج خندق برلين في نهاية الحرب العالمية الثانية نقلت سراً إلى ماعزبرغ. وأضاف أن تلك الخطوة أحيطت بالسرية خوفاً من أن يستغل أتباعه موقع دفنه لإحياء الحركة النازية. كما أن النهج الرسمي كان يؤكد في ذلك الوقت أن جثة هتلر أحرقت ونثر رمادها في الجو.

وقال مورخ روسي أن الجهاز السوفياتي السابق نقل إلى مدينة ماعزبرغ رفات هتلر ورفاقه الذين يرجح أنهم انتحروا في خندق القيادة النازية في برلين لاعتقاد المسؤولين أن الزعيم السوفياتي جوزف ستالين قد يطلب رؤيتها. إلا أن المؤرخ قال أنه تم التخلص نهائياً من رفات هتلر ورفاقة العام 1970.

أبقراط... أشهر الأطباء القدماء

أبقراط بن أقليدس بن أبقراط من بيت شريف ولد في سنة 46 ق.م. وهو أشهر أطباء الأقدمين، عاش خمساً وتسعين سنة، تعلم الطب من أبيه وجده وبرع فيه. رأى أن العلوم الطبية آخذة في الانقراض بانقراض أعلامها ونوابغها فرأى أن الذريعة لحفظها هو إذاعتها في سائر أرجاء العالم وتسهيل تناولها على الناس أجمعين لتصل إلى النفوس المستعدة للنبوغ فيها قائلاً:

«إن الجود بالخير يجب أن يكون على كل أحد يستحقه قريباً كان أو بعيداً».

ثم جمع نفراً من الغرباء وعلمهم الطب وعهد إليهم العهد الذي كتبه وأحلفهم بالأيمان المذكورة فيه على أن يراعوا حقوقه وأن لا يعلموه أحداً إلا بعد أخذ هذا العهد عليه. وكان تعليمهم بالمخاطبة ولم يكونوا يدونوها في الكتب وما احتاجوا إلى تدوينه في الكتب دونوه بلغز حتى لا يفهمه أحد سواهم فيفسر ذلك اللغز الأب للإبن. وكان الطب في مجال الملوك والزهاد فقط يقصدون به الخير إلى الناس من غير أجرة ولا شرط.

حكم أبقراط

يقول أبقراط: الطب قياس وتجربة. وقال: كل مرض معروف السبب موجود الشفاء. وقال إن الناس اعتنوا في حال الصحة بأغذية السباع فأمرضتهم. فغذيناهم بأغذية الطير فصحوا. وقال: نأكل لنعيش. لا نعيش لنأكل. وقال يتداوى كل عليل بعقاقير أرضه فإن الطبيعة تفزع إلى عاداتها. وقال محاربة الشهوة أيسر من معالجة العلة.

لقد عمد أبقراط في تدوينه للطب على ثلاثة مسالك: فسلك بعضها مسلك الألغاز وفي بعضها مسلك الإيجاز وفي بعضها مسلك البيان والتصريح. وقد علم عنه العرب نحواً من ثلاثين كتاباً منها (كتاب الأجنة) وكتاب طبيعة الإنسان وكتاب الأهوية والمياه والبلدان.

اموس الطب عند أبقراط

ينبغي لمن أراد تعلم الطب برأي أبقراط أن يكون ذا إرادة جيدة مؤاتية. وحرص شديدة ورغبة تامة. وأفضل ذلك كله الطبيعة لأنها إذا كانت مؤاتية فينبغي أن يقبل على التعلم ولا يضجر. لينطبع في فكره ويثمر ثماراً حسنة مثل ما يرى من نبات الأرض. أما الطبيعة فمثل التربة، وأما منفعة التعليم فمثل الزرع وأما تربية التعليم فمثل وقوع البذر في الأرض الجيدة.

كما أوصى أبقراط لمتعلم الطب أن يكون في جنسه حراً، وفي طبعه جيداً، حديث السن جيد الفهم الحديث، صحيح الرأي عند المشورة، عفيفاً شجاعاً مالكاً لنفسه عند الغضب، ولا يكون بليداً ، وينبغي أن يكون مشاركاً للعليل، مشفقاً عليه حافظاً للأسرار، وينبغي أن يكون محتملاً للشيمة، وينبغي أن تكون ثيابه بيضاء نقية لينة، ولا يكون في مشيه مستعجلاً لأن ذلك دليل على الطيش ولا متباطئاً لأنه يدل على فتور النفس.

أرسطو... أمير الفلاسفة

هو أشهر فلاسفة الأقدمين عند اليونان. دعاه الفلاسفة عن جدارة بأمير الفلاسفة وهو
يعتبر مع هذا أكبر عقل ظهر في السابقين. ولد في أسطاغيرا في مقدونيا سنة 384 ق.م. وتوفي سنة
(322) ق.م. تعاطى في بدايته صناعة الطب طلباً للعيش وألف فيه كتاباً سماه الصحة والمرض ثم
شخص إلى أثينا في عصر إزدهار الفلسفة وينعها. وكان شيخها إذ ذاك أفلاطون فالتحق به حوالي
عشرين سنة ثم اعتزله فجأة، فكان ذلك مسوغاً لأعدائه الطعن عليه والنيل منه، وزاد في مطاعنهم
أن فلسفته تباين فلسفة أستاذه من كل وجه وتنقضها حتى يخيل للناظر أن أرسطو تعمد نقض
فلسفة أستاذه لغرض في نفسه. ذلك أن فلسفة أفلاطون مبناها التصورات وسنادها الأفكار
والتأملات فهو فيلسوف عقلي خيالي بحت وأما فلسفة أرسطو فأساسها المشاهدات والمحسوسات
وقواعد التجارب والمقارنات فهو فيلسوف حسي صرف. فلا عجب بعد هذا إن ناقضت فلسفته
أستاذه في كل ضرب من ضروب المباحث.

المعلم الأول

يلقب أرسطو بالمعلم الأول لأنه أول من وضع التعاليم المنطقية وقد كان مثله فيه مثل أبي
الأسود الدؤلي في وضع علم النحو وقد وضعه موجزاً محملاً فشرحه المتأخرون وقوموه. أما كتبه في
الإلهيات والطبيعيات فكثيرة معروفة وقد تولاها كثير من تلاميذه بالشرح والتفصيل وأحسن من
شرحها منهم مذهباً (ثامسطيوس) الذي اعتمده الشيخ الرئيس علي بن سينا.

أرشميدس: أقدم المهندسين

هو أكبر علماء الهندسة في الأقدمين وواحد من الذين جعلتهم مكتشفاتهم العلمية من ذوي الذكر الخالد . ولد في سيراقوسه سنة 287 ق.م. وتوفي سنة 212 ق.م.

ومع قرابته للملك هيرون ملك تلك المدينة لم يل شيئاً من خطط الحكومة. قصد الإسكندرية وهو شاب ليتلقى العلم في جامعتها فالتحق بها ودرس فيها كل ما رآه نافعاً فلما رجع إلى بلاده أكب على التجارب والاكتشافات العلمية فاستخرج منها الكنوز الثمينة فهو أول من عيّن النسبة التقريبية بين القطر ومحيط الدائرة والنسبة بين الكرة والدائرة المرسومة عليها وخواص الأشكال الحلزونية إلخ...

وينسبون إليه اكتشاف البرغي (القلاووظ) الذي لا ينتهي والبرغي الأجوف الذي يصعد فيه الماء بثقله الخاص وهو الذي استعمله في تجفيف الأراضي التي كان طغى عليها النيل. وينسب إليه أيضاً إكتشاف العيار المخمس (وهي عدة كرات يتصل بعضها ببعض) والعجلات المسننة والكرة المتحركة ونظرية العتلة التي كان يعتقد في مقدار قوتها لدرجة أنه على ما قيل كان يزعم أنه يرفع بها الكرة الأرضية لو وجد ما يركزها عليه.

وجدتها... وجدتها.

وإليه ينسب أيضاً اكتشاف البكرة المتحركة وقانون الوزن النوعي في علم الطبيعة. وكان اكتشافه لهذا القانون الأخير بالاتفاق وذلك أن هيرون ملك سيراقوسة طلب إليه أن يتحقق من خلوص ذهب دفعاً لظن علق به من احتمل أن يكون الصائغ قد وضع فيه مقداراً من الفضة ولكنه اشترط على أرشميدس أن لا يحلل من التاج شيئاً. فأخذ رياضينا يفكر في المسألة حتى أعجزته فبينما هو في الحمام يوماً مغموساً في الماء، شاهد أنه لو رفع ساقه ارتفعت بسهولة كأنها فقدت من وزنها فأدرك في الحال هذا الناموس الطبيعي

هو أن كل جسم يغمس في الماء يعقد من وزنه بقدر ثقل الماء الذي يزيغه حجمه. فرأى أنه بهذه الوسيلة يستطيع أن يحسب مقدار ما في تاج الملك من الذهب والفضة بوزنه في الماء ثم وزن الماء الذي يزيغه ومقارنة ذلك بثقل الذهب الخالص والفضة. فلما أدرك ذلك حمله الطرب على أن خرج من الحمام عارياً هو ويصيح: أوريكا أوريكا» أي «وجدت وجدت».

اختراعات أرشميدس الدفاعية

لما هاجم الرومان سيراقوسه وطنه، كان أرشميدس أسرع قومه إلى الدفاع عن حوزته فتولى الزعامة واستطاع بعلمه أن يوقف هجمات الأسطول الروماني على جزيرته مدة ثلاث سنين. وقد حكى المؤرخون الأقدمون من الرومان أمثال بوليب وتيت ليف تفاصيل هذه المقدرة العلمية التي حمت بلده من أكبر أسطول في العالم مدة ليست بقصيرة فقالوا إنه اخترع للمقاومة عدة آلات لقذف المقذوفات على السفن وكلاكيب لتشبث فيها فترفعها ثم تلقيها فتغرف أو تصطدم بالصخور فتتحطم. وقيل إنه اكتشف أيضاً بواسطة المرايا وسائل لإحراق السفن عن بعد بواسطة الأشعة الشمسية. فحار مارسلوس القائد الروماني في أمره ولم يستطع أن يهاجم الجزيرة إلا في عزة من أرشميدس، فلما دهمها برجاله كان رجلها يشتغل بحل مسألة رياضية عويصة فأنفذ إليه مارسلوس جندياً ليحضره إليه.

فلما دخل عليه الجندي وجده مكبّاً على العمل فقال له: «قم معي»؛ فرجاه أن يرجئه حتى يحل المسألة فضربه بسيفه فقتله؛ فأسف مارسلوس على موته غاية الأسف وعامل أهله برعاية وإكرام وبنى له قبراً ووضع عليه ما أوصى بوضعه أرشميدس نفسه وهو كرة وأسطوانة.

إسحاق نيوتن (1642 ـ 1727)

واضع أسس الفيزياء الحديثة

إنه عالم الفيزياء والرياضيات الإنكليزي إسحاق نيوتن، من أعظم علماء عصره. قلبت نظرياته التفكير العلمي ووضعت أسس الفيزياء الحديثة. وكان كتابه «مبادىء رياضية» من أكثر الأعمال أهمية في تاريخ العلوم الحديثة.

اكتشف نيوتن قانون الجاذبية وطور ثلاثة قوانين عن الحركة والتي تستعمل حتى يومنا هذا. كان أول شخص استطاع أن يفرّق الضوء الأبيض إلى ألوان الطيف، وبحوثه في الألوان أدت إلى تصميمه لتلسكوب عاكس، كما كان نيوتن أحد الرواد في التفاضل والتكامل، وهو الفرع الجديد من فروع الرياضيات.

ولادته ودراسته

في الخامس والعشرين من كانون الأول عام 1642 ولد إسحاق نيوتن في قرية وولشورب في إنكلترا. والتحق بمدرسة في مدينة غرانتام المجاورة سنة 1652 وحصل على أسس جديدة في اللغة اللاتينية التي كانت مستعملة في الجامعات والنشرات العلمية آنذاك؛ كان يقيم مع صيدلي شجع اهتماماته الكيميائية.

عام 1656، قامت والدته بإبعاده عن المدرسة ليقوم بإدارة أملاك العائلة وكان عمره آنذاك 13 عاماً. ولم يبدِ اهتماماً في الزراعة مفضلاً صناعة الطواحين النموذجية والساعات المائية فأعادته والدته إلى المدرسة.

التحق بكلية ترينيتي Trinityعام 1661 في كامبريدج حيث درس أعمال الفيلسوف الفرنسي ديكارت والفلكي والرياضي الإيطالي غاليليو غاليلي والفيزيائي الألماني جوهانس كلبر (1571 ـ 1630).

نجاح التجارب الأولى

عام 1665، أغلقت جامعة كامبريدج بسبب الطاعون الذي كان ينتشر في انكلترا، استمر نيوتن في دراسته للرياضيات والفيزياء في منزله في لينكولينشير. كما قام بتجارب على خصائص الضوء ووضع أساس الفكرة القائلة بأن الضوء الأبيض يتألف من ألوان متعددة، كما أنه طور النظرية الرياضية المسمات بالتفاضل والتكامل لقياس الكميات التي تتغير باستمرار. عاد نيوتن إلى دروسه في كلية ترينتي في كامبريدج عام 1667. ثم أصبح بعد عامين أستاذاً جامعياً للرياضيات وعمره آنذاك 26 عاماً فألقى سلسلة من المحاضرات عن الضوء .

تلسكوب نيوتن

عام 1671، عرض تلسكوبه العاكس على الجمعية الملكية والجمعية العلمية البريطانية المؤسسة حديثاً آنذاك. اعتمد نيوتن في تصميم تلسكوبه في الأساس على التلسكوب المصمم من قبل الرياضي والفلكي الاسكوتلندي جيمس غريغوري ولقد استعمل مرايا لتعكس الضوء فتركز الصورة بدلاً من العدسات التي تكسر الضوء.

إن الانعكاس يؤدي إلى توليد صورة واضحة لأنه لا يفرق الضوء.

نيوتن ينشر أعماله

عام 1684 التقى الفلكي الانكليزي إدموند هالي Edmond Halley والذي شجع نيوتن على نشر أعماله. عام 1687، «مبادىء رياضية للفلسفة الطبيعية» يعرف أحياناً بعنوانه اللاتيني Principia Mathematica أي مبادىء رياضية حيث أعد للنشر من قبل هالي وفيه يصف أسس الحركة الكوكبية والقوانين الثلاثة للحركة وقانون الجاذبية الكونية.

نيوتن: من مجلس النواب إلى رئاسة الجمعية الملكية

عام 1689، إنتخب نيوتن عضواً في مجلس النواب (البرلمان) ممثلاً عن جامعة كامبريدج لكنه أصيب بانهيار عصبي عام 1693 أدى به إلى التشاجر مع علماء آخرين كالانكليزي روبرت هوك حول نظرياته عن الألوان والعالم الرياضي الألماني ليبنتنز حول من كان الأول في إيجاد التفاضل والتكامل.

عام 1696، وبعد انتقاله إلى لندن، أصبح مراقب دار الضرب (الهيئة الحكومية المسؤولة عن سك العملة) وفي ذلك الوقت توجهت اهتماماته نحو الدين وعلم اللاهوت. ثم تولى منصب مسؤول دار الضرب عام 1699. وأعيد انتخابه لعضوية مجلس النواب عام 1701.

انتخب نيوتن رئيساً للجمعية الملكية عام 1703 وكان في الستين من عمره، وهي المهمة التي بقي فيها حتى مماته.

عام 1704 نشر كتاب «البصريات» معتمداً على محاضرات سابقة وأعمال أخرى يتحدث فيه عن خواص الضوء.

نيوتن الفارس... ترجّل

عام 1705، جعلته آن (ملكة بريطانيا) فارساً حيث أصبح سير إسحاق نيوتن. وقد كان أول عالم يحظى بهذا الشرف.

توفي نيوتن في العشرين من آذار عام 1727 في الرابعة والثمانين من عمره. ودفن إلى جانب أبطال الأمة في دير وستمينستر في لندن .

ألبرت أينشتاين (1879 ـ 1955)

هو رياضي وفيزيائي ألماني جعلته أعماله من أشهر العلماء في التاريخ حيث أنّه قلّب كثيراً من المفاهيم المترسخة منذ وقت بعيد للفيزيائي الانكليزي إسحق نيوتن (1642 ـ 1727). وذلك عندما طرح نظريات جديدة اعتبرت ثورة ي مضمارها إذ بحثت في طبيعة الزمن والفضاء والطاقة والجاذبية.

أصبح أينشتاين مواطناً أميركياً عام 1940 ولقد عارض الحرب ولكن مما يدعو إلى السخرية بأنّ نظرياته استخدمت لإنتاج القنابل النووية والتي تعد من أكثر الأسلحة المدمرة للإنسانية.

أينشتاين الفوضوي

ولد أينشتاين في جنوب ألمانيا في الرابع عشر من آذار عام 1879 ولم يستطع النطق حتى الثالثة من عمره. انتقلت عائلته إلى ميونيخ عام 1880 ولقد كانت المدرسة بالنسبة إليه مملة.

وبسبب تصرفاته المثيرة للفوضى فصل عن المدرسة دون مؤهلات ثم انتقلت عائلته إلى ميلان في إيطالية عام 1894 بعد كارثة تجارية.

إينشتاين يبحث عن مواطنية أخرى

التحق بأكاديمية (فيدرال بوليتكنيك) في زيورخ بسويسرا عام 1896، حيث درس الرياضيات والفيزياء، وحمله النظام السياسي الألماني إلى الاستغناء عن جنسيته الألمانية.

في العام 1900، تخرج وأصبح مواطناً سويسرياً واستلم وظيفة في مكتب براءات الاختراع في برن، وفي العام 1903، تزوّج من ميلفا مريك التي التقاها في الكلية.

أينشتاني: الباحث والمفكر والأستاذ

عام 1905 نال أينشتاين شهادة الدكتوراه PHDمن جامعة زوريخ. وفي السادسة والعشرين من عمره نشر أربعة أبحاث كل منها يحوي اكتشافات عظيمة في الفيزياء: تساوي الكتلة والطاقة، نظرية حركة الجزئيات، نظرية الفوتون الضوئي، ونظريته التي عرفت بالنظرية النسبية الخاصة. لقد جمع أينشتاين هذه النظرية الأخيرة في الصيغة المشهورة حالياً والمبيّنة للعلاقة بين الكتلة والطاقة.

عام 1909 أصبح أستاذاً للفيزياء في جامعة زوريخ ليتولى بعد ذلك منصب مدير معهد (كايزر ويلهام) للفيزياء في برلين. وعندما نشبت الحرب العالمية الأولى عام 1914، سافرت عائلته وزوجته إلى سويسرا ولم يتمكنوا من العودة مما أدى إلى الطلاق في النهاية.عام 1916 نشر (أساس النظرية النسبية العامة) موسّعاً الآراء الموجودة في النظرية النسبية الخاصة. إن معادلاته فسّرت انحراف ضوء النجوم خلال كسوف الشمس (عندما تصبح وضعية القمر بين الأرض والشمس).

عام 1919، كسب تأييد وتهليل العالم عندما أعلن المجتمع الملكي في لندن بأن مراقبة كسوف الشمس الكامل من شواطىء أفريقيا أثبتت صحة نظرية إينشتاين. أما أعماله الأخرى فقد أثبتت من قبل متابعات الرياضية الألمانية إيمي نوذر (1882 ـ 1935). بعد ذلك تزوج أينشتاني من ابنة خالته إيلزا وهي أرملة من برلين. وقام برحلات واسعة لإلقاء المحاضرات واتخذ موقفاً مؤيداً للقضية الصهيونية مع أنه كان يهودياً غير متديّن.

أينشتاين: صاحب قضية وحامل جائزة نوبل

عام 1921 تجول في الولايات المتحدة ليجمع التبرعات من أجل صندوق تأسيس اسرائيل ثم تجوّل في الشرق الأوسط والشرق الأقصى وأميركا

الجنوبية. ولقد مُنح جائزة نوبل للفيزياء من أجل إيجاده قانون الكهروضوئية، ولعمله في مجال الفيزياء النظرية.

عام 1931، وكأستاذ زائر في جامعة أوكسفورد في إنكلترا، ساعد على تأليف جماعة ضغط تسعى من أجل السلام وتُدعى منظمة أينشتاين الدولية لمقاومة القتال.

أينشتاين يقدم البرهان لمجال نظريته

عام 1933 انتقل أينشتاين إلى الولايات المتحدة بعد أن استلمت النازية الحكم في ألمانيا بقيادة هتلر وتفرغ لتدريس الرياضيات بعد تسلمه وظيفة في معهد الدراسات المتقدمة في برينكتون. وكتب إلى الرئيس فرانكلين روزفلت ليقول له بأنه يجب على الولايات المتحدة تطوير القنبلة الذرية وكان ذلك عام 1939 بعد أن قلق من أن يقوم النازيون بتطوير هذه ا لقوة.

أصبح أينشتاين مواطناً أميركياً عام 1940 وبعد 5 سنوات ألقت الولايات المتحدة الأميركية أول قنبلة ذرية على اليابان مما أدى إلى تدمير مدينة هيروشيما. ويظهر أن أينشتاين قد تورط في الأعمال النظرية الألية للمشروع لكنه لم يعمل قط في مركز الأبحاث الأميركي (لوس آلاموس).

عام 1950 نشر مقالاً ضم برهاناً لمجال نظريته لكن هذا العمل لم يلقَ القبول الواسع في أوساط العلماء.

وفاته

توفي ألبرت أينشتاين في الثامن عشر من نيسان عام 1955 خلال نومه في منزله ببرنكتون عن عمر ناهز السادسة والسبعين وقد ترك وراءه قضية كان يسعى فيها لخدمة مبادىء الحق والعدالة.

بنازير بوتو (1953 ـ ...)

والدها رئيس الحكومة الباكستاني السابق ذو الفقار علي بوتو الذي درج على وصفها بـ «خليفتي من بعدي» وكان يصطحبها معه في المناسبات السياسية. لكنها مع ذلك لم تكتسب تلك الخبرة التي تمكنها من التعامل مع الأحداث كرئيسة وزراء. فكل خبرتها السياسية المفيدة جاءت من عملها شهراً كوزيرة للخارجية وسفرها مع والدها عام 1972 إلى الهند لحضور توقيع البلدين على اتفاقية فض خلافات حرب 1971 أبان تقسيم باكستان إلى شرقية وغربية.

وتعترف بنازير بضآلة خبرتها السياسية التي أدت إلى سقوطها عام 1990 بعد 20 شهراً فقط من الحكم، فهي لم تتعرف إلى موازين المجتمع الباكستاني وتعقيداته.

السيدة الحديدية الشرقية

في بداية ظهورها السياسي واجهت بنازير ثلاث مشاكل كان على رأسها الجناح اليساري في الحزب الذي يقوده أحد مؤسسيه التاريخيين، رشيد أحمد، فهذا الأخير الذي عارض زيارتها إلى أميركا عام 1984 ليغدو لاحقاً في أقصى اليمين واحداً من قادة «حزب الرابطة الإسلامية» بزعامة «نواز شريف». أما المشكلة الثانية فكانت الفدرالية التي دعا إليها عمها ممتاز بوتو وعبد الحفيظ بيرزادة إذ طالبا بتشكيل أتلاف بشتوني ـ بلوشي، الأمر الذي أغضب بنازير فطردتهما من الحزب وأما المشكلة الثالثة فتمثلت في الطموح الذي أبداه غلام مصطفى أكهر وغلام مصطفى جيتوئي وهما من قيادات الحزب التاريخيين، عندما حاولال تكوين مجموعة البنجاب بحجة أنه أكبر الأقاليم الباكستانية، فطردتهما أيضاً من الحزب وعينت جها لكليربدر زعيماً للحزب في البنجاب والذي حصد الهزيمة في الانتخابات الأخيرة.

في باكستان يدعونها «السيدة الحديدية الشرقية» فقد استطاعت الحفاظ على حزب الشعب ووحدته على رغم فقدانه معظم قادته التاريخيين، وأثبتت مقدرة قوية على جمع الشعب الباكستاني والحزب بالضرب على أوتار حساسة من خلال الشعار الثلاثي الذي كان ينادي به والدها وهو «روتي، كبرا، مكان» أي «المأكل والملبس والمسكن».

تجربتها السياسية

كلفها رفضها لاستفتاء في 19 كانون الأول 1984 من أجل تطبيق الشريعة الإسلامية والذي أجراه ضياء الحق الإقامة الجبرية لعدة أشهر غادرت بعدها البلاد لتعود مرة ثانية في آب 1985 حاملة جثة شقيقها نواز. وفي غضون ذلك كانت أسست في أوائل ذاك لعام «مركز استعادة الديمقراطية».

مقاطعة الانتخابات التي دعا إليها ضياء الحق على أساس غير حزبي في حركة التفاف ذكية منه لإبعادها عن السلطة.

وكان ضياء الحق يعد بانتخابات حزبية في مطلع 1990، لكن المنية عاجلته بحادث تحطم طائرة في 17 آب 1988. فراحت بنازير تعتمد سياسة للتصالح مع المواقع الفاعلة فعلى صعيد الجيش كانت تعرف أنه يكن لحزبها ولوالدها كل عداء حيث حرمه ذو الفقار كثيراً من امتيازاته التي استعادها له الجنرال ضياء الحق. وهكذا أحجمت عن أي تصريح يثير حفيظته كما كانت تفعل في السابق.

وصرحت خريف عام 1993 إن المشروع النووي لا بد من استمراره. بعد أن كانت تطالب أيام رئاستها في الحكومة عام 1988 ـ 1990 بطرحه أمام التفتيش الدولي. وهذا أمر حيوي لا يقبل الجيش بالمساومة عليه. كذلك رفضت قبول نصائح أمها بإعادة شقيقها مرتضى (الذي كان منفياً خارج البلاد) أيام رئاستها للحكومة. ثم رفضت التعاون معه في الانتخابات حتى لا تثير الجيش عليها. وتصالحت مع الفرقة التجارية الرأسمالية بزواجها من

التاجر المعروف آصف زرداري الذي فتح لها باب التعامل مع الطبقة التجارية المتنفذة في البلد. وأبقت في الوقت نفسه حبل الود مع الفقراء والمعدمين والمعوقين الذين أثرت عليهم كثيراً في خطاباتها واجتماعاتها بشخصيتها الكاريزمية.

والنتيجة...

مع ذلك فإن بنازير بوتو واجهت في الانتخابات الأخيرة مأزقاً حقيقياً تمثل في تنامي شعبية نواز شريف زعيم «حزب الرابطة» فقد كانت تعتقد أنه حزب شاخ واهترأ ولم يعد يستطيع منافسة حزبها. لكن نسبة الأصوات التي حصل عليها شريف في هذه الانتخابات (1993) فاقت نسبة أصواتها على رغم أن شريف ظهر حديثاً على المسرح السياسي.

يبقى أن بنازير التي درست في جامعتي هارفرد الأميركية واكسفورد البريطانية مسلَّم لها بأنها تعرف العالم الخارجي أكثر من خصومها وأنها أنجح منهم في المفاوضات الدولية.

تشارلز داروين (1809 ـ 1882)

هو عالم الطبيعة الإنكليزي تشارلز داروين الذي اشتهر بطرحه لنظرية النشوء بالارتقاء الطبيعي التي نشرت في كتاب «أصل الأنواع» وطرحت مناقشات حول فكرة أن أفراد نسل معين يتكيفون في بيئتهم على أحسن وجه وهم الذين يبقون على قيد الحياة بأعداد كبيرة ويتكاثرون من جديد على أنجح وجه. هذا النسل ومن جيل إلى آخر بمجموعة يتطور ويرتقي ويتكيف مع طرق معيشته بصورة أفضل.

وتتلخص نظرية داروين أحياناً بالجملة التالية «البقاء للأسلم» كما قدم داروين فكرة تطور الإنسان من القرد. لقد تباطأ داروين في نشر أفكاره هذه لأنها كانت تتعارض مع التعاليم الدينية السائدة آنذاك.

ولادته

ولد تشارلز داروين في الثانية عشر من شباط عام 1809 في شروزبيري بإنكلترا. كان جده الطبيب الشاعر والمخترع إيراسموس داروين ووالدته ابنة جوسيا الخزاف المشهور الذي كان متفوقاً في صنع الأواني الفخارية. توفيت والدته عام 1817 وتركت له ميراثاً يضمن له تعليماً جيداً.

دراسته

التحق داروين عام 1818 بمدرسة شروزبيري ولكنه لم يُظهر ميلاً أو اهتماماً لمستقبله الأكاديمي. عام 1825 م وبعد تخرجه من المدرسة، أرسل إلى جامعة أدنبرغ ليدرس علم الطب وكان في السادسة عشرة من عمره. لكنه كان يفضل أن يقضي وقته وهو يجمع عينات من الشواطىء والإبحار مع صيادي السمك. كما التقى بأحد أعضاء رحلة استكشافية بحرية لأميركا الجنوبية.

فشل داروين في دراسته الطبية فأرسل عام 1827 إلى كلية كرست في جامعة كمبريدج بإنكلترا ليدرس من أجل ترسيمه كاهناً.

عام 1831، دُعي ليبحر على متن السفينة الملكية بيجل (H.M.S Beagle) وهي سفينة بحرية تسافر إلى جنوب أميركا وكان داروين يأمل أن يكون عالم طبيعة يبحث في النباتات والحيوانات الجديدة. كما أن المشروع يضم مهمة لرسم خريطة لبيرو وتشيلي وبعض جزر المحيط الهادىء المنفصلة وقد أبحرت بيجل في السابع والعشرين من كانون الأول (العام نفسه).

عاد إلى انكلترا عام 1836 في الثاني من تشرين الأول وأبدى ملاحظات واسعة ومتعددة حول النباتات والحيوانات التي رآها.

عام 1838، قرأ كتاب عالم الاقتصاد الانكليزي توماس مالثوس (مقال حول أساس السكان) الذي جعله يبدأ بالتفكير حول مقدرة الحيوانات للحفاظ على عدد أفرادها بمقدار ثابت. إن تدويناته تدل بأنه يعتقد بأن نسبة الموت العالية في عالم الحيوان يفرض اختيار أسلم الوالدين.

نظرياته ومعارضة الكنيسة له

عام 1839، نشرت «مجلة البحوث الجيولوجية والتأريخ الطبيعي لبلدان مختلفة زارتها السفينة الملكية بيجل (1832 1836) نظريات لداروين يشرح فيها ما لاحظه. وبعد فترة تزوج داروين من ابنة خاله إيما ويدجوود.

عام 1840 ـ 1843 نشر كتاب «حيوانات رحلة السفينة بيجل» فذكر فيه جميع الحيوانات التي جمعها أو شاهدها أثناء الرحلة. لقد لاحظ داروين بأن الذريات المختلفة في القارات المختلفة لها صفات متشابهة مثل النعامة الأفريقية وطائر الريّة في جنوب أميركا هذا ما قاده إلى التفكير بأن الذريات المختلفة تطورت في أجداد مشتركة وعندئذٍ وضع داروين النقاط الأساسية لنظريته عن التطور لكنه شعر أن وقت نشرها لم يحن بعد.

عام 1856 شرع داروين في كتابه «أصل الأنواع عبر الارتقاء الطبيعي» والذي كان من أعظم أعماله. وقد طوّر آراءه عن التطور والارتقاء الطبيعي

بالاعتماد على مناقشات دارت بينه وبين علماء آخرين ومنهم العالم الأحيائي الانكليزي توماس هكسلي.

عام 1858 تلقى داروين رسالةً من عالم الطبيعة البريطاني ألفريد راسل والاس (1823 ـ 1913) الذي كان يعمل في ماليزيا يوضح فيها بأنه طوّر النظرية نفسها. وكان لداروين صديقان حميمان هما العاملين البريطانيين تشارلزليل (1797 ـ 1875) وجوزيف هوكر (1817 ـ 1911) فأقنعاه بنشر أبحاثه مع والاس. وفي الأول من حزيران نُشرت مقالة مشتركة لداروين ووالاس قرأت على (المجمع اللينايين Linnaean Saciey) في لندن.

عام 1859 نشر كتابه «في أصل الأنواع عبر الارتقاء الطبيعي) والذي بسطت فيه جميع آراء داروين ليعرض بالنتيجة نظريته عن التطور. وهو حينذاك في الخمسين من عمره.

أغضب عمله الكنيسة الرسمية لأن نظرياته تعارض ما ذكر في الكتاب المقدس عن الخلق وكان ذلك في عام 1860. لكن هكسلي دافع علناً عن آراء داروين ليقضي على حجج معارضهم الرئيسي الأسقف صاموئيل ويلبر فورس (1805 ـ 1873) وهو أسقف أوكسفورد آنذاك.

عام 1871 نشر كتاب «أصل الإنسان، والارتقاء حسب الجنس» وهو كتاب يبحث في نشوء الإنسان ويضم مبادىء أخلاقية.

مرضه ووفاته

عام 1873، وبعد سنين من الاعتلال الصحي، تعرض إلى أوّل نوبة قلبية له. ولقد شُخّص مرضه فيما بعد وعُرف بأنه نتيجة للسع حشرة تعرّض لها في جنوب أميركا.

وعام 1882، تعرض داروين لنوبة قلبية ثانية توفي على أثرها. وكانت وفاة داروين في السابع والعشرين من تموز وهو في الثالثة والسبعين من عمره في قرية دَوْن بكنت ولقد دفن في دير ويستمنستر (Westminster)في لندن.

توماس أديسون (1847 ـ 1931)

هو المخترع الأميركي توماس أديسون، أكثر المخترعين إنتاجاً على الاطلاق حيث سجّل خلال حياته وحصل على أكثر من 1093 براءة اختراع. ومن ضمن اختراعاته المصباح المتوهج الكهربائي وهو شبيه بالمصباح الضوئي العادي المستعمل في يومنا هذا وكذلك آلة عرض الصور المتحركة والفونوغراف أو الحاكي كما أنه أسس أول مختبر للبحوث الصناعية.

ولادته وطفولته

ولد توماس أديسون في الحادي عشر من شباط عام 1847. في ميلان في ولاية أوهايو. التحق بالمدرسة عام 1854 عندما انتقلت عائلته إلى بورن هورن في ولاية ميتشغان ولكن بعد مرور ثلاثة أشهر قرر معلمه أن أديسون غير قادر على التعلم وأنه ليس هناك من فائدة مرجوة للاستمرار في إرساله إلى المدرسة. وذلك بسبب إصابته بالصم في الأذن الوسطى. فما كان على والدته إلا أن تولت أمر تعليمه في البيت باذلةً من أجل ذلك الجهد الكبير.

التجارب الأولى:

بدأ أديسون بعمل تجارب كيميائية في منزله عام 1857، مولّداً تياراً كهربائياً وصنع تلغرافاً بسيطاً لإرسال الرسائل الكهربائية عبر الأسلاك.

عمله

عام 1859 عمل أديسون كبائع للمرطبات على ظهر القطار الذي يربط بين مدينتي بورت هورن وديترويت. وكان عمره يناهز الثانية عشرة، واللافت أنه كان قد أقام مختبراً في عربة الأمتعة ليعمل فيه فيما بين الرحلات.

ثم عمل كعامل للتلغراف طيلة خمس سنوات (1863 ـ 1868) وأحياناً كان يعمل خلف خطوط القتال أثناء الحرب الأهلية الأميركية. وكان يحاول في أوقات فراغه أن يجد أو يطوّر تقنيات تلغرافية أسرع.

وفي العام 1868، تسلّم وظيفة عامل ليلي في شركة التلغراف المتحدة الكائنة في بوسطن. وبعد أن قرأ أديسون كتاب «الكهربائية» الذي كتبه الفيزيائي البريطاني مايكل فاراداي. قام بتنفيذ جميع التجارب التي وصفها فاراداي. ثم أصبح عمله أكثر انتظاماً ثم تخلى عن عمله تدريجياً حتى يتسنّى له التفرّغ لاختراعاته.

أديسون... الحل!

ذات يوم، واجه المركز الأميركي للمعاملات المالية العالمية المعروف بـ«وول ستريت»، أزمة صعبة بسبب تعطل جهاز التلغراف التابع لها. فما الوسيلة إلى إصلاحه؟

لما كان أديسون يسكن الطابق الأرضي المجاور لهذا المركز، تمَّ استدعاؤه فأصلح الجهاز المعني بشكل جيد مما أدى إلى تعيينه مراقباً. فابتكر آلة لشريط التلغراف الكاتب وحصل على براءة اختراع من أجل الشكل المحسن لتغراف المورس.

وعندما بلغ الحادية والعشرين من العمر أسس أديسون معملاً في تيوارك في نيوجرسي كما أنه عمل لحساب شركة التلغراف المتحدة الغربية وشركات تلغراف أخرى.

زواجه

عام 1871 تزوج أديسون من ماري ستلويل وبعد مضي بضع سنوات أصبح له ولدان وبنت.

إنجازاته ونجاحاته

أسس أديسون مختبراً جديداً في مينلو بارك عام 1876 حيث استطاع أن يكرّس وقتاً كاملاً لبحوثه. وعزم على اختراع شيء ما كل عشرة أيام على الأقل بعد أن جهّز المختبر بأحسن الأجهزة العلمية المتوفرة آنذاك. وقد حصل على براءات اختراع لأكثر من 400 اختراع في السنة الواحدة. وقد فاز الكسندر

غراهام بيل العالم والمخترع الاسكتلندي (1847 ـ 1922) في المسابقة لتطوير الهاتف ولكن أديسون استُدعي فيما بعد لتحسين الجهاز.

عام 1877 أصبح مشهوراً على نطاق عالمي لاختراعه الفونوغراف أو الحاكي وهو عبارة عن جهاز تسجيل بدائي تستخدم فيه اسطوانات شمعية لتسجيل الأصوات ومن ثم استرجاعها كأصوات. ثم انتقل إلى نيوجرسي في العام 1887 وصنع هناك آلات نسخ وبطاريات وجهاز الدكتافون، وآلات تصوير للأفلام السينمائية وأجهزة أخرى. لكن مجازفته في فصل خامات الحديد بواسطة المغناطيس كانت غير ناجحة فأدت به إلى فقدانه لثروته كاملة والتي كانت تبلغ 4 ملايين دولاراً.

عام 1892، استحوذت شركة جنرال إلكتريك على شركة أديسون جنرال الكتريك التي تصنّع مصابيح أديسون الضوئية. وعمل أديسون خلال الحرب العالمية الأولى (1914 ـ 1918) في ابتكار الطوربيد وهي قذائف لنسف السفن وأجهزة مضادة للغواصات.

عام 1920، أثمرت ضغوط أديسون على حكومة الولايات المتحدة فتم تأسيس مختبر للبحوث البحرية.

وفاته

توفي أديسون من 18 تشرين الأول من العام 1931 في ويست أورانج نيوجرسي عن عمر ناهز 84 عاماً.

سقراط

ولد سقراط سنة 469 ق.م. وتوفي سنة 396 ق.م.

وكان من كبار فلاسفة اليونان نبغ في القرن الخامس قبل الميلاد في عصر كثرت فيه ضوضاء السفسطائية وهم طائفة من الفلاسفة زعموا أن الموجودات خيالات لا حقيقة لها واستخدموا أسلحة الجدل في التغرير وأعدائهم والتضليل حتى خلعوا بعض الناس عن عقائدهم فكان سقراط ألد أعدائهم أصلاهم من فلسفته العالية حرباً ذاقوا آلامها سنين كثيرة حتى توصلوا إلى الوقيعة به لدى الحكومة اليونانية مدعين أنه أهان الآلهة وجحدها. فزجته الحكومة في السجن ثم حكمت عليه بالقتل.

كان سقراط من تلاميذ فيثاغورس اقتصر من الفلسفة على العلوم الألهية وكف عن ملاذ الدنيا وأعلن مخالفته اليونانيين في عبادتهم الأصنام وقابل رؤساءهم بالحجاج والأدلة فأثاروا العامة عليه ثم قتلوه.

ولسقراط وصايا شريفة وآداب فاضلة وحكم مشهورة ومذاهب في الصفات قريبة من مذاهب فيثاغورس وبندقليس إلا أن له في شأن المعاد آراء ضعيفة بعيدة عن محض الفلسفة خارجة عن المذاهب المحققة.

ومعنى سقراطيس باليونانية المعتصم بالعدل. وهو ابن سفرونسفس، ومنشأه ومنبته بأثينية. وخلف من الولد ثلاثة ذكور ولما ألزم التزويج على عادتهم الجارية في إلزام الأفاضل بالتزويج ليبقى نسلهم بينهم طلب تزويج المرأة السفيهة التي لم يكن في بلده أسلط منها لساناً ليعتاد جهلها والصبر على سوء خلقها ليقدر أن يحتمل جهل العامة والخاصة. وبلغ من تعظيمه الحكمة مبلغاً أضر بمن بعده من محبي الحكمة لأن من رأيه أن لا تستودع الحكمة الصحف والقراطيس تنزيهاً لها عن ذلك. ويقول أن الحكمة طاهرة مقدسة غير فاسدة ولا دنسة فلا ينبغي لنا أن نستودعها إلا الأنفس الحية وننزهها عن الجلود الميتة ونصونها عن القلوب المتمردة ولم يصنف كتاباً ولا أملى على أحد

من تلاميذه ما أثبته في قرطاس وإنما كان يلقنهم علمه تلقيناً لا غير. وتعلم ذلك من أستاذه طيماطاوس فإنه قال في صباه لم لا تدعني أدون ما أسمع منك من الحكمة فقال له ما أوثقك بجلود البهائم الميتة وأزهدك في الخواطر الحية. هب أن إنساناً لقيك في طريق فسألك عن شيء من العلم هل كان يحسن أن تحيله على الرجوع إلى منزلك والنظر في كتبك وإن كان لا يحسن، فالزم الحفظ فلزمه سقراط.

سقراط وأستاذه

كان سقراط زاهداً في الدنيا، قليل المبالاة فيها، وكان من رسوم ملوك اليونانيين إذا حاربوا أخرجوا حكماءهم معهم في أسفارهم، فأخرج الملك سقراط معه في سفر خرج فيها لبعض مهماته، فكان سقراط يأوي في عسكر ذلك الملك إلى زير مكسور يسكن فيه من البرد وإذا طلعت الشمس خرج منه فجلس يستدفىء بالشمس ولأجل ذلك سمي سقراط الحب. فمر به الملك يوماً وهو على ذلك الزير فوقف عليه وقال مالنا لا نراك يا سقراط وما يمنعك من المسير إلينا. فقال الشغل أيها الملك. فقال بماذا؟ قال بما يقيم الحياة.

قال فسر إلينا فإن لك عندنا معاداً أبداً، قال لو علمت أيها الملك أن أجد ذلك عندك لم أدعه. قال بلغني أنك تقول عبادة الأصنام ضارة قال لم أقل هكذا. قال فكيف قلت. قال إنما قلت أن عبادة الأصنام نافعة للملك ضارة لسقراط، لأن الملك يصلح بها رعيته ويستخرج بها خراجه، وسقراط يعلم أنها لا تضره ولا تنفعه إذ كان مقراً بأن له خالقاً يرزقه ويجزيه بما قدم من سيء أو حسن. قال فهل لك من حاجة قال نعم تصرف عنان دابتك عني فقد سترتني جيوشك من ضوء الشمس. فدعا الملك بكسوه فاخرة من ديباج وغيره وبجواهر ودنانير كثيرة ليجيزه بذلك. فقال سقراط أيها الملك وعدت بما يقيم الحياة وبذلت ما يقيم الموت، ليس لسقراط حاجة إلى حجارة الأرض وهشيم النبت ولعاب الدود، والذي يحتاج إليه سقراط هو معه حيث توجه.

وكان سقراط يرمز في كلامه مثل ما كان يفعل فيثاغورس، فمن كلامه المرموز قوله: عندما فتشت عن علة الحياة الفيت الموت، وعندما وجدت الموت عرفت حينئذ كيف ينبغي لي أن أعيش. أي أن الذي يريد أن يحيا حياة الهية ينبغي أن يميت نفسه من جميع الأفعال الحسية على قدر القوة التي منحها فإنه حينئذ يتهيأ له أن يعيش حياة الحق.

وقال: تكلم بالليل حيث لا يكون أعشاش الخفافيش. أي ينبغي أن يكون كلامك عند خلوتك لنفسك وأن تجمع فكرك وامنع نفسك أن تطلع في شيء من أمور الهيولانيات.

وقال: أسدد الخمس الكوى ليضيء مسكن العلة. أي أغمض حواسك الخمس عن الجولان فيما لا يجدي لتضيء نفسك.

وقال: املأ الوعاء طيباً. أي أوع عقلك بياناً وفهماً وحكمة.

وقال: أفرغ الحوض المثلث من القلال الفارغة. أي انفض من قلبك جميع الآلام العارضة في الثلاثة الأجناس من قوى النفس التي هي أصول جميع الشر.

وقال: لا تأكل الذنب. أي احذر الخطيئة. وقال لا تتجاوز الميزان أي لا تتجاوز الحق.

وقال: وعند الممات لا تكن نملة. أي في وقت إماتتك لنفسك لا تقتني ذخائر الحس. وقال: ينبغي أن تعلم أنه في زمان من الأزمنة يفقد فيه زمان الربيع. أي لا مانع لك في زمان من اكتساب الفضائل.

وقال: افحص عن ثلاثة سبل فإذا لم تجدها فارض أن تنام نومة المستغرق. أي افحص عن علم الأجسام وعلم ما لا جسم له فهو موجود مع الأجسام. وما اعتاض منها عليك فارض بالإمساك عنه. وقال: ليس التسعة بأكمل من واحد، أي العشرة هي عقد من العدد وهي أكثر من تسعة، وإنما

تكمل التسعة لتكون عشرة بالواحد، وكذلك الفضائل التسع تتم وتكمل بخوف الله عز وجل ومحبته ومراقبته.

وقال: إقتن الاثني عشر يعني بالاثني عشر عضواً التي بها يكتسب البر والإثم، وهي العينان والأذنان والمنخران واللسان واليدان والرجلان والفرج. وقال ازرع بالأسود واحصد بالأبيض أي ازرع بالبكاء واحصد بالسرور. وقال: لا تحملن الاكليل وتهتكه، أي الزم السنن الجميلة لا ترفضها لأنها تحوط جميع الأمم كخياطة الإكليل للرأس.

سبب نكبة سقراط

لما سأله أهل زمانه عن عبادة الأصنام صدهم عنها، ونهى الناس عن عبادتها وأمرهم بعبادة الله وحده وحض الناس على البر وفعل الخيرات وأمرهم بالمعروف ونهاهم عن المنكر. فلما شعر رؤساء الدين وكهنته أن في تعاليمه خطراً على وظائفهم شهدوا عليه بوجوب القتل، وكان الموجبون عليه القتل باثينية الأحد عشر. فأعطوه السم على عادتهم.

وقيل إن الملك ساءه حكم القضاء عليه بالقتل، ولكنه لم يستطع مخالفتهم فأحضره وقال له اختر نوع القتلة التي تريد، فقال له اختار السم فأجابه لما طلب.

يروى أن قتل سقراط تأخر بعد الحكم عليه شهوراً وكان السبب في ذلك أن السفينة التي كان يبعث بها في كل سنة إلى هيكل أبولون حدث لها ما قطعها عن مواصلة السفر شهوراً وكان من عادة اليونانيين أن لا يراق لأحد دم حتى ترجع السفينة من الهيكل إلى أثينية. فكان أصحاب سقراط يزورونه في الحبس طول تلك المدة. فدخلوا عليه يوماً فقال أقريطون منهم أن السفينة ستصل غداً أو بعد غد وقد اجتهدنا أن ندفع عنك مالاً إلى هؤلاء القوم ويخرجك سراً فتصير إلى رومية فتقيم بها حيث لا سبيل لهم عليك. فقال له سقراط قد تعلم أنه لا يبلغ ملكي أربعمائة درهم فقال له أقريطون لم أقل لك

هذا القول على أنك تغرم شيئاً لأنا نعلم أن ليس في وسعك ما سأل القوم ولكن في أموالنا سعة لذلك وأضعافه وأنفسنا طيبة بأدائه لنجاتك ولن نفجع بك.

فقال له سقراط يا أقريطون هذا البلد الذي فعل بي ما فعل هو بلدي وبلد جنسي وقد نالني فيه من حبسي ما رأيت وأوجب علي فيه القتل ولم يوجب ذلك عليّ لأمر استحققته بل لمخالفتي الجمهور وطعني على الأفعال الجائرة وأهلها من كفرهم بالباريء سبحانه وعبادتهم الأوثان من دونه. والحال التي أوجب علي بها عند القتل هي معي حيث توجهت وأني لا أدع نصرة الحق والطعن على الباطل والمبطلين حيث كنت وأهل رومية أبعد مني رحماً من أهل مدينتي فهذا الأمر إذا كان باعثه على الحق ونصرة الحق حيث توجهت فغير مأمون علي هناك مثل الذي أنا فيه.

الحكمة أيضاً قبل الموت

فقال له أقريطون فتذكر ولدك وعيالك وما تخاف عليهم من الضياع فقال له الذي يلحقهم برومية مثل ذلك، إلا أنكم ههنا فهم أحرى أن لا يضيعوا معكم.

ولما كان اليوم الثالث بكر تلاميذه إليه على العادة وجاء قيم السجن ففتح الباب وجاء القضاة الأحد عشر فدخلوا إليه وأقاموا ملياً ثم خرجوا من عنده وقد أزالوا الحديد عن رجليه وخرج السجان إلى تلاميذه فأدخل بهم فسلموا عليه وجلسوا عنده فنزل سقراط عن السرير وقعد على الأرض ثم كشف عن ساقيه فمسحهما وحكهما، وقال ما أعجب فعل السياسة الإلهية حيث قرنت الأضداد بعضها ببعض فإنه لا يكاد أن تكون لذة إلا يتبعها ألم ولا ألم ألا يتبعه لذة. وصار هذا القول سبباً لتجاذب أطراف الكلام فيما بينه وبين تلاميذه.

فسأله سيمياس وفيدون عن شيء من الأفعال النفسية، فأفاض بالقول المتقن المستعصي وهو على ما كان يعهد عليه في حال سروره وبهجته ومزحه في بعض المواضع. والجماعة يتعجبون من صرامته واستهانته بالموت. ولم ينكل عن تقصي الحق في موضعه. ولم يترك شيئاً من أخلاقه وأحوال نفسه التي كان عليها في زمان أمنه من الموت. وهم من الكمد والحزن لفراقه على حال مولمة.

فقال له سيمياس أن في التقصي في السؤال عليك في هذه الحال لثقلا علينا شديداً وقبحاً في العشرة وإن الإمساك عن التقصي في البحث لحسرة غداً عظيمة مع ما نعدمه في الأرض من وجود الفاتح لما نريد.

فقال سقراط يا سيمياس لا تدعن التقصي لشيء أردته. فإن تقصيك لذلك هو الذي أسر به. وليس بين هذه الحال عندي وبين الحال الأخرى فرق في الحرص على تقصي الحق، فإنا وإن كنا نعدم أصحاباً ورفقاء أشرافاً محمودين فاضلين، فإنا أيضاً إذ كنا معتقدين ومتيقنين للأقاويل التي لم تزل تسمع منا فإنا أيضاً نصير إلى أخوان فاضلين أشراف محمودين، منهم أسلاوس وإبارس وأرقيلس وجميع من سلف من ذوي الفضائل النفسانية. ولما فرغ من ذلك قال: أما الآن فأظنه قد حضر الوقت الذي ينبغي لنا أن نستحم فيه ونصلي ما أمكننا ولا نكلف أحداً احمام الموتى فإن الأرماماتي قد دعانا ونحن ماضون إلى زاوس، وأما أنتم فتنصرفون إلى أهاليكم. ثم نهض فدخل بيتاً واستحم فيه وصلى وأطال اللبث والقوم يتذاكرون عظم المصيبة بما نزل به وبهم من فقده.

ثم خرج سقراط فدعا بولده ونسائه وكان له ابن كبير وابنان صغيران فودعهم ووصاهم وصرفهم.

فقال له أقريطون فما الذي تأمرنا أن نفعله في أهلك وولدك وغير ذلك من أمرك؟ قال لست آمركم بشيء جديد، بل هو الذي لم أزل آمركم به

قديماً من الاجتهاد في إصلاح أنفسكم. فإنكم إذا فعلتم ذلك فقد سررتموني وسررتم كل من هو مني بسبيل. ثم سكت ملياً وسكتت الجماعة.

الموت بالسم

وأقبل خادم الأحد عشر قاضياً فقال له يا سقراط إنك جريء مع ما أراه منك، وإنك لتعلم أني لست علة موتك وإن علة موتك، القضاة الأحد عشر، وأنا مأمور بذلك مضطر إليه، وإنك أفضل من جميع من صار إلى هذا الموضع، فاشرب الدواء بطيبة نفس واصبر على الاضطرار اللازم ثم ذرقت عيناه وانصرف.

فقال سقراط نفعل ولست أنت بملوم ثم سكت هنيهة والتفت إلى أقريطون وقال مر الرجل أن يأتيني بشربة موتي. فقال للغلام ادع الرجل فدعاه فدخل ومعه الشربة فتناولها منه فشربها فلما رأوه قد شربها غلبهم من البكاء والأسف ما لم يملكوا معه أنفسهم، فعلت أصواتهم بالبكاء فأقبل عليهم سقراط يلومهم ويعظهم. وقال إنما صرفنا النساء لئلا يكون منهن مثل هذا. فأمسكوا استحياء منه قصداً للطاعة له على مضض شديد منهم في فقد مثله. وأخذ سقراط في المشي والتردد هنيهة ثم قال للخادم قد ثقلت رجلاي عليّ. فقال له استلق فاستلقى وجعل الغلام يجس قدميه ويغمزهما ويقول له هل تحس غمزي لهما فقال ثم غمزها غمزاً شديداً، فقال له هل تحس فقال لا. ثم غمز ساقيه وجعل يسأله ساعة بعد ساعة وهو يقول لا وأخذ يجمد أولاً فأولاً ويشتد البرد حتى انتهى ذلك إلى حقويه فقال الخادم لنا إذا انتهى البرد إلى قلبه مضى.

فقال له أقريطون يا إمام الحكمة ما أرى عقولنا لا تبعد عن عقلك فاعهد لنا فقال عليكم بما أمرتكم به أولاً ثم مد يده إلى يدي أقريطون فوضعها على خده فقال له مرني بما تحب فلم يجبه بشيء ثم شخص ببصره وقال أسلمت نفسي إلى قابض انفس الحكماء ومات.

فأغمض أقريطون عينيه وشد لحييه ولم يكن أفلاطون حاضراً معهم لأنه كان مريضاً. قيل أن سقراط مات عن اثني عشر ألف تمليذ.

قال المبشر بن فاتك في كتاب أخبار الحكماء.

كان سقراط رجلاً أبيض أشقر أزرق جيد العظام قبيح الوجه ضيق ما بين المنكبين بطيء الحركة سريع الجواب شعث اللحية غير طويل. إذ سئل أطرق حيناً ثم يجيب بألفاظ مقنعة. كثير التوحد قليل الأكل والشرب شديد التعبد يكثر ذكر الموت، قليل الأسفار مجيداً رياضة بدنه خسيس الملبس مهيباً حسن المنطق لا يوجد فيه خلل مات وله مائة سنة وبضع سنين وقيل نحواً من سبعين.

من حِكَمْ سقراط

عجباً لمن عرف فناء الدنيا كيف تلهيه عما ليس له فناء.

وقال: النفوس أشكال فما تشاكل منها اتفق وما تضا د منها اختلف.

وقال: اتفاق النفوس باتفاق هممها واختلافها باختلاف مرادها.

وقال: النفس جامعة لكل شيء فمن عرف نفسه عرف كل شيء ومن جهل نفسه جهل كل شيء.

وقال من بخل على نفسه فهو على غيره أبخل ومن جاد على نفسه فذلك المرجو جوده.

وقال ما ضاع من عرف نفسه، وما أضيع من جهل نفسه.

وقال النفس الخيرة مجتزئة بالقليل من الأدب والنفس الشريرة لا ينفع فيها كثير من الأدب لسوء مغرسها.

وقال لو سكت من لا يعلم لسقط الاختلاف.

وقال ستة لا تفارقهم الكآبة الحقود والحسود وحديث عهد بغنى وغني يخاف الفقر وطالب رتبة يقصر قدره عنها وجليس أهل الأدب وليس منهم.

وقال من ملك سره خفي على الناس أمره.

وقال: خير من الخير من عمل به وشر من الشر من عمل به.

قال العقول مواهب والعلوم مكاسب.

وقال اتقوا من تبغضه قلوبكم.

وقال الدنيا سجن لمن زهد فيها وجنة لمن أحبها.

وقال: من اهتم بالدنيا ضيع نفسه، ومن اهتم بنفسه زهد في الدنيا.

وقال طالب الدنيا إن نال ما أمل تركه لغيره، وإن لم ينل ما أمله مات بغصّته.

وقيل لسقراط ما رأيناك قط مغموماً. فقال لأنه ليس لي شيء متى ضاع مني وعدمته اغتممت عليه.

وقال أثن على ذي المودة خيراً عند من لقيت فإن رأس المودة حسن الثناء كما أن رأس العداوة سوء الثناء.

وقال إذا وليت أمراً فأبعد عنك الأشرار فإن جميع عيوبهم منسوبة إليك.

وقال خير الأمور أوسطها.

وقال أن أهل الدنيا كصور في صحيفة كلما نشر بعضها طوى بعضها.

وقال الصبر يعين على كل عمل.

وقال لا يكون الحكيم حكيماً حتى يغلب شهوات الجسم.

وقال كن مع والديك كما تحب أن يكون بنوك معك.

وقال ينبغي للعاقل أن يخاطب الجاهل مخاطبة الطبيب للمريض.

وقال طالب الدنيا قصير العمر كثير الفكر.

وقيل له ما أقرب شيء فقال الأجل فقيل له فما أبعد شيء فقال الأمل. وقيل له فما آنس شيء فقال الصاحب المواتي. فقيل له فما أوحش شيء فقال الموت.

وقال من كان شريراً فالموت سبب راحة العالم من شره.

وقال إنما جعل للإنسان لسان وأذنان ليكون ما يسمعه أكثر مما يتكلم به.

وقيل له أي الأشياء ألذ فقال استفادة الأدب، واستماع أخبار لم تكن سمعت.

وقال أنفع ما اقتناه الإنسان الصديق المخلص.

وقال الصامت ينسب إلى العي ويسلم، والمتكلم ينسب إلى الفضل ويندم.

وقال أكتم سر غيرك كما تحب أن يكتم غيرك سرك.

وقال إذا ضاق صدرك بسرك، فصدر غيرك به أضيق.

وقال من حَسُنَ خلقه طابت عيشته، ودامت سلامته، وتأكدت في النفوس محبته، ومن ساء خلقه تنكدت عيشته، ودامت بغضته، ونفرت النفوس منه.

وقال حسن الخلق يغطي غيره من القبائح، وسوء الخلق يقبح غيره من المحاسن.

وقال رأس الحكمة حسن الخلق وقال النوم موته خفيفة. والموت نوم طويل.

وقال لتلميذ له: لا تركنن إلى الزمان فإنه سريع الخيانة لمن ركن إليه.

وقال من سره الزمان في حال ساءه في أخرى.

وقال من ألهم نفسه حب الدنيا امتلأ قلبه من ثلاث خلال، فقر لا يدرك غناه، وأمل لا يبلغ منتهاه، وشغل لا يدرك فناه.

وسئل سقراط لم صار ماء البحر ملحاً. فقال الذي يسأله أن اعلمتني المنفعة التي تنالك من علم ذلك أعلمتك السبب فيه.

وقال لا ضر أضر من الجهل، ولا شر أشر من النساء.

وقال من لا يستحي فلا تخطره ببالك.

وقال لا يصدك من الإحسان جحود جاحد للنعمة.

وقال كفى بالتجارب أدباً وبتقلب الأيام عظة وبأخلاق من عاشرت معرفة.

وقال اعلم أنك في أثر من مضى سائر، وفي محل من فات مقيم وإلى العنصر الذي بدأت منه تعود.

وقال لأهل الاعتبار في صروف الدهر كفاية، وكل يوم يأتي عليه منه علم جديد.

وقال من لم يشكر على ما أنعم به عليه أوشك أن لا تزيد نعمته.

وقال رب متحرز من الشيء وتكون منه آفته.

وقال داووا الغضب بالصمت.

وقال الذكر الصالح خير من المال فإن المال ينفذ والذكر يبقى، والحكمة غنى لا يعدم ولا يضمحل.

وقال استحب الفقر مع الحلال عن الغنى مع الحرام.

وقال أفضل السيرة طلب المكسب وتقدير الإنفاق.

وقال من يجرب يزدد علماً، ومن يومن يزدد يقيناً، ومن يستيقن يعمل جاهداً، ومن يحرص على العمل يزدد قوة، ومن يكسل يزدد فترة، ومن يتردد يزدد شكاً.

وقال ما كان في نفسك فلا تبده لكل أحد. فما أقبح أن تخفي الناس أمتعتهم في البيوت ويظهرون ما في قلوبهم.

مؤلفات سقراط

ينسب لسقراط رسالة إلى إخوانه في المقايسة بين السنة والفلسفة. وكتاب معاتبة النفس. ومقالة في السياسة، وقيل رسالته في السيرة الجميلة له صحيح. أما الأوروبيون فيقولون بأنه لم يضع كتاباً قط. ويقولون إن قيمة سقراط التي بز بها من تقدمه من الفلاسفة هي في أنه جعل غرض فلسفة الإنسان نفسه وشرح سيرته بعقل وروية واستنباط القواعد العاملة فيها فهو أول موجد لعلم الأخلاق.

الرازي

الطبيب الكيميائي

محمد بن زكريا أبو بكر الرازي ولد في مدينة الري جنوب طهران عام 565 م. ولم يلتفت للعلم قبل سن الثلاثين، حين انقطع لدراسة الطب والكيمياء والحكمة. اتصل الرازي بالخليفة العباسي عضد الدولة وعمل له. وقد حقق في حياته انجازات، مهمة في حقلي الطب والكيمياء وبعد وفاته استأذن الأديب الكبير ابن العميد اخته ليأخذ أوراقه وينشرها تحت إشراف أصدقاء وعلماء لتعم الفائدة بين كافة الناس.

الرازي الطبيب:

لقد نال أبو بكر الرازي اعجاب الأطباء في عصره، فتقدمهم حين اختاره الخليفة العباسي المكتفي بالله كي يدله على أفضل الأمكنة لإنشاء البيمارستان (المستشفى) فعمد الرازي إلى أربع قطع لحم وزعها في أربع نواحٍ من مدينة بغداد، وانتظر و هو يراقبها، حتى عاين آخر قطعة أصابها الفساد. فأشار على الخليفة أن مكان هذه القطعة هو الأفضل مناخاً.

الرازي الجرّاح:

كان للرازي في الجراحة انجازات مهمة، منها استخدامه لـ«فتيل الجرح» وللمصارين الحيوانات في خياطة الجروح. وقد قدم بذلك للجراحة الحديثة خدمات أساسية، وامتيازه العلمي هذا جعله الأبرز بين مائة جراح اختارهم الخليفة عضد الدولة لمستشفاه، الجديد، فسلم إليه إدارة المستشفى الجديد عن ثقة وجدارة.

«الحاوي»... ومؤلفات طبية أخرى

من بين أهم الكتب التي نشرت بعد وفاته كتاب «الحاوي»، وهو في ثلاثين مجلداً، جمع فيه الرازي طب اليونان وطب الهنود، مضيفاً إليهما ثمرات تجاربه

وملاحظاته. ومن الأمراض التي تعرض لها في كتابه: السكتة القلبية والفالج وأوجاع الأعصاب واسترخائها. والمالنخوليا والصرع والكابوس والتشنج والكزاز وأمراض العيون والأنف والحنجرة والأسنان، وكان الرازي يصف أعراض كل مرض وما يناسبه لمداواته من علاجات وأغذية، ممثلاً عن كل ذلك بتجاربه الميدانية.

وقد نال كتاب «الحاوي» شهرة عالمية، أوصلته إلى مكتبة كلية الطب في باريس في عهد الملك لويس الحادي عشر (بعد الرازي بخمسمائة سنة) ويقال أن هذا الملك من شدة اعجابه بهذا الكتاب طلبه من المكتبة لينسخ له أطباؤه نسخة منه ثم يرجعه، فأبت كلية الطب أن تسمح له بذلك إلا إذا دفع مبلغاً كبيراً مقابل اخراجه. وقد كان ذلك لما للكتاب من شهرة وأهمية علمية كبيرة.

وللرازي كتب أخرى في الطب استُدل منها أنه أول من وصف الحصبة والجدري وفرق بينهما، مشيراً إلى امكانية انتقالهما بالعدوى، وقد وصف تشخيصه لهذين المرضين بدقة مؤكداً أهمية فحص النبض والقلب والتنفس والبول والبراز عند المريض. وفي دراسة العلماء لأسلوب الرازي في «الطب السريري» اعلان لريادته في هذا المجال واثبات لدوره في ابراز هذه الوسيلة الطبية الجديدة التي فصلت علم الطب عن علم الصيدلة. إذ أحدث تشخيص المرض بهذا الأسلوب أي إجراء الفحوصات اللازمة ثم كتابة ذلك في تقرير خاص بالمريض ثم إعطاءه «وصفة» للدواء الشافي تؤخذ من عند الصيدلي.

الرازي الكيميائي:

يعد أبو بكر الرازي الرائد العربي الأول في علم الكيمياء إذ استطاع من خلال تجاربه المخبرية التي سجلها كالتقطير والتصعيد والتشميع والتكلس والاحتراق، تحضير عدد من الأحماض والسوائل السامة من روح النشادر والكحول من المواد النشوية المتخمرة. وأكبر انجاز حققه في علم الكيمياء كان تحضيره لزيت المزاج (حمض الكبريت) وهو أهم مادة تدخل في الصناعة

اليوم. كما عمل الرازي بالعلوم الفيزيائية فاشتغل بتعيين الكشافات النوعية لبعض السوائل واقترح لقياسها ميزاناً خاصاً اسماه «الميزان الطبيعي». كما كان للرازي اهتمام بالطب الروحاني، وله في كتاب يبرز دور العقل الذي استطاع الإنسان به أن يسخر الطبيعة لنفعته.

مؤلفات الرازي في الكيمياء والصيدلة

من أهم هذه الكتب «كتاب الأسرار» الذي نقل موجزه «كتاب سر الأسرار» إلى اللغة اللاتينية عاقداً للمؤلف شهرة في هذين العلمين، يقول الرازي في مقدمته: أنه يشتمل على معرفة معان ثلاثة: العقاقير والآلات والتدابير أي التجارب وقد جعل الرازي العقاقير ثلاثة أنواع: برّانية (ترابية أو عضوية) وقد وصف الرازي أيضاً الآلات والأدوات المستخدمة في المختبرات: كالأنبيق والأقداح والكور والمنفخ والقرع والبوطقة، كما سجل تجارب مهمة عديدة، وهذه الكتابات هي الأقرب إلى علم الكيمياء الحديث.

الفيزيائية ماري كوري

(1867 ـ 1934)

ماري كوري فيزيائية بولندية الأصل اشتهرت بعملها في النشاط الإشعاعي وكانت أول من استعمل الاصطلاح «النشاط الإشعاعي» "Radioactive" للمواد التي لها نشاط كهرومغناطيسي كما أنها فرزت عنصرين مشعّين جديدين البولونيوم والراديوم ثم أصبحت المرأة الأولى التي تدرس في جامعة باريس.

وهي حاصلة على جائزة نوبل للفيزياء عام 1903 وفي الكيمياء عام 1911.

ولادتها

في السابع من تشرين الثاني من العام 1867 ولدت مانيا سكلودوسكا في وارسو ببولندا والتي دُعيت فيما بعد بماري كوري ذات الشهرة العالمية. كان والدها مدرّساً للرياضيات والفيزياء وكانت الطفل الخامس والأصغر بين أخواتها.

دراستها

حصلت على الميدالية الذهبية عام 1883 أثناء دراستها في المدرسة الروسية في وارسو. فقد والدها ثروته في استثمار خاطئ فاضطرت سكلودوسكا للعمل وهي في السادسة عشر من عمرها. فعملت كمدرّسة لتعيل عائلتها كما أنها انهمكت في عمل سرّي في الجامعة المجانية، حيث كانت تقرأ اللغة البولندية للنساء العاملات.

عام 1885 عملت كمربيّة وذلك لمساعدة أختها برونيا في دراستها الطبية بباريس متصورة أنها سترد لها الجميل. وفي العام 1891 التحقت بجامعة باريس للدراسة وتابعت دروسها حتى حصلت على درجة الماجيستير في العلوم الفيزيائية عام 1893 وقد ظفرت بالمرتبة الأولى في الامتحانات. وبعد عام، عادت

لتحصل على درجة الماجيستير الثانية في الرياضيات وكانت تبلغ السابعة والعشرين من عمرها.

زواجها ومتابعتها للدراسة

تزوجت في الخامس والعشرين من تموز عام 1895 من الكيميائي بيير كوري (1859 ـ 1906) وتابعت دراستها بإشراف الفيزيائي غابريل لبمانن (1859 ـ 1921) وهو المخترع لسلسلة عمليات التصوير الملون. انهمكت في تحضير رسالة الدكتوراه عام 1896 وأطلقت على الإشعاع الذي لاحظته تسمية «النشاط الإشعاعي» وبعدها شغلت غرفة مستودع مهمل في مدرسة الفيزياء والكيمياء الصناعية في باريس وقد قامت بقياس قوة الإشعاع الصادر من مركبات اليورانيوم كما وسعت دراستها لتشمل عناصر أخرى منها الثوريوم. وفي العام 1897، أنجبت باكورة زواجها وهي ابنتها الأولى إيرين.

الاختراع الأول!

بعد عمل واسع مع زوجها، استطاعا أن يفرزا عنصرين مشعّين جديدين هما البولونيوم (نسبة إلى بولندا) والراديوم.

إنجازاتها

- عيّنت محاضرة في الفيزياء في إيكول نورمال سوبريور   Ecole Normale Supérieure في سيفر بفرنسا.

- حصلت في العام 1903 مع زوجها بيير ومع العالم الفرنسي بيكريل على ميدالية ديفي للمجمع الملكي الانكليزي وجائزة نوبل في الفيزياء عن اكتشاف النشاط الإشعاعي وكان عمرها آنذاك 35 عاماً.

- عام 1904 وبعد أن أنجبت ابنتها الثانية إيف شغلت ماري وظيفة مساعد رئيسي في مختبر زوجها، في جامعة باريس حتى تفاجأ بعد عامين بموت زوجها بعد أن دُهس بعربة يجرها حصان في باريس.

فحلّت محل زوجها كأستاذة في الجامعة وغدت المرأة الأولى التي تدرّس في جامعة باريس.

- نشرت بحثها في النشاط الإشعاعي عام 1910.

- عام 1911 حصلت جائزة نوبل في الكيمياء لفرزها الراديوم.

- بدأت العمل في تطوير استخدام الأشعة السينية بعد أن انتقلت إلى مختبرات جديدة مع ابنتها إيرين عام 1914 ثم انتقلتا إلى معهد الراديوم الجديد بعد أربع سنوات واستمرتا معاً في دراستهما للمواد ذات النشاط الإشعاعي وتطبيقاتها في الطب.

- عام 1926 عادت إلى باريس برفقة ابنتها التي تزوجت من الفيزيائي الفرنسي فريديريك جوليو (1900 ـ 1958) الذي كان يعمل معهم في معهد الراديوم. ثم أكملت إيرين مع زوجها عدة تجارب مهمة مستعملة مقادير وافرة من الراديوم الذي فرزته والدتها ماري كوري.

- افتتحت ماري كوري معهد الراديوم في وارسو عام 1932 ثم اكتشفت في العام 1934 مع جوليو نشاطاً إشعاعياً اصطناعياً.

وفاتها

غادرت ماري كوري الحياة بعد إصابتها بمرض اللوكيميا (ابيضاض الدم) في سللانش بفرنسا عن عمر يناهز السادسة والستين.

الكسندر غراهام بل

(1847 ـ 1922) مخترع الهـاتف

هو الكسندر غراهام بل مخترع الهاتف المولود في اسكوتلندا الذي تمكّن من إرسال صوته كهربائياً عام 1875 وبهذا يكون قد سجّل اختراعاً حصل على براءة له بعد عام واحد.

مؤسس شركة بل للهاتف وممول بجزء من أرباح اختراعه لهاتف مدرسة خاصة للصم. صمّم السطوح الانسيابية المائية لتزيد من سرعة السفن، ونوعاً من الطائرة الشراعية القادرة على رفع الإنسان ليطير.

ولادته ودراسته

ولد ألكسندر غراهام بل في الثالث من آذار عام 1847 في أدينبرغ اسكوتلنْدا. كان والده ألكسندر ميلغيل بل في مقدمة الخبراء في فن الخطابة والمعالجة الكلامية ووالدته صمّاء. قامت عائلة بل بمهام تدريسه (1850 ـ 1861) كما أنه قضى سنة واحدة في مدرسة خاصة وسنتين في المدرسة الملكية العليا (رويال هاي سكول Royal High School) في ادينبرغ اسكوتلندا وتخرج منها وعمره 14 .

بل... الأستاذ!

ألقى بعض المحاضرات في جامعة أدينبرغ وفي الكلية الجامعة بلندن ثم استلم مهام تعليم الموسيقى وفن الخطابة في أكاديمية (وستن هاوس) في الغين في اسكوتلندا (1861 ـ 1864).

أصبح عام 1864 أستاذاً مقيماً في أكاديمية وستن هاوس وأخذ يعلم ويدرس في آن واحد إنتاج الصوت والسمع وكان عمره آنذاك 17 عاماً.

عام 1868 انتقل إلى لندن ليعمل مع والده ونذكر أن والده كان قد سافر إلى أميركا ليلقي محاضرات حول المعالجة الكلامية.

تدهورت صحة بل عام 1870 نتيجة إجهاد نفسه في العمل إلى أقصى حد فخشي والده من أن يموت بل بمرض السل كما حدث لأخويه فانتقلت العائلة إلى بربنتفورد في أونتاريو في كندا. وزار بل مدينة بوسطن بعد عام وحاضر هناك حول المحادثة المرئية وهي طريقة والده في الرموز (الصوتية ـ اللفظية).

عام 1872 افتتحت مدرسة بل للصم في بوسطن ثم أصبح بل أستاذاً للفسلجة اللفظية في جامعة بوسطن (1873) وهو في السادسة والعشرين من عمره وكان والدا طالبتين من طلابه المصابين بالصم يموّلان بعض أعماله. عمل بل على تطوير بعض طرق إرسال الصوت عن طريق الكهرباء ويقال إنه وبسبب افتقاره للتقنية كان توماس وطسون معاوناً له ليساعده في إنجاز هذا العمل.

إنجازاته وتكريمه

عام 1875 منح بل براءة اختراع لاختراعه التلغراف ذو الإرسال المتعدد. وفي نهاية العام نفسه تدهورت صحته مرة أخرى فعاد إلى أونتاريو. عاد إلى بوسطن عام 1876 وبعد عمل ستة أشهر منح براءة وإجازة اختراع لإرساله بعض الأصوات اللفظية وأصوات أخرى بواسطة التلغراف وبهذا فقد اخترع الهاتف. وأعقب ذلك الجدال الأكثر تعقيداً حول براءات الاختراع في تاريخ القانون مع المئات من الدعاوي القانونية المستقلة كل عن الأخرى.

عندما بلغ الثلاثين من عمره تزوج من ميبل هابرد وكانت طالبة من طلابه المصابين بالصّم في مدرسة الصُّم التي أسسها. سكن في واشنطن واستمر بعمله في إرسال الأصوات وتابع بحوثه الطبية عن الوراثة.

عام 1880 كرمت فرنسا بل ومنحته جائزة فولطا وقيمتها 50 ألف فرنك أو ما يعادل عشرة آلاف دولاراً تقريباً. وقد استثمرها في إنشاء مختبر فولطا.

لقد طوّر جهاز الحاكي (الفونوغراف وهو جهاز يسجّل الصوت على اسطوانات شمعيّة) وحصل على براءة اختراع فيه.

كما استثمر بعضاً من العملات النقدية التي حصل عليها ليموّل الجمعية الأميركية لتشجيع تعليم المحادثة للمصابين بالصّم. ومن طلابه الكاتبة والمحاضرة العمياء الصمّاء هيلين كيلر.

عام 1883 أوجد بل فكرة مجلة العلوم «ساينس». ثم تملّك أرضاً بعد عامين في جزيرة كيب برتون في نوفا اسكوتيا وأنشأ عليها مسكنه الصيفي.

عام 1892، كتب (كتابات الكسندر غراهام بل) (Deposition of Alexander Graham Bell)بيان لعمله في اختراع الهاتف ونُشر عام 1908.

خلف والده عام 1898 كرئيس لمجمع الجغرافية الوطنية وعمره آنذاك 51 عاماً. لقد جعل مجلة مجمع الجغرافية الوطنية أكثر شعبية وغدت تُطالع بكثرة من قبل الناس. كما استمر في دراسته للوراثة واستخدم فيها سلالة منتقاة ليحصل بالنتيجة على قطيع من الخراف ذات النتاج الوفير. كما اهتم بل في الطيران وأقام تجارب على الطائرة الشراعية (الكايت) لجعلها تطير بالإنسان. كما بنى السطوح الإنسيابية ليزيد من فعالية السفن والزوارق.

وفاته

توفي الكسندر غراهام بل في الثاني من شهر آب عام 1922 في منزله الكائن في بين برخ في نوفا اسكوتيا عن عمر ناهز 75 عاماً .

مالكولم إكس

مجاهد التمييز العنصري (1952 ـ 1965)

هو رجل سياسي ومجاهد أميركي، عرف بنضاله من أجل دولة مستقلة للسود. كان والده مناصراً نشيطاً في حركة «ماركوس جليرفي». وقائداً وطنياً للسود في سنوات العشرينات لكنه اغتيل عام 1931. مما جعل مالكوم مضطراً إلى الاستقرار في مدرسة إصلاحية. وبعد ثماني سنوات، انتقل ليعيش في «بوسطن» حيث تقلّد عدة أشغال قبل الحكم عليه بتهمة السطو على المنازل فسجن عام 1946.

إعتناقه الإسلام

في فترة سجنه، بدأ قلبه يميل إلى الإسلام واعتنقه، في وقت كانت الشيوعية فيه تجيب عن كل الأسئلة، وذلك قبل ظهور الخميني الذي أعلن الحرب على الإستعمار الغربي الذي كان قد سمّاه بـ«الشيطان الأكبر» بعشرين سنة.

وكان يهتم بالقائد «إيليا محمد» زعيم المسلمين السود والمعروف في تنظيم «أمة الإسلام» التي تنادي بضرورة فصل السود عن البيض رجاء أن تنشأ عن ذلك أمة سوداء جديدة.

تسميته لنفسه بـ«X»

بعد إطلاق سراحه سنة 1952، إنفصل عن «أمة الإسلام» وأنشأ «المسجد الإسلامي» في دوترواـ، ومن أهدافها مكافحة الإستغلال الإقصادي والإجتماعي وهناك سمى نفسه إسم إكس (X)وهو يرمز إلى المجهول من جدوده الأفارقة.

في سنة 1958 تزوج «بيتي شاباز» ورزقا ست بنات.

في بداية الستينات، كان مالكوم الناطق الرسمي باسم «أمة الإسلام» التي ذاع صيتها في ذلك الحين وفي سن 1963 أسكته المسلمون السود بسبب نظرته

لاغتيال الرئيس الأميركي «جون كينيدي»: «عادت الدجاجات إلى الخم لتُشوى».

مالكوم: الحاج في مكة

في السنة التالية أنشأ OAAU(منظمة الوحدة الأفرو ـ أميركية)، وذهب إلى مكة المكرمة في السنة نفسها لأداء مناسك الحاج واكتشف هناك عدم تمييز الإسلام بين الألوان. فتسمّى باسم «الحاج مالك الشاباز» وتخلّى عن فكرته (كل البيض سيئون) ومدح التضامن العنصري.

مالكوم: ضحية التطرف

وفي 21 شباط (فبراير) 1965، وفي خطاب أمام مناصري OAAU بنيويورك، اغتيل مالكوم بعد أن أصبح رمزاً للكبرياء والاعتزاز والاستقامة بالنسبة للعديد من الأميركيين الذين هم من أصل أفريقي. وقد يكون القاتل عضواً متطرفاً من السود. وعلى الأرجح أنه تعاون مع «ألكس هالي» في عرض السيرة الذاتية لمالكوم X عام 1965.

أرنستوتشي غيفارا

من هو أرنستوتشي غيفارا؟

هو الثائر الأممي الأكثر شهرة في العالم في النصف الثاني من القرن الحالي الأرجنتيني المولد أرنستوتشي غيفارا دولاسيرنا ولد في 14 حزيران 1928 في مدينة روزاريو الأرجنتينية من عائلة غنية. وبعد إكمال دراسته التمهيدية سجل غيفارا في كلية الطب في العام 1947 ليمكث فيها حتى عام 1950 الذي قرر فيه القيام برحلة على متن دراجة نارية استغرقت عامين جال خلالها على كافة أقطار أميركا اللاتينية مكتشفاً البؤس والفقر الذي كان يرزح تحته الملايين من سكان القارة الغنية.

وفي حزيران 1953 تخرج غيفار من كلية الطب لينتقل إلى غواتيمالا حيث تعرف إلى خبيرة اقتصادية من البيرو كانت لاجئة في غواتيمالا اسمها هيلدا غاديا التي أصبحت زوجته الأولى، إلا أنه في 17 حزيران 1954 اضطر للانتقال إلى المكسيك في أعقاب انقلاب عسكري في غواتيمالا.

غيفارا المناضل الأممي

في المكسيك التقى بالكوبي فيدل كاسترو للمرة الأولى في عام 1955 وارتبط الاثنان بعلاقة نضالية وطيدة قادتهما بعد بضعة أشهر إلى تنظيم عملية انزال سرية في كوبا.

وفي 15 تموز من العام 1956 ولدت لغيفارا من هيلدا غاديا ابنته الأولى . وفي الثاني من كانون الأول من العام نفسه تسلل غيفار مع ثمانين كوبياً سراً إلى كوبا في عملية هدفت إلى إثارة انتفاضة عامة في البلاد إلا أنها انتهت بالفشل الذريع وبسقوط عدد كبير من الضحايا من الجماعة المتسللة ونجا غيفارا ببطولة وأعجوبة من الموت.

إلا أن رجال الثورة الكوبية سرعان ما أعادوا تنظيم أنفسهم وراحوا خلال سنتين يبنون القواعد العسكرية ويجمعون الأنصار في غابات سييرا ماسترا.

وفي الثالث من كانون الثاني من العام 1959 نجحت قوات كاسترو باقتحام هافانا والإطاحة بنظام باتيستا الذي كان قد استولى على السلطة سنة 1952.

منحت الدولة الكوبية تشي غيفارا الجنسية الكوبية. وتزوج المناضل الأرجنتيني للمرة الثانية من رفيقته في الثورة الكوبية أليدا مارش التي تعرف عليها في سييرا ماسترا. وأنجب منها أربعة أولاد.

في كوبا تسلم مقاليد الحكم الرئيس فيدل كاسترو فأسند إلى صديقه في الثورة غيفارا عدة مناصب حكومية منها مدير المصرف المركزي الكوبي ثم وزيراً للصناعة. إلا أن حنينه للعمل الثوري كان شاغله الأكبر لذلك غادر كوبا في جولة شملت عدداً من الدول الآسيوية والأفريقية التي كانت تشهد ثورات تحرر من الاستعمار من بينها الجزائر ومصر والتقى بالرئيس المصري جمال عبد الناصر والرئيس الجزائري أحمد بن بلة.

وفي آذار من العام 1956 قاد مع 135 رجلاً عدة هجمات عسكرية في الكونغو في أفريقيا قبل أن ينتقل متنكراً إلى بوليفيا في تشرين الأول لبناء وتأسيس قواعد ثورية لعمليات مسلحة.

وبعد عام كامل من وصوله إلى بوليفيا وتحديداً في 14 حزيران 1967 وقع غيفارا وبعض رفاقه الثوريين في كمين لعملاء المخابرات الأميركية «سي آي إيه» في منطقة هيغيرا وقتل هناك.

العثور على رفات «تشي»

في شهر تموز من عام 1997 عثر بعض العلماء على بعض الرفات لعدة أشخاص في منطقة هيغيرا، وقد تأكد فيما بعد أن أحد رفات هذه المجموعة تعود للثائر الأممي تشي غيفارا الذي قتل عام 1967 على أيدي الجيش البوليفي وعملاء الاستخبارات الأميركية سي آي إيه. وقد تم نقل رفات غيفارا ورفاقه إلى كوبا حيث أقيم لهم استقبال رسمي حاشد برعاية وحضور

الرئيس الكوبي صديق الثائر تشي غيفارا . بعد ذلك جرت مراسيم دفن رسمية لغيفارا ورفاقه وسط حضور رسمي وشعبي كثيف.

وفي بوليفيا أقام الطلاب الجامعيون البوليفيون سلسلة من النشاطات من بينها تظاهرات وعروضاً فنية. كما تضمنت هذه النشاطات توقفاً عن العمل لبعض الوقت. وقد نشرت صور غيفارا في عدد من الأحياء البوليفية لا سيما الفقيرة والعمالية منها، كما انتشرت شعارات تشير بعضها إلى أن غيفارا هو جزء من التراث الناصع للأمة البوليفية والبروليتاريا العالمية.

أبو الطيب المتنبي

نشيد الصحراء الخالد أبو الطيب المتنبي

أحمد بن الحسين الجعفي الكندي ولد في الكوفة سنة 303 هـ/915 م. وتربى يتيماً في حضن بعد أن فقد أمه وهو صغير، وكان أبوه يعمل سقاءً ويلقب بـ عبدان السقاء. درس أحمد في الكوفة ثم لجأ إلى صحراء السماوة حيث اختلط بالبدو وأخذ عنهم اللغة والبلاغة.

لمَ سمي «المتنبي»؟

لقد نشأ المتنبي في البؤس والحرمان وكان طموحاً باعتلاء المناصب العليا. وقد خرج المتنبي إلى كلب وأقام فيهم وادعى أنه علوي حسني، ثم ادعى بعد ذلك النبوة، ثم عاد يدعي أنه علوي إلى أن أشهد عليه بالشام الكذب بالدعوتين وحبس دهراً طويلاً، بعد ما خرج إليه أمير حمص الإخشيدي لؤلؤة وحاربه وحبسه إلى أن كاد يهلك فاستتيب وأشهد عليه بالتوبة وأطلق سراحه.

واستناداً إلى هذه الحادثة لزمه لقب المتنبي أو ربما لأنه شبه نفسه بالأنبياء في بعض شعره.

انطلاقة أبي الطيب الشعرية:

تابع المتنبي ترحاله يعصف به القلق والطموح الجارف فاتصل بأكثر من ثلاثين أميراً وزعيماً لكنه لم ينل مرامه في الوصول إلى مناصب زمنية رفيعة مخلداً به من كان يمدحهم كما خلَّد به نفسه. فقد رفع المتنبي الكذب إلى درجة العبقرية ، فهو لم يمدح أحداً إلا ومدح نفسه معه فقال في إحدى قصائده:وما الدهر إلا من رواة قصائدي   إذا قلت شعراً أصبح الدهر منشداً :

فسار به من لا يسير مشمراً   وغنى به من لا يغني مغرداً

المتنبي عند سيف الدولة الحمداني

بعد أن أقام المتنبي سنتين عند بدر بن عمار في طبريا رحل إلى انطاكية وحط عند أبي العشائر الحمداني وهناك سمعه سيف الدولة يوم حلّ على نسيبه ضيفاً فمدحه المتنبي، فنقله معه إلى حلب بعد أن أمضى في حضرة أبي العشائر ما يقرب من سنة كاملة. ولقد كان علي بن أبي الهيجاء (سيف الدولة) شاعراً مجيداً إلى كونه فارساً مغواراً. ذا أطماع سياسية بعيدة، ولقد وجد المتنبي في صفات سيف الدولة واكتمال معالم الرجولة فيه صدى لما تعتمل به نفسه.

لقد أمضى المتنبي مع سيف الدولة تسع سنوات (948 ـ 957 م) قال فيها ثلث شعره وأجوده ومن أهم ما قاله:

لكـــل امرىءٍ من دهره ما تعودا — وعادة سيف الدولة الطعن في العدا

هو البحر غص فيه إذا كان ساكناً — على الدر واحذره إذا كان مزبـداً

تظـل ملـوك الأرض خاشعة له — تفارقه هلكـــى وتلقـاه سجداً

ومستكبـر لـم يعرف اللـه ساعة — رأى سيفه في كفه فتشهـدا

لقد رفع سيف الدولة فوق أقرانه جميعاً، بل فوق البشر وجعله بطلاً ملحمياً فريداً، ويعد مدح المتنبي لسيف الدولة من أصفى الشعر الوجداني وأرقه. يقول فيه أيضاً في قصيدة أخرى:

تجاوزت مقدار الشجاعة والنهى — إلى قول قوم أنت بالغيب عالم

تمر بك الأبطال كلمى هزيمة — ووجهك وضّاح وثغرك باسم

أما انقطاعه له فترة فمرده إلى أن المتنبي كان يرى نفسه في سيف الدولة، أو يرى نفسه وإياه أميرين متقابلين: فإن كان سيف الدولة أمير الحرب فالمتنبي أمير الكلمة. ومن هنا فخره الدائم بنفسه وتعريضه بالشعراء الآخرين. يقول المتنبي:

اجرني إذا أنشدت شعـراً فإنما بشعري أتـاك المادحون مرددا

ودعْ كل صوتٍ غير صوتي. فإنني أنا الطائر المحكي والآخر الصدى

أنا الـذي نظر الأعمى إلى أدبي وأسمعت كلماتـي من به صمم

المتنبي عند كافور الإخشيدي

تركَ المتنبي سيف الدولة في حلب بعد أن كثر حسّاده وذهب إلى مصر، واتصل بصاحبه كافور الإخشيدي: ومكث عنده أربع سنوات طامعاً بولاية يقطعه إياها. إلا أنه أحسَّ منه ضيقاً ففر منه تاركاً فيه هجاءً يدوي ويصم. ليخلّد المتنبي بذلك كافور الإخشيدي كعبدٍ على مر التاريخ:لا فخر للأنذال إلا إنني خلدت ذكرهم بسطر هجاء.

فقد جاء المتنبي إلى مصر فلم يمدح كافوراً بصدق بل مدحه تكسباً وطمعاً فكان مدحه ركيكاً إلا أن هجاءه كان مقذعاً قاسياً تضمن هجاء للمصريين أيضاً تفريقاً وذماً:

صـار الخصي امام الآبقين بها فالحـر مستعبد والعبد معبود

جوعان يأكل من زادي ويمسكني حتى يقال عظيم القدر معضود

أكلما اغتـال عبد السوء سيده أو خـانه فله في مصر تمهيد

لقد كان هجاء المتنبي يقوم على سلب الفضائل من المجهود وإلصاق المساوىء به وهجاؤه خلْقي يتناول عيوب كافور الجسدية وخُلُقي يتناول عاهاته النفسية وهو دائماً تهكّميّ ساخر:

العبد ليس لحـر صالحٍ بأخٍ لـو أنه في ثياب الحر مولود

لا تشتر العبد إلا والعصا معه إن العبيد لأنجاس مناكيد

أولى اللئام كويفير بمعذرة في كل لؤمٍ وبعض العذر تفنيد

الحكمة عند المتنبي

أما حكمة المتنبي فقوامها فلسفة القوة وهي التي حدته إلى نبذ الجبن والفشل والرغبة بالمغامرة إلى حد المخاطرة

الرأي قبل شجاعة الشجعان   هــو أول وهي المحل الثاني

حتى رجعت وأقلامي قوائل لي   المجد للسيف ليس المجد للقلم

إذا غامرت فــي شرف مروم   فــلا تقنع بما دون النجوم

فالمتنبي لم يكن فيلسوفاً ولم يكن عنده مذهب معين ينظر من خلاله إلى جميع معطيات الحياة. وإن ثقف ثقافة فلسفية فقد يدعى شاعراً حكيماً. لأنه عبّر عن خواطره بعمق حتى فاق غيره من الشعراء شمولية.

وتبقى نزعة القوة والثورة ظاهرة في شعره، والطموح وثاب في قلبه، وشموخ معانيه يدل على إنفته وعجبه:

ضاق صدري وطال فـي طلب   الـرزق قيامي وقل عنه قعودي
عش عزيزاً أو مت وأنت كريمٌ   بين طعن القنا وخفق البنـود
فاطلب العـز في لظى ودع الذ   ل ولو كان في جنان الخلـود
لا بقومي شرفت بل شرفوا بي   وبنفسي فخرت لا بجـدودي
أنا ترب الندى ورب القوافــي   وسمام العدى وغيـظ الحسود
أنا في أمة تــداركها اللّـ   ـه، غريب كصالـح في ثمود

تجد المتنبي وقوراً دائماً وجدياً رصيناً لم يعرف أنه أحب، بل فضل طلب المجد والفضيلة على كل شهوة ولذة.

الكبرياء.. الفخر.. وجنون العظمة

فخر المتنبي بنفسه أوصله إلى حد جنون العظمة فشط وبالغ:

الخيل والليل والبيداء تعرفني   والسيف والرمح والقرطاس والقلم

أنام ملء جفوني عن شواردها ويسهر الخلق جرّاها ويختصم

أنا الذي نظر الأعمى إلى أدبي وأسمعت كلماتي من به صمم

قصائده المتماسكة مبنية بناء سليماً تبدأ بالفخر وبالحكمة وتندرج إلى المقصود في معانٍ جزلة وألفاظ مختارة، وقد اعتنى بديوانه وشذبه ونقحه بنفسه.

قال فيه ابن رشيق: «مالىء الدنيا وشاغل الناس». لقد بلغ المتنبي مكانة رفيعة في الشعر العربي لم يبلغها غيره. أغراض شعره المتنوعة لم يزد فيها على ما سار عليه الأقدمون، إلا أن صوره ومعانيه فيها من التجديد ما يؤكد إبداعه وهو ما جرَّ عليه هذا الغرور بنفسه:

أي محــل أرتقي أي عظيــم أتقي

وكل مــا خلق الـلـه ومـا لم يخلق

محتقر في همتـي كشعرة في مفرقي

إنه شاعر ملحمي وشاعر الشخصية والوجدانية. وصناجة الجهاد العربي والإسلامي وإنه حقاً شاعر السيف والقلم.

موت شاعر السيف والقلم

الخيل والليل والبيداء تعرفني والسيف والرمح والقرطاس والقلم

لما ودع المتنبي عضد الدولة الحمداني واتجه إلى بغداد ومعه ابنه «محسّد» وغلامه مفلح، وفي الطريق لقيه فاتك بن أبي جهل الأسدي مع رجاله وهو خال ضبّة الذي كان المتنبي قد هجاه وأقذع فيه الشتائم. ودارت المعركة بين الفريقين غير المتكافئين في مكان يدعى «النعمانية» وانتهت بمصرع «المتنبي» الذي آثر الصمود على الفرار تأكيداً لمثله وأخلاقه.

أمير الشعراء أحمد شوقي

ابن القاهرة في دمه يجري خليط دماء عربية وكردية وجركسية ويونانية وذلك تبعاً لنسب والديه وجديه، وجدتيه. اهتمت به جدته اليونانية التي كانت تعمل وصيفة في قصر الخديوي اسماعيل.

يقول شوقي عن جدته: «حدثتني أنها دخلت بي على الخديوي إسماعيل وأنا في الثالثة من عمري وكان بصري لا ينزل عن السماء من اختلال أعصابه فطلب الخديوي درة من الذهب، ثم نثرها على البساط عند قدميه، فوقفت على الذهب اشتغل بجمعه واللعب به، فقال لجدتي: اشتغلَ بجمعه واللعب به وقال لها: اصنعي معه مثل هذا، فإنه لا يلبث أن يعتاد النظر إلى الأرض. قالت: هذا دواء لا يخرج إلا من صيدليتك يا مولاي قال: جيئي به متى شئت فإني آخر من ينثر الذهب في مصر.

وهكذا دخل أحمد شوقي وتلمس ذهبه باكراً.

عبقرية شوقي:

درس شوقي علومه الأولى في المدرسة الخديوية وفي التجهيزية ثم التحق بكلية الحقوق، لكنها لم ترقُ له فالتحق بقسم الترجمة وكان قد أنشأ حديثاً وتخرج منه.

تفتحت عبقرية شوقي الشعرية باكراً حتى بهر بها اساتذته. فلما عُين بعد تخرجه موظفاً في رئاسة القلم الافرنجي في القصر اتصل بالخديوي وصار شاعره. ولم تمض سنة واحدة حتى شعر الخديوي أن على شوقي متابعة تحصيله ليستكمل ثقافته ، فأرسله إلى فرنسا ليلتحق بكلية الحقوق ويوثق معارفه بالمدنية الغربية وآدابها. وهكذا سافر شوقي إلى فرنسا ليعود وقد نال إجازة في الحقوق وليعيش من جديد في القصر.

وفي عام 1894 أوفده الحذيوي عباس الثاني ليمثل بلاده في مؤتمر المستشرقين في جنيف فألقى هناك قصيدته التاريخية: كبار الحوادث في وادي النيل» ومطلعها:

همت الفلك واحتواهـــا الماء | وحـداها بمن تُقِّلُ الرجاء
ضرب البحر ذو العباب حواليها | سماء قد أكبرتها السماء

وجد شوقي في الخديوي عباس حلمي صورة المثال الذي يرغبه فكان لسانه إن وصف أو مدح أو هجا أو خاصم... وكان فخوراً بمركزه حيث تولى رئاسة القلم الافرنجي فضلاً عن كونه شاعر الخديوي.

انقلاب أحمد شوقي على نفسه

عند نشوب الحرب العالمية الأولى أبعد الانكليز الخديوي عباس حلمي عن مصر وهو المعروف بعدائه لهم ، وعينوا قريبه السلطان حسين كامل مكانه، كما بدلوا موظفي القصر جميعهم وطلبوا من أحمد شوقي لمكانته العالية في القصر. الرحيل فاختار منفًى محايداً وسافر مع أسرته إلى الأندلس.

وفي الأندلس كان شوقي رغم حريته يشعر برغبه في العودة. وعند انتهاء الحرب العالمية الأولى عاد شوقي إلى مصر فاستقبل استقبال الأبطال لأنه لم يهادن الاستعمار، إلا أن المفاجأة الكبرى كانت في رفض شوقي الاتصال بالقصر فقد حصل انقلاب في نفسه فراح يذوق ألم الشعب وينظم فيه متقرباً منه في مصر وفي جميع الأقطار العربية، فذاعت شهرته واختير عضواً في مجلس الشيوخ.

وفي عام 1927 تنادت الأقطار العربية إلى تكريمه وبايعته وفودها أميراً للشعراء، وقد أعلن ذلك صديقه المقرب الشاعر حافظ إبراهيم بلسان الجميع:أمير القوافي قد أتيتُ مبايعاً وهذي وفود الشرق قد بايعت معي .

شوقي مكافحاً... لمصر ولكافة الأقطار العربية:

لقد تحسس أحمد شوقي مآسي البلاد العربية خلال هذه الفترة العصيبة من تاريخها :

فجسد في قصائده شعوراً قومياً جياشاً. فها هو يوم ثورة دمشق ضد الفرنسيين يهب منادياً وداعماً جهاد الثوار وكفاحم:

سلام من صبا ردى أرق ودمع لا يكفكف يا دمشق

ومعذرة اليراع والقوافي جلاء الرزء عن وصف يدق

دم الثوار تعرفه فرنسا وتعلـم أنه نـور وحق

وللحرية الحمراء باب بكل يد مضرجة يـدق

وكان شعوره هذا مع كل عربي في الشرق وأينما كان:

ونحن في الشرق والفصحى بنو رحم

ونحن في الجرح والآلام إخوان

كلما أنَّ بالعـــراق جريحٌ

لمس الشـرق جنبه في عمان

وإلى جانب الثورية في شعر شوقي فقد كان نصيب الإسلام ومدح النبي صلى اللـه عليه وسلم كبيراً فهو القائل في قصيدته الميمية الشهيرة:

ريم على القاع بين البان والعلم أحلَّ سفك دمي في الأشهر الحرم

يا رب صلّ وسلـم ما أردت على نزيل عرشك خير الرسل كلهم

محيى الليالي صلاة لا يقطعها إلا بدمـع من الإشفاق منسجم

مسبحاً لك جنح الليل محتملاً ضراً من السهر أو ضراً من الورم

إلى ذلك يعتبر شوقي شاعر الأخلاق فلطالما حضّ على الفضيلة والقيم حتى أصبحت بعض أبياته حكم تجري على ألسنتنا:وإنما الأمم الأخلاق ما بقيت فإن هم ذهبت أخلاقهم ذهبوا

ويقول أيضاً:

صلاح أمـرك للأخلاق مرجعه   فقـوم النفس بالأخلاق تستقيمِ

والنفس من خيرها في خير عافية   والنفس من شرها في مرتعٍ وخمِ

ميزة شعر شوقي

يتميز شعر شوقي بالغنائية، فموسيقاه شوقية خاصة تتلمسها في اللفظة والتركيب، كما في الوزن والقافية، مطالع قصائده فخمة رنانة...

يقول شوقي ضيف (الكاتب الأدبي الكبير): هذه الروعة في الموسيقى تقترن بحلاوة وبراعة لا تعرف في عصرنا لغير شوقي.

وقد تأثر شوقي بالمسرح الانكليزي والفرنسي وبالكلاسيكية بنوع خاص. إلا أن مسرحياته جاءت ضعيفة من حيث التمثيل. يقول طه حسين: كان تمثيله صوراً تنقصها الروح وإن حببها إلى الناس ما فيها من براعة وغناء.

أهم مؤلفاته:

ديوان شعره مجموع في أربعة أجزاء- أسواق الذهب ـ دول العرب وعظماء الإسلام إضافة إلى سبع مسرحيات شعرية ونثرية .

وفي عام 1932 أسقطت قيثارة الشعر من يده ولبت روحه نداء بارئها.

وقد رثاه العديد من الشعراء والأدباء، من أجمل ما قيل في رثائه ما قاله خليل مطران:

يجلو نبوغك كل يوم آيةٍ   عذراء من آياته الغرّاء

كالشمس ما آبت أتت بمجود   متنوع من زينة وضياء

حسن كامل الصبّاح

عالم عربي في بلاد الأعداء

حسن كامل بن علي الصباح من مواليد عام 1895 في مدينة النبطية جنوب لبنان من أسرة متعلمة مؤمنة. وكان والده يعمل في تجارة الماشية، بدأ دراسته أولاً في الكتّاب ثم انتقل إلى الابتدائية في مدرسة النبطية. وقد ظهر اهتمام الصباح بالرياضيات والهندسة باكراً، وينقل عن والدته تذكرها لتجاربه الأولى مثل نفخ البالون بألغاز وتطييره في السماء. وعمله كرة أرضية... وعن أحلامه إنه كان يخبرها بأنه يرغب باستخراج النفط في بلاد العرب لتساعدهم في بناء حضارتهم.

دراسته في لبنان

درس الصباح في بيروت في المدرسة الاعدادية ـ السلطانية ـ وفيها برز تفوقه في الرياضيات والعلوم فأعجب بكتب الطبيعيات ومنها واحد للأشدودي وبكتاب الجبر لفانديك ثم دخل حسن الكلية السورية الانجيلية ـ الجامعة الأميركية ـ لكن صعوبات كادت تمنعه من المتابعة لولا تدخل أصحابه لدى الإدارة فأعفته منها بعد اكتشافها لنوابغه. وفي الجامعة تابع مطالعاته في الفلك مطبقاً ذلك على دراسته في الفيزياء عام 1916 انخرط الزامياً في الخدمة العسكرية العثمانية فالتحق بقسم اللاسلكي وفيه اختلط بالمهندسين الألمان فتعلم منهم اللغة الألمانية وتابع معهم أبحاثه في الكهرباء، فرقي إلى مرتبة ملازم أول وتسلم قيادة مفرزة التلغراف. وبعد انتهاء الحرب غادر إلى دمشق فسكنها فترة ثم انتقل إلى بيروت ليعمل مدرساً وليشبع نهمه في متابعة التحصيل في الهندسة الكهربائية فراسل مكتبة Teubaer في برلين طالباً مجموعة كتب علمية، ثم رغب بالسفر إلى فرنسا لمتابعة تخصصه ولما فشلت محادثاته مع المفوض السامي الفرنسي سافر إلى بوسطن وانتسب إلى جامعتها.

الصباح في الولايات المتحدة الأميركية

عام 1921 كان حسن كامل الصباح في الولايات المتحدة الأميركية يتابع دراسته في الهند سة الكهربائية، لكن قلة موارده المالية اضطرته إلى ترك الدراسة فترة والالتحاق بشركة «جنرال الكتريك» للعمل فيها، ثم انتسب ثانية إلى جامعة النيوي لدراسة الرياضيات العليا إلا إنه لم يكمل دراسته للأسباب نفسها وعاد ليعمل مهندساً في شركة «جنرال الكتريك».

يتضح من رسالة للصباح كتبها إلى خاله أنه لم يكن حائزاً على شهادة الهندسة لكن الشركة عينته مهندساً يقول فيها:

(... وذلك إثر إتمامي لآلة كهربائية تسمى المربع الوحيد الكرة والغرض منها إنارة المصابيح الكهربائية المسلسلة بنور ثابت مهما تعددت المصابيح، وسيظهر اسمي بمجلة الشركة بعد شهرين... على أني أثبت للشركة بدون شهادة... وقد رأيتم أن الشركة اكتفت بذلك الكتاب (من الجامعة) دون شهادة بل إني إذا انفصلت عنها الآن فإنها تعطيني شهادة أني استخدمت فيها كمهندس ولهذه الشهادة اعتبار يفوق الشهادة الجامعية...».

اختراعاته:

وتتالت اختراعات الصباح، لكن أحواله المالية بقيت سيئة لما ناله من موظفي الشركة من حسد وتمييز حال دون تقدمه ضلاً عن أن الشركة لم تكن تكافئه عن اختراعاته مع أنها كانت تجني منها أموالاً طائلة. وحين صار يكتب عنه في المجلات العلمية وذاعت شهرته، اهتم به كل من أستاذ الكهرباء في جامعة ميلانو فراسله، وكذلك مجموعة «سيمنس» الألمانية، حتى إنه تلقى عرضاً من الاتحاد السوفياتي، ولكنه لم يقبل بأي إغراء فالمختبر بالشركة حيث يعمل كان يوفر له ما يريد من آلات ومساعدة وإن كانت الشركة تقتر عليه في رواتبه.

من أهم اختراعاته أنه صنع جهازاً للتلفزة يخزن أشعة الشمس ويحولها إلى تيار وقوة كهربائية، وقد سجل هذا الاختراع في دائرة التسجيل بواشنطن تحت رقم: 1747988 في 18 شباط 1930 م وسجل أيضاً في إحدى عشرة دولة أخرى ويعتبر هذا الاختراع من أهم اختراعات الصباح، لأنه فتح أمام العلماء والمخترعين أبواباً مغلقة. فهذه الأشعة الشمسية التي تتلقاها الكرة الأرضية والتي تذهب هدراً وخصوصاً في الصحارى الشاسعة يمكن استخدامها في سبيل خدمة الإنسان وسعادته. فكر الصباح في استخدام هذه الأشعة واقتنع رياضياً بإمكانية استخدام النور وتحويله إلى طاقة كهربائية ومن ثم ابتدأ تجاربه العلمية التطبيقية. وبعد ستة أشهر قضاها في التجارب والاختبارات استطاع في 17 كانون الثاني عام 1930 أن يتوصل إلى صنع جهاز عظيم للتفلزة يحتوي على بطارية كهربائية ثانوية تتألف من سبع صفائح تشكل فيما بينها ثلاثة خزانات للكهرباء ووضع بين تلك الصفائح مواد كيماوية مشعة وهذه البطارية متى تعرضت أقطابها الظاهرة لأشعة الشمس فإن الالكترونيات والفوتونات التي تحملها أشعة الشمس تؤثر في المواد الكيماوية المشعة فتولد في البطارية شحنة كهربائية قوية فتتحول بالتالي إلى تيار كهربائي قوي جداً يتخزن في البطارية.

وهكذا يتحول نور الشمس بعملية مستمرة إلى تيار كهربائي ثم إلى قوة ميكانيكية محركة تقوم مقام الوقود والفحم الحجري في إدارة الآلات الميكانيكية. على هذا الأساس كتب الصباح إلى الملك فيصل الأول يشرح له إمكانية إنشاء مصانع لتوليد الطاقة الكهربائية وتوزيعها على الأقطار العربية ترتكز على أساس هذا الاختراع.

ولقد سجل حسن كامل الصباح سبعة وستين اختراعاً آخر باسمه وأحد عشر اختراعاً بالاشتراك مع آخرين. وهناك جدول بها منشور في كتاب د. فؤاد صروف حيث كل اختراع برقمه في مكتب التسجيل وتاريخ التسجيل في واشنطن مع اسم البلد الذي استغله، منها:

- جهاز إرسال تلفزيوني يستخدم الانعكاس الالكتروني.

- مرسل للصور والمناظر.

- جهاز ارسال تلفزيوني يستخدم تأثيرات الشبكة الكهروضوئية في أنابيب الأشعة الكاتودية.

- جهاز ارسال متلفز يستعمل فيلماً يحول أشعة الشمس إلى قوة كهربائية دافعة.

- جهاز لقياس ضغط البخار داخل أنابيب التفريغ الكهربائي.

محاربة حسن كامل الصباح

مع كل ما كان يقدمه حسن كامل الصباح للغرب الأميركي بشكل عام ولشركته بشكل خاص من اختراعات جديدة مميزة فإنه لم يتلقى منهم إلا المتاعب والمشاكل والعداوة فقد جاء في رسالة بعث فيها إلى أحد أصدقائه في عام 1925 يشير فيها إلى أمرين: «أولهما استنباطي طريقة في تطوير أحد الأجهزة الكهربائية حيث جعلته أفضل من الجهاز المنتج في شركة وستنكهاوس وثانيهما محاولة أحد زملائي ويدعى براون قتل اختراعي في المقوم الزئبقي، لكن رئيسه لم يمكنه...».

ورغم كثرة اختراعاته أحسَّ الصباح بأن شركته تقسو عليه، فحاول الانتقال إلى شركة أخرى لكنها منعته، وحاول مراسلة المسؤولين في البلاد العربية لكنه لم يصل إلى نتائج إيجابية معهم رغم توسط أصدقاء له ذوي نفوذ، فأرسل إلى والده رسالة يخبره فيها أنه عازم على شراء طائرة صغيرة تنقله أخيراً إلى لبنان.

موت... أو قتل...

في 30 آذار 1935 كان في طريق عودته إلى منزله بعد أن دفع ثمن طائرة صغيرة خاصة تدهورت سيارته ـ في حادث غريب ـ وتوفي على إثرها وقد دارت حول وفاته شكوك كثيرة ملخصها:

إن عمل الصباح كان ضرراً وخطراً على المخترعين في حقول الميكانيك والكهرباء المغناطيسية ، وكان يفكر في كهربة البلاد وفي ذلك استغناء عن العمل اليدوي كما أن اختراعاته في تحويل نور الشمس إلى كهرباء وقوة محركة نكبة لشركات البترول .

هذا فضلاً عن أن شركته كانت متأكدة من أنه سيغادرها إلى البلاد العربية ليعمل فيها ويوظف اختراعاته لحسابها، علماً أن الشركات العاملة في الولايات المتحدة كانت تتنافس للحصول على اختراعاته من شركته.

نقل جثمان حسن كامل الصباح إلى بلده لبنان ودفن في مدينة النبطية. قال فيه إيليا أبو ماضي في مجلة السمير النيويوركية في 15 حزيران 1929: «يكبر شأن ذي الموهبة، ويصغر لا على قدر موهبته بل على قدر ما في بيئته وزمانه من الاستعداد لتقدير تلك الموهبة واستغلالها...

والموهوب الذي يولد قبل زمانه أو في غير مكانه يعيش غريباً ويموت غريباً...

جئنا بهذه التوطئة لندل قومنا على نابغة سوري كبير، على نبي في غير أمته وبلاده على عبقري لو كان فرنسوياً أو انكليزياً أو أميركياً لكان اسمه الآن ملأ الأفواه وسيرة حياته ملأت الكتب».

الشيخ عباسي المدني (1931 ـ ...)

زعيم سياسي ورجل دين جزائري، مؤسس جبهة الانقاذ الإسلامية أقوى الأحزاب الجزائرية، وذلك قياساً، على انتخابات حزيران 1990.

ولد عباسي مدني في سيدي عقبة في ولاية بسكرة، في أسرة متواضعة، وقد اضطر إلى العمل مبكراً بعد أن تعلم مبادىء القراءة والكتابة، وحفظ شيئاً من القرآن الكريم في كُتَّاب القرية، وفي بداية حياته بدأ يحتك بحزب الشعب الجزائري) وأفكاره التحررية الاستقلالية، ثم انخرط به، وفي أواخر الأربعينات هاجر إلى العاصمة الجزائرية طلباً للعيش، وهناك تم اختياره عضواً في (المنظمة الخاصة) الجناح العسكري لحزب الشعب الجزائري التي كلفت الاعداد للثورة المسلحة من أجل الاستقلال، وبهذه الصفة كان في طليعة ثوار الأول من تشرين الثاني 1954 ضمن الفوج الذي كلف وضع المتفجرات في الإذاعة المحلية، لكن في اليوم الرابع من الشهر نفسه (تشرين الثاني 1954) وقع في قبضة الأمن الفرنسي وبقي سجيناً طوال ثورة التحرر، ولم يفرج عنه إلا بعد وقف اطلاق النار في 19/آذار/1962، غداة توقيع اتفاقيات (إيفيان) بين جبهة التحرير الوطني والسلطات الفرنسية، وعمل مدرساً في معهد (بوزريعة لتأهيل المعلمين) وإلى جانب التعليم التحق بالجامعة لمواصلة دراسته في معهد الفلسفة، حيث حصل على إجازة في علم النفس التربوي، وفي 1967 جرت أولى انتخابات المجالس البلدية منذ انقلاب 9/حزيران/1965 فترشح عباسي مدني على مستوى بلدية القبة وفاز، وبعد سنتين جرت أولى انتخابات المجالس الولائية (الولايات) فترك عباسي مدني (في جبهة التحرير) مقعده في المجلس البلدي مفضلاً خوض تجربة المجلس الولائي للعاصمة وفاز كذلك، وفي عام 1971 كان الأستاذ عباسي في طليعة المتظاهرين من أجل التعريب ثم ذهب إلى بريطانيا لتحضير رسالة الدكتوراه في علم النفس التربوي ومكث في بريطانيا أربع سنوات.

وعاد من بريطانيا أواخر 1978 داعية إسلامياً لا يشق له غبار، وكانت التجربة الاشتراكية في الجزائر موضع تهجم دائم من قبله، فضيقت عليه الحكومة فاتجه بالدعوة إلى داخل المسجد حيث التقى بدعاة روَّاد مثل: الشيخ سحنون والشيخ سلطاني والشيخ مصباح وآخرين مثل الشيخ علي بلحاج وفي 1982 بدأت المساجد تتحرك بالدعوة وحاولوا الخروج بها خارج المسجد ولكن الرئيس الشاذلي بن جديد كان لهم بالمرصاد فاعتقلوا وحوكموا بمحكمة أمن الدولة في المدينة ثم سجنوا في البرقاوية طيلة 3 سنوات والتقوا هناك ببعض رواد الحركة البربرية وفي مقدمتهم سعيد سعدي وبعد الإفراج عنه في 1985 استأنف الشيخ عباسي مدني نشاطه الدعوى في المساجد خاصة في أحداث 1988.

زعيم الجبهة الانقاذ الإسلامية

وفي مطلع 1989 أوعزت مصالح الأمن بإلحاح إلى الشيخ عباسي ورفاقه بتكوين جمعية سياسية، وكانت جبهة الأنقاذ سادس حزب يحصل على الاعتماد (الرخصة)، وقد عرفت جبهة الإنقاذ الإسلامية نشوة النصر برئاسة الشيخ عباسي في أعقاب انتخابات حزيران 1990 المحلية، التي حققت فيها الانقاذ فوزاً ساحقاً علي بقية الأحزاب. ولكن هذه النتائج لم ترضِ المؤسسات العسكرية، فأوقفوا الانتخابات ، وحلُّوا الجبهة الإسلامية، وألقوا القبض على قادة الجبهة وفي مقدمتهم الشيخ عباسي مدني وعلى نائبه علي بلحاج في حزيران 1991م، وحوكم الشيخ المدني في 1922 وصدر في حقه حكم بالسجن لمدة 12 سنة.

وخلال فترة السجن التزم (الصمت المطبق)، حتى إن الرأي العام لم يكن يسمع عنه شيئاً سوى شذرات بين الفينة والأخرى تتحدث عن مرضه ونقله إلى المستشفى، وفي 23/آب/1994 خرج عن صمته برسالة مطولة تشكل ورقة عمل لمفاوضات واسعة مع السلطة والأحزاب الهامة كانت جواباً على خطاب الرئيس زروال في 20/آب/1994 بمناسبة (يوم المجاهد) وهذه الرسالة فتحت أبواب البلدة

العسكري وقد قال الرئيس زروال في استقباله لممثلين عن الأحزاب في تموز 1996 في تحضير (المؤتمر الوطني) وتحديد موعد الانتخابات التشريعية (إن ملف جبهة الانقاذ الإسلامية قد أقفل) وأنه يرفض دعوة هذا الحزب المحظور إلى المشاركة في الحوار السياسي بعد ذلك أفرج عن مدني لكنه وضع في الإقامة الجبرية وبقي كذلك حتى أنتخاب عبد العزيز بو تفليقة رئيساً في نيسان 1999 حيث أفرج عنه.

الغزالي (450 ـ 505)هـ

هو محمد بن محمد بن أحمد. كنيته أبو حامد. ولقبه حجة الإسلام. ولد في قرية غزالة
1058 م التابعة لمدينة طوس ـ في خراسان ـ أصله فارسي لكنه عربي النشأة شافعي المذهب كان
أبوه يعمل في غزل الصوف ويخدم الفقهاء.

فرغب أن يفقه ابنه محمداً وأخاه، أحمد وقبيل وفاته أوصى بهما إلى صوفي، فتعهدهما
حتى نضبت ثروة أبيهما. فانتقل محمد بعد أن كان درس الفقه والأدب إلى جرجان مدينة الفقهاء
والمحدثين. فتتلمذ لعلمائها ثم عاد إلى طوس يحمل معه كتباً لم يدرسها لكنه نسخها وهي
«تعليقة الغزالي» فأكب عليها ثلاث سنوات يدرسها وكان يقول دائماً: طلبنا العلم لغير الله فأبى
أن يكون إلا لله.

ثم انتقل إلى نيسابور والتحق بإمام الحرمين ضياء الدين الجويني مدرس الفقه والمنطق في
جامعتها النظامية وحين ظهر نبوغه عهد إليه بإلقاء الدروس.

وقد اجتهد الغزالي حتى برع في علوم المذاهب والخلاف والأصول والجدل والمنطق. وقرأ
علوم الحكمة والفلسفة وأحكم كل أمورها. وفهم كلام أرباب هذه العلوم وتصدى للرد عليهم
وإبطال دعاويهم، وصنف في كل فن من فنون هذه العلوم كتباً أحسن تأليفها وأجاد وصفها
وتصنيفها. وقد وصفه إمام الحرمين لتلاميذه: الغزالي بحر مغرق.

تنقل الغزالي

عندما مات إمام الحرمين خرج الغزالي إلى المعسكر قاصداً الوزير نظام الملك، وناظر الأئمة
والعلماء في مجلسه وقهر الخصوم. وظهر كلامه على الجميع، فاعترفوا بفضله وتلقاه الصاحب
بالتعظيم والتبجيل وولاه تدريس مدرسته ببغداد وأمره بالتوجه إليها، فقدم بغداد سنة 484 هـ
ودرس

بالنظامية وأقام على التدريس واسماع العلم مدة، وكان في أثناء إقامته زائد الحشمة عظيم الجاه مشهور الاسم تضرب به الأمثال وتشد إليه الرحال طلباً للعلم. إلى أن شرفت نفسه عن متاع الدنيا. فرفض ما فيها من الجاه و ترك ذلك وقصد بيت الـلـه الحرام فحج وتوجه بعد أداء الفريضة إلى الشام سنة 488 هـ بعد أن استناب أخيه في التدريس. وجاور بيت المقدس ثم عاد إلى دمشق واعتكف في زاويته بالجامع الأموي المعروفة اليوم بالغزالية وأخذ هناك في تصنيف كتابه الإحياء.

وصار يطوف المشاهد ويزور الترب والمساجد ويأوي إلى القفار ويروض نفسه ويجاهدها جهاد الأبرار. ثم يمم الغزالي شطر مصر ونزل بالاسكندرية حيث لقي الفقيه أبا بكر الطرطوشي صاحب كتاب «سراج الملوك» وكان الطرطوشي يدرس في هذه المدينة إلى حين وفاته.

ثم عزم الغزالي على الرحيل إلى المغرب العربي لزيارة أمير المرابطين يوسف بن تاشفين بعد انتصاره الكبير في معركة الزلاقة على الأوروبيين، حتى إنه لما طلب إلى الخليفة العباسي اقراره على ملك المغرب والاعتراف له بلقب أمير المسلمين، جمع الخليفة مجلساً ضم العلماء برئاسة حجة الإسلام أبي حامد الغزالي الذي أفتى باستحقاق يوسف بن تاشفين بهذا اللقب.

وقد عزم أبو حامد على ركوب البحر إلى المغرب، ولكنه عدل عن ذلك بعد أن بلغه نبأ وفاة يوسف بن تاشفين عام 500 هـ فعاد إلى طوس وانصرف إلى الاشتغال بالعلم، ثم طلب إليه الوزير فخر الملك بن نظام الملك التدريس في المدرسة النظامية ببغداد فلبى طلبه بعد تردد وعاد الغزالي إلى خراسان ودرس بالمدرسة بنيسابور مدة قصيرة، ثم رجع إلى طوس واتخذ إلى جانب داره مدرسة للفقهاء وخانقاه للصوفية. ووزع أوقافه على وظائف من ختم القرآن ومجالسة أرباب القلوب والتدريس لطلبة العلم إلى أن انتقل إلى رحمة الـلـه عام 505 هـ ودفن في مقبرة الطابران بطوس.

علوم الغزالي ومصنفاته

لقد تأثر الغزالي بأبيه ومدرسيه وبالجويني - أستاذ الأشعري - وكان يجمع الكتب ويحفظها، فرسخ في الدين واستسلم لأوامره ونواهيه دون عمق نظر. وقد درس الفقه والحديث وبرع فيهما ونال المراكز الرفيعة وصار يقصده طلابه وشيوخه من أقاصي البلاد الإسلامية.

وازداد اطلاع الغزالي على كتب الفلاسفة فعاد لينظر فيها بعمق فاغتذى عقله وأثْرَتْ معرفته وحين توفي أستاذه الجويني أحس بالضياع والوحدة. وكان يملك من الذكاء والطموح ما يسر له الاتصال بنظام الملك، ولما دعاه إلى التدريس في المدرسة النظامية وجد أن نيته للتدريس غير صالحة لوجه الله تعالى بل باعثها ومحركها طلب الجاه وانتشار الصيت فتيقن إنه على شفا جرف. فأوكل أمر التدريس إلى أخيه وفارق الجاه والمنصب في بغداد وطلب الخلوة في دمشق معتكفاً في مسجدها.

وقد اكتفى الغزالي بالقليل وأحدث ذلك أثراً عظيماً في نفسه. وهو فيلسوف نسيج وحده واسع المعرفة أدرك بنفسه هذه الهبة فكادت تبلغه العجب والمباهاة. أسلوبه في التأليف واضح وقوي، تتدفق روحه في معانيه فتمتعك قراءته. أسلوبه مخالف لأساليب الفلاسفة فلا تعقيد ولا ابهام. جيد السبك والتنميق. يكتب في كل الأوقات حتى في أصعبها فتنثال عليه المعاني دون صعوبة.

كان الغزالي غزير المادة أربت كتبه على المائتين وقد وصلنا منها عدد كبير وهي مصنفات علمية خالدة جلها في الدين والفلسفة والتصوف والأخلاق أهمها:

- إحياء علوم الدين: من أهم كتب الغزالي وضعه ليلفت نظر المسلمين إلى أصول دينهم القويم مشيراً إلى ما حل بالإسلام من انصراف أهله إلى شؤون الدنيا وإهمالهم شعائر دينهم وما نص عليه القرآن الكريم من مثل عليا وآداب

وأخلاق كريمة. وما انطوى عليه الحديث الشريف من قواعد بنية قويمة وحكم رفيعة. وقد قسم الغزالي كتابه هذا إلى أربعة أقسام: ربع العبادات وربع العادات وربع المهلكات وربع المنجيات وقد صدرها بكتاب العلم الذي هو غاية الهمم.

- المنقذ من الضلال: يعرض لمسائل عليمة من المسائل المتعلقة بالفلسفة إذ يتناول موضوعات الشك وانتقاد الفرق، النبوة، والاصلاح الديني....

- مقاصد الفلاسفة: ألفه وهو يدرس في جامعة بغداد النظامية وفيه يبسط آراء الفلاسفة ويفندها عارضاً للفارابي وابن سينا وغيرهما موطئاً لكتابه الثاني: "تهافت الفلاسفة" وكذلك له كتاب «أيها الولد" وهو رسالة خلقية اجتماعية دينية أرسله إلى أحد تلاميذه القدماء كان سأله عن أفضل السبل إلى النجاة من الغرق بعد أن حصّل دقائق العلوم واستكمل فضائل النفس» فدار جواب الغزالي حول «أن العلم بلا عمل جنون والعمل بلا علم علم لا يكون».

الفيلسوف الجبار:

قال بعضهم في الغزالي أنه فيلسوف متمرد قوّض أركان الفلسفة التوفيقية، طريقه الشك الموصل إلى اليقين وشكه منهجي، فهو فيلسوف في إنكاره الفلسفة أكثر منه في اعتناقها أو التأليف فيها وهو القائل أن التقليد لا يقود إلى الحقيقة بل الحدس هو مفتاح أكثر المعارف.

عبد الرحمن بن عوف

الثقة الأمين في الأرض والسماء

اسمه ونسبه

هو أبو محمد عبد الرحمن بن عوف بن عبد الحارث بن زُهرة بن كلاب بن مُرة بن كعب بن لؤي. كان اسمه في الجاهلية عبد عمرو وقيل كان اسمه عبد الحارث، وقيل عبد الكعبة، فسماه رسول اللـه صلى اللـه عليه وسلم عبد الرحمن وذكر الحافظ العسقلاني في «الإصابة» إنه ولد بعد عام الفيل بعشر سنين.

وهو أحد العشرة المبشرين بالجنة وأحد الستة من أهل الشورى، وأحد الثمانية الأوائل الذي سارعوا إلى الإسلام قديماً قبل دخول النبي صلى اللـه عليه وسلم دار الأرقم.

وهو أحد الذين هاجروا الهجرتين: الهجرة إلى بلاد الحبشة والهجرة إلى المدينة المنورة، وأحد السابقين الذي شهدوا بدراً وكذلك شهد المشاهد كلها. وروى عنه ابن عباس وابن عمر وأنس بن مالك، وبنوه: إبراهيم وحميد وأبو سلمة وعمرو ومصعب، وروى عنه مالك بن أوس وجبير بن مطعم وجابر بن عبد اللـه والمِسْوَر بن مخرمة وغيرهم.

وله في الصحيحين حديثان وانفرد له البخاري بخمسة أحاديث.

مناقبه

شهد له رسول اللـه صلى اللـه عليه وسلم بالجنة في الحديث الذي ذكر فيه العشرة المبشرون. وكان له من الصدقات الكثيرة التي وزعها على أمهات ونساء المؤمنين وفقراء المهاجرين وغيرهم من الفقراء وعابري السبيل والأرامل والأيتام.

لقد سمع رسول الله صلى الله عليه وسلم يقول له يوماً: «يا ابن عوف إنك من الأغنياء... وإنك ستدخل الجنة حبواً... فأقرض الله يطلق لك قدميك». ومنذ سمع هذا النصح من رسول الله صلى الله عليه وسلم وهو يقرض ربه قرضاً حسناً فيضاعفه الله له أضعافاً كثيرة.

فقد كان عبد الرحمن بن عوف تاجراً ناجحاً ومؤمناً أريباً يأبى أن تذهب حظوظه من الدنيا بحظوظه من الدين.

وكان عبد الرحمن بن عوف فقيراً حين هاجر إلى المدينة فآخى رسول الله صلى الله عليه وسلم بينه وبين سعد بن الربيع أحد النقباء من الأنصار، فقال له سعد: «إني أكثر الأنصار مالاً، فأقسم لك نصف مالي وانظر أيّ زوجتيّ هويت نزلت لك عنها فإذا حلّت تزوّجتها»، فقال له عبد الرحمن: «لا حاجة لي في ذلك، بارك الله لك في أهلك ومالك ولكن دلّني على السوق». فذهب وباع واشترى وربح ولم يزل على هذه الحال حتى كثر ماله وكان ما كان له من المال والصدقات.

وكان رضي الله عنه من أعدل وأثبت الصحابة رواية للأحاديث عن النبي صلى الله عليه وسلم ففي سِيَر الذهبي عن ابن عباس أنه قال: جلسنا مع عمر فقال: هل سمعت عن رسول الله شيئاً أمر به المرء المسلم إذا سها في صلاته كيف يصنع؟ فقلت: لا و الله، أو ما سمعت أنت يا أمير المؤمنين من رسول الله في ذلك شيئاً؟ فقال: لا و الله، فبينا نحن في ذلك أتى عبد الرحمن بن عوف فقال: فيم أنتما؟ فأخبره عمر، فقال عبد الرحمن: لكني قد سمعت رسول الله صلى الله عليه وسلم يأمر في ذلك. فقال له عمر: فأنت عندنا عدل، فماذا سمعت؟ قال: سمعت رسول الله صلى الله عليه وسلم يقول: «إذا سها أحدكم في صلاته حتى لا يدري أزاد أم نقص، فإن كان شك في الواحدة والثنتين فليجعلها واحدة، وإذا شك في الثنتين أو الثلاث فليجعلها ثنتين، وإذا شك في الثلاث والأربع فليجعلها ثلاثاً حتى يكون الوهم في الزيادة، ثم يسجد سجدتين وهو جالس قبل أن يسلّم ثم يسلّم». وفي «الإصابة» للحافظ العسقلاني من

حديث المغيرة بن شعبة أن رسول اللـه صلى اللـه عليه وسلم قال: «الذي يحافظ على أزواجي من بعدي هو الصادق البار» فكان عبد الرحمن بن عوف يخرج بأزواج النبي ويحج معهن ويجعل على هوادجهن الطيالسة.

ومن مناقبه أن صلى بالنبي صلى اللـه عليه وسلم إماماً. فعن المغيرة بن شعبة أنه سئل: هل أمّ النبي صلى اللـه عليه وسلم أحد في هذه الأمة غير أبي بكر؟ فقال: نعم، فذكر أن النبي صلى اللـه عليه وسلم توضأ والمغيرة معه ومسح على خفّيه وعمامته، وأنه صلّى خلف عبد الرحمن بن عوف.

وورد عن الإمام علي بن أبي طالب رضي اللـه عنه أنه قال فيه: «عبد الرحمن أمين في السماء وأمين في الأرض». وعمر بن الخطاب رضي اللـه عنه قال فيه: «عبد الرحمن سيد من سادات المسلمين .

خصاله وشمائله

لقد كان عبد الرحمن بن عوف رضي اللـه عنه مع كثرة ماله متواضعاً عفيف النفس متفكراً بالآخرة؛ أخرج البخاري عن سعد بن إبراهيم عن أبيه أن عبد الرحمن بن عوف أتى بطعام وقد كان صائماً فقال: قُتل مصعب بن عمير وهو خير مني فكُفن في بُردة إن غُطي رأسه بدت رجلاه، وإن غطيت رجلاه بدا رأسه، وقُتل حمزة وهو خير مني فلم يوجد له ما تُكفن منه إلا بردة، ثم بسط لنا من الدنيا ما بُسط، وأُعطينا من الدنيا ما أُعطينا وقد خشينا أن تكون حسناتنا عُجّلت لنا، ثم جعل يبكي حتى ترك الطعام.

ومن مناقبه أيضاً عزله عن الخلافة ورفضه إياها رغم أنه كان جديراً بها، فلما قُتل عمر بن الخطاب رضي اللـه عنه اجتمع أهل الشورى لمبايعة خليفة جديد للمسلمين، قال عبد الرحمن: هل لكم أن أختار لكم وأنفصل منها؟ قال علي بن أبي طالب رضي اللـه عنه: أنا أول من أرضى، فإني سمعت رسول اللـه صلى اللـه عليه وسلم يقول: «إنك أمين في أهل السماء، أمين في أهل الأرض».

وذكر الذهبي في سيره عن ابن لهيعة عن أبي الأسود عن عروة أن عبد الرحمن بن عوف أوصى بخمسين ألف دينار في سبيل الله فكان الرجل يعطى منها ألف دينار وقال الزهري إن عبد الرحمن بن عوف أوصى للبدريين (الذين شهدوا بدراً) فوجدوا مائة، فأعطى كل واحد منهم أربعمائة دينار فكان منهم سيدنا عثمان بن عفان فأخذها.

وبإسناد آخر عن الزهري أن عبد الرحمن أوصى بألف فرس في سبيل الله.

وفاته

توفي رضي الله عنه سنة 32 للهجرة عن خمسة وسبعين عاماً، وقيل اثنتين وسبعين. وصلى عليه سيدنا عثمان بن عفان وقيل الزبير بن العوام، ودفن في البقيع بالمدينة المنورة. فسرعان ما تغشته سكينة الله فكست وجهه غلالة رقيقة من الغبطة المشرقة المتهللة المطمئنة وأرهفت أذناه للسمع كما لو كان هناك صوت عذب يقترب منهما... لعله آنئذ، كان يسمع صوت قول رسول الله صلى الله عليه وسلم منذ عهد بعيد:

«عبد الرحمن بن عوف في الجنّة».

﴿الذين ينفقون أموالهم في سبيل الله ثم لا يتبعون ما أنفقوا منّاً ولا أذًى، لهم أجرهم عند ربهم ولا خوف عليهم ولا هم يحزنون﴾ [سورة البقرة، الآية: 262].

الخليفة الراشدي الخامس

عمر بـن عبد العزيز

عمر بن عبد العزيز بن مروان بن الحكم. كنيته أبو حفص. لقب بالخليفة الراشدي الخامس ، أمه بنت عاصم بن عمر بن الخطاب. ولد في المدينة المنورة عام 681 م وشب فيها، ولما ولي أبوه على مصر كتب لزوجته أن تقدم عليه مع ابنها، فأتت عمها عبد الـلـه بن عمر رضي الـلـه عنه، فأعلمته بكتاب زوجها فقال لها: «هو زوجك فالحقي به وخلفي هذا الغلام عندنا فإنه أشبهكم بنا أهل البيت». فبقي في المدينة. ولما وصلت أمه إلى مصر أخبرت أباه بالأمر فسرَّ بذلك. وكتب إلى أخيه عبد الملك بن مروان يخبره، فكتب عبد الملك أن يجري عليه ألف دينار كل شهر.

ثم قدم عمر إلى أبيه في حلوان فأقام عنده، ولما وقع عن دابته فشج رأسه سمي أشج بني أمية.

وصول عمر إلى الخلافة

حين توفي والد عمر استدعاه عبد الملك بن مروان إلى دمشق، فأقام عنده وزوجه من ابنته فاطمة. ثم أمّره الوليد بن عبد الملك على المدينة المنورة من سنة 86 هـ إلى 93 هـ ثم عزل فعاد إلى الشام. فاستوزره سليمان بن عبد الملك، وبعهد من سليمان تولى عمر بن عبد العزيز الخلافة سنة 99 هـ وبويع بها في مسجد دمشق فكان حسن الإدارة، ارتاح الناس في عهده، وكان بنو أمية يسبون علياً رضي الـلـه عنه في الخطبة فأبطل كل ذلك وقرأ مكانه: «{إن الـلـه يأمر بالعدل والإحسان وإيتاء ذي القربى وينهى عن الفحشاء والمنكر والبغي}».

وما إن دفن سليمان بن عبد الملك حتى أمر الخليفة عمر بن عبد العزيز بدواة وقرطاس فكتب ثلاثة كتب لم يكن يسعه أن يؤخرها. فاستغرب الناس هذه العجلة وعزوها إلى حب السلطان، واستكانوا لما عرفوا ما فيها:

● **الرسالة الأولى:** كانت أمراً برجوع مسلمة بن عبد الملك من القسطنطينية وكان قد غزاها بأمر من والده سليمان فخدع عنها بعد أن فتحها وبات مع جيشه بلا طعام حتى أكلوا الدواب فحلف سليمان أن لا يقفله منها ما دام حياً فاشتد ذلك على عمر، فكان كتابه الأول إليه بالرجوع بعد وفاة سليمان.

● **والكتاب الثاني** كان بعزل أسامة بن زيد التنوخي عن خراج مصر مع الأمر بحبسه، لأنه كان غشوماً ظلوماً معتدياً في العقوبات، يقطع الأيدي في خلاف ما يؤمر به.

● **والكتاب الثالث** كان بعزل يزيد بن أبي مسلم عن أفريقية، لأنه كان يظهر التأله مع النفاذ لكل ما أمر به السلطان.

من مآثر عمر بن عبد العزيز

لقد نشأ عمر وتغذى بالملك، وكان يمشي مشية عمرية، فيها تبختر، فلما استخلف كان يقول لخادمه مزاحم : «ذكرني إذا رأيتني أمشي» فيذكره. فيتركه ثم لا يستطيع فيرجع إليها وهو مع ذلك لا يعاب عليه في بطن ولا فرج ولا حكم. وقد روى عمر عن أبيه وعن أنس بن مالك وعن عبد اللـه بن جعفر بن أبي طالب وعن سعيد بن المسيب وعن عروة بن الزبير وعن عامر بن سعد رضي اللـه عنهم أجميعن.

وكان عمر زاهداً بالملك، فلم يقرب ما تركه الخليفة السابق، وما هو عرضاً له من ممتلكات عند استخلافه، فرفض الدواب والسرادقات والجواري والثياب وأعاد كل ذلك إلى بيت مال المسلمين، وبعد أن أحتجب ثلاثة أيام خرج إلى الناس وخطب: «... ومن أراد أن يصحبنا فليصحبنا بخمس: يوصل إلينا حاجة من لا تصل إلينا حاجته ويدلنا على العدل ونهتدي به، ويكون عوناً لنا على الحق، ويؤدي الأمانة إلينا وإلى الناس، ولا يغتب عندنا أحد، ومن لم يعقل فهو في حرج من صحبتنا والدخول علينا..» وكان عمر يتقدم إلى

الحرس إذا خرج عليهم أن لا يقوموا له، ويقول لهم: «لا تبتدئوني بالسلام إنما السلام علينا لكم».

ومن مآثره أيضاً إنه لما ولي الخلافة رد المظالم، والقطائع، وكتب إلى عماله يحملهم على الزهد والانتصار للمظلوم، وكان يتسلم البريد من كل الناس مهما دنت مقاماتهم أو علت، ويجيبهم وينصفهم، أو يجيبهم ويكتب إلى ولادة بلادهم للنظر في أمورهم. وكانت عادته إطلاق الحرية لعماله، فلا يشاوروه إلا بالمهام الصعبة وما أشكل عليهم.

اغتياله بالسم

سُقي عمر بن عبد العزيز السم وهو في دير سمعان من أرض معرة النعمان فأرسل له ملك الروم أكبر أساقفته ليعالجه لكنه رفض ذلك، واستدعى المتهم بسمه وسأله: ما حملك على ما صنعت؟ فقال: خدعت وغررت، فقال عمر: نحه خُدع وغر، خلّوه وتركوه حراً. ومات رضي الله عنه بعد أن حكم سنتين وأربعة أشهر أي في عام 720 م.

أبو الأعلى المودودي

(1903 ـ 1979) م

هو الإمام العلامة الداعية الإسلامية أمير الجماعة الإسلامية في باكستان. ولد في مدينة أورنج أباد بولاية حيدر أباد، حيث تلقى تعليمه وتربيته الأولى على يد والده السيد أحمد حسن الذي توفي عام 1920 م. فاعتمد المودودي على نفسه وبدأ حياته الدعوية بالدخول إلى عالم الصحافة عام 1918. وفي عام 1920 كون جبهته صحفية هدفها تحرير الأمة الإسلامية وتبليغ الإسلام وقد تنقل في عدد من الصحف كاتباً ومديراً ورئيساً. وكان لكتابه الجهاد في الإسلام الذي نشره عام 1928 دوي واسع، وأثر بالغ في إشعال النفوس حماسة ضد الاحتلال الانكليزي، والوثنيين أعداء السلام والإسلام في كل مكان.

ترجمان القرآن

وفي عام 1932 بدأ بإصدار مجلة «ترجمان القرآن» الشهرية من محل إقامته في حيدر أباد وكان شعارها: «احملوا أيها المسلمون دعوة القرآن وانهضوا وحلقوا فوق العالم».

وأصبحت هذه المجلة الوسيلة الرئيسية لتوجيه مسلمي شبه القارة الهندية وعن طريقها انتقلت أفكاره إليهم مما مهد له الطريق إلى تأسيس جماعته الإسلامية فيما بعد. وفي عام 1938 قدم إلى البنجاب تلبية لدعوة الفيلسوف والشاعر الإسلامي محمد إقبال ليجعل منها مركز اسلامياً مشعاً بنشاطاته الدعوية.

ثم ما لبث محمد إقبال أن توفي. وفي عام 1940 اتخذ حزب الرابطة الإسلامية قراراً بإقامة دولة الباكستان. وشكلت لجنة لإعداد خطة للحكم الإسلامي. وتم اختيار المودودي لعضوية هذه اللجنة. وعن طريق مجلته ترجمان القرآن وجه أبو الأعلى المودودي دعوة المسلمين وقادتهم لحضور المؤتمر

الذي عقد فعلاً في 26 آب 1941 في لاهور بحضور 75 شخصاً يمثلون مختلف بلاد الهند. وفي هذا المؤتمر تأسست «الجماعة الإسلامية» وانتخب المودودي أميراً لها.

وفي تلك الأيام كان الاحتلال البريطاني يمسك بزمام الأمور في شبهة القارة الهندية وحينها أطلق المودودي فتواه الجريئة بتحريم التعامل والعمل في خدمه قوات الاحتلال مما عرض الجماعة الإسلامية للهجوم من قبل القوى الاستعمارية منذ أول ظهورها.

مسيرة أمير الجماعة الإسلامية:

لقد اعتقل المودودي في حياته عدة مرات بسبب جرأته ومطالبته بتطبيق أحكام الإسلام في باكستان التي نالت استقلالها عن الهند. وبسبب وقوفه ضد معارضي تطبيق الشريعة الإسلامية في باكستان وقد وصل الحكم فيه في بعض الأحيان إلى الإعدام ثم كان يخفف عنه تحت ضغط الاحتجاجات والاستنكارات في العالم الإسلامي، ورغم كل هذه الأحكام والاعتقالات فإنها لم تفت من عزيمته وعضده بل زادته إيماناً راسخاً بدعوته ومبادئه الإسلامية وقد ساعدت الجماعة الإسلامية المجاهدين في ولاية كشمير في جهادهم، وأعدت لهم المؤن والمراكز الطبية والمخيمات....

وفي عام 1959 لقيت مساعيه نجاحاً جزئياً حيث أعلنت الحكومة دستوراً شبه إسلامي. وسافر المودودي في نفس العام إلى البلاد الإسلامية وناشد المسلمين من خلال خطبه إلى توحيد صفوفهم وجمع كلمتهم. وفي عام 1966 سافر لأداء فريضة الحج وشارك في جلسات لرابطة العالم الإسلامي وخلال وجوده في مكة وزع كتاباً حول المشكلة الكشميرية باللغات العربية والانكليزية والفرنسية. وفي العام نفسه ألقى محاضرة حول «حركة الاتحاد بين الحكومات الإسلامية» في اجتماع عقده مؤتمر العالم الإسلامي في مدينة لاهور. وفي عام 1968 أقام المسلمون البريطانيون حفلاً تكريمياً للمودودي ألقى فيه محاضرة في موضوع الإسلام في مواجهة تحديات العصر الحاضر. وفي عام 1969 أجرى

التلفزيون الإيطالي مقابلة شخصية مع المودودي حول موضوع (الإسلام في العالم) كما شارك في العام نفسه في اجتماعات المجلس التأسيسي للجامعة الإسلامية في المغرب وأسهم في إنشاء جمعية الجامعات الإسلامية كمنظمة دائمة وفي عام 1972 استقال أبو الأعلى المودودي من إمارة الجماعة الإسلامية نظراً لسوء حالته الصحية، فكرس وقته للكتابة والتأليف. واستمر في تأليف تفسيره الذي بدأ به عام 1943 عندما أخذ بنشره في مجلة (ترجمان القرآن) تحت عنوان «تفهيم القرآن». وقد انتهى من التفسير في عام 1972. وبدأ بعدها بالسيرة النبوية. وفي عام 1979 تسلم جائزة الملك فيصل العالمية تقديراً لجهوده وتضحياته في خدمة الإسلام. وفي 1979/9/22 ـ 1399 هـ توفي المودودي أثر عملية جراحية في مستشفى بافلو بنيويورك حيث كان يعالج من إصابته بالكبد والكلى والتهاب بالمفاصل وقد نقل جثمانه إلى لاهور مشيعاً برثاء العالم الإسلامي له. وقد خلف المودودي وراءه دعوة عظيمة ورجالاً أكفاء ومكتبة إسلامية عامرة من تأليفه الكثيرة التي ترجمت إلى العديد من لغات العالم وطبعت لعدة مرات.

الرئيس المجاهد

علي عزت بيغوفيتش

رئيس هيئة رئاسة جمهورية البوسنة والهرسك منذ عام 1991.

ولد في مدينة بوسانسكي شاماتس في شمال شرقي البوسنة، والمطلة على نهر بوسنا في نهر سافا الذي يشكل الحدود بين جمهورتي البوسنة ـ الهرسك وكرواتيا. وقد وضعتها خطط وخرائط الحل التقسيمي كلها خارج منطقة المسلمين. ويدل لقبه على أن عائلته كانت تتمتع بمكانة مرموقة في العهد العثماني إذ أنها تحمل لقب «بك» الذي هو يلازم اسم عائلته بيكوفيتش وهو أرفع تكريم كانت تقدمه السلطات العثمانية لأهل تلك البلاد.

انتقل في مطلع شبابه (مع نهاية الحرب العالمية الثانية) إلى سراييفو بهدف الدراسة، وفي وقت كان الشيوعيون المنتصرون في أوج نشاطهم وسلطانهم. إلا أنه التزم رغم ذلك النهج الديني. فانتسب في عام 1946 إلى تنظيم «الشبان المسلمين» السري، ليدخل في صراع مع نظام الحكم الشيوعي. حيث اعتقل وحوكم وسجن لمدة ثلاثة أعوام. ومنذ بداية الخمسينات اتجه إلى الكتابة ونشر المقالات التي تعبر عن آرائه الإسلامية تحت أسماء مستعارة في وسائل الإعلام المحلية والأرضية.

في عام 1983 اعتقل وحكم كزعيم «جماعة اسلامية» تسعى إلى تغيير النظام الدستوري من خلال بث الفرقة والبغضاء بين الشعوب اليوغوسلافية، ضمن مجموعة ضمت 13 من المثقفين المسلمين البوسينيين، وحكم عليه بالسجن 14 عاماً، إلا إنه أطلق سراحه في أواخر 1988 في إطار إجراء عام لإخلاء سبيل المساجين السياسيين.

وللرئيس بيكوفيتش ابنة وولد. اشتهرت ابنته سابينا بيروفيتش (لقب زوجها) باعتبارها سكرتيرة والدها والمسؤولة عن جهاز أمنه الخاص، وهي تتلكم الإنكليزية والفرنسية ورافقت والدها في جميع رحلاته إلى الخارج، وكانت معه حين احتجزه الصرب لمدة يومين في مطار سراييفو ونقلوه إلى إحدى ثكناتهم العسكرية عند بداية الحرب. ومن انطباعات سابينا عن والدها أنه مؤمن بالله إلى أقصى الحدود، ولهذا كثيراً ما بقي في مكتبه يقرأ القرآن بهدوء أثناء القصف العنيف على العاصمة. ويرفض الامتثال للطلبات بالنزول إلى الملجأ الخاص بالقصر الحكومي.

سياسته إزاء حرب البلقان

يؤخذ على الرئيس علي أنه كثيراً ما يغيّر مواقفه بشأن قضية البوسنة، ولكن الذين يدركون المحن التي تحيط به وضخامة مسؤولياته وصعوبة التعامل مع مشاكل بلاده والتقلبات التي جابهتها مشاريع السلام التي تفاوض في شأنها، يعلمون سبب التباين بين تقييماته وأحاديثه إلى وسائل الإعلام.

لقد كان في بداية انتخابه من أشد المناصرين لبقاء يوغوسلافيا فدرالية أو كونفدرالية لأنه كان يرى في ذلك ضمانة للحفاظ على استقرار البوسنة ـ الهرسك، وكانت صدمته كبيرة حين هدم الآخرون يوغسلافيا وأرغم هو وشعبه على تحمل العبء الأكبر لنتائج ما حدث. من دون أن يكون هو أو جمهوريته طرفاً في المسؤولية عن ذلك. ومعاناة الرئيس بيكوفيتش لم تقتصر على محاولات أعدائه الصرب، وأصدقائه القدامى الكروات تفويض وحدة البلاد ووجودها، فقد لدغه بعض أشقائه المسلمين أيضاً وحاولوا بعثرة العشرة في المائة من الأراضي التي مازالت بحوزته. فعلى رغم تباين وجهات النظر بينه وبين زميله السابق في عضوية هيئة الرئاسة وقيادة حزب العمل الديمقراطي، فكرت عبدبتش فإنه لم يكن ليتصور أن يتجرأ هذا الساعدُ الأيمن إلى حد اقتطاع

منطقة بيهاتشر المسلمة في غربي البوسنة وإعلان صلح أبورغال مع الصرب والكروات وتحريض المسلمين الآخرين على التمرد.

في أواخر عام 1991 تم انتخابه رئيساً لهيئة الرئاسة، أي رئيساً للجمهورية لمدة عام إلا أنه بقي في منصبه هذا بسبب ظروف الحرب، ثم أعيد انتخابه من جديد رئيساً للبوسنة عقب توقيع إتفاق السلام مع الأطراف المتنازعة.

في 16 شباط 1993 حاز بيكوفيتش على جائزة الملك فيصل لخدمة الإسلام، وبررت لجنة الجائزة منحه إياها «لتسليطه الضوء في كتاباته على الدور العالمي للإسلام في تقدم الفرد والمجتمع وإنشائه حزباً إسلامياً قاد شعبه المسلم إلى الاستقلال».

أمير المؤمنين علي بن أبي طالب

كرم اللـه وجهه (600 ـ 661 م)

علي بن أبي طالب بن عبد المطلب بن هاشم الهاشمي القرشي، ابن عم الرسول أبو الحسن ولد في السنة الثانية والثلاثين من ميلاد رسول اللـه صلى اللـه عليه وسلم. فلما بعث عليه الصلاة والسلام كان علي دون البلوغ، وكان مقيماً معه في منزله يهتدي بهديه، فلم يتدنس بدنس الجاهلية. وكان ابن ثلاث عشرة سنة عندما أسلم وشهد له النبي صلى اللـه عليه وسلم بالجنة.

من مآثره وفضائله

هاجر رسول اللـه صلى اللـه عليه وسلم إلى المدينة، فنام علي في فراشه معرضاً نفسه للموت فداه. وبقي نائماً حتى آمن أن المشركين لن يلحقوا بالنبي صلوات اللـه وسلامه عليه. ثم لحقه وشهد معه المواقع جميعها ما عدا تبوك فإنه خلفه في أهل بيته. وكان علي صاحب بأس شديد في الغزوات جميعاً.

فهو أول المبارزين يوم بدر، ومن الثابتين يوم أحد ويوم حنين، وعلى يديه فتحت خيبر، وفي السنة الهجرية الثانية تزوج سيدنا علي من السيدة فاطمة الزهراء رضي اللـه عنها وأرضاها فولدت له سيدا شباب أهل الجنة الحسن والحسين وكل من زينب الكبرى وأم كلثوم رضوان اللـه عليهم جميعاً.

وكان علي أقرب الناس قرابة من رسول اللـه صلى اللـه عليه وسلم. فقد قال النبي صلى اللـه عليه وسلم: «من أحب علياً فقد أحبني ومن أبغض علياً فقد أبغضني ومن آذى علياً فقد آذاني». وقد اختصه بالمؤاخاة معه، إذ إنه عليه الصلاة والسلام لما آخى بين أصحابه بقي علي فسأله من أخي يا رسول اللـه؟ فأجابه الرسول اللـه صلى اللـه عليه وسلم: «أنت أخي في الدنيا والآخرة». وقد اختصه صلوات اللـه عليه بإعطائه الراية يوم خيبر، إذ نادى الرسول بأنه سيعطي الراية إلى رجل يحب اللـه ويحبه اللـه، فراحت رؤوس الصحابة تتطاول كي يراها

الرسول، كل يطلبها له عسى أن يكون ممن أحبهم اللـه، ولما لم يجد علياً بين الحضور سأل عنه فأجابوه بأنه مريض برمد في عينيه، فأحضروه إليه فمسح على عينيه بريقه الشريف، فصح سيدنا علي وتسلم الراية وفتحت خيبر علي يديه بإذن اللـه، كما حمل راية النبي يوم بدر وكان كاتب صلح الحديبية.

أبو الحسن مع الخلفاء

كان علي مع أبي بكر وعمر وعثمان رضوان اللـه عليهم خير صاحب وخير نائب يسألونه ويستنصحونه، فعن سعيد بن المسيب أنه قال: لم يكن أحد من أصحاب رسول اللـه صلى اللـه عليه وسلم يقول سلوني إلا علياً. وعن عمر بن الخطاب أنه قال: أقضانا علي بن أبي طالب وقد كان الخلفاء يستبقونه في المدينة نائباً لهم، عندما كانوا يذهبون إلى خارج المدينة لشؤون الحرب والقتال والفتوحات.

الإمام علي بن أبي طالب خليفة على المسلمين

عندما قتل عثمان اضطرب الناس، فأتى معظمهم إلى الإمام علي في داره وقالوا له: لا بد للناس من خليفة ولا نعلم أحداً أحق بها منك. فقال التمسوا غيري فإني لكم وزير خير مني أمير. فلما كرروا عليه قال: إن بيعتي لا تكون سراً، ولكن أتوني المسجد فمن شاء بايعني. وخرج إلى المسجد فبايعه الناس.

بعث علي أول خلافته عمالاً على الأنصار، وغير جميع عمال عثمان، أما معاوية والي الشام فامتنع عن البيعة وطلب منه أولاً الاقتصاص لقتلة عثمان.

وخرج الإمام علي إلى الكوفة وجعلها مقراً له وللخلافة. وخرجت السيدة عائشة إلى البصرة ومعها بعض كبار الصحابة مثل طلحة والزبير للمطالبة بقتلة عثمان.

فدارت المفاوضات بين الكوفة والبصرة واتفق الفريقان على العمل لإخراج قتلة الخليفة عثمان، إلا أن المنافقين والمندسين بين الفريقين استطاعوا اشعال الحرب في الليل، ونشبت المعركة والتي سميت بمعركة الجمل، والتي أدت إلى

مقتل عدد كبير من الصحابة، ثم أمر الإمام علي أصحابه بتوصيل السيدة عائشة معززة مكرمة إلى المدينة المنورة، وبعث الرسل إلى معاوية يدعوه إلى ما دخل عليه الناس، ويعلمه باجتماع المهاجرين والأنصار على بيعته، فامتنع حتى يقتص من قتلة عثمان ثم يختار المسلمون لإنفسهم إماماً. فكان لا بد من القتال فالتقى الجيشان في سهل صفين على نهر الفرات شرقي حلب، ودامت المراسلات بينهما كثيراً إلا أنها لم تثمر فوقع القتال في أول صفر واستمر حتى الثامن منه، عندما أوشك جيش معاوية على الإنهزام لولا دهاء عمرو بن العاص، عندما أوعز إلى الجيش برفع المصاحف للإحتكام إلى القرآن الكريم.

واتفق الفريقان على التحكيم، فانتدب معاوية نائبه عمرو بن العاص للمفاوضات. وانتدب الإمام علي نائبه أبو موسى الأشعري ليفاوض عنه، وتواعد الفريقان على الاجتماع في رمضان ورجع كل إلى دياره. إلا أن فريقاً من جماعة الإمام علي رفض التحكيم «الخوارج» واتهم الإمام علي بالتخاذل وراحوا يحاربوه ويقتلون جماعته. فعمد إلى قتالهم في عدة معارك إلى أن قضى على جموعهم في موقعة النهروان، فحقدوا عليه، وخططوا لقتله، وقتل معاوية بن أبي سفيان وعمرو بن العاص. ولما اجتمع الحكمان أبو موسى الأشعري وعمرو بن العاص اتفقا فيما بينهما على أن يخلع كل منهما صاحبه، ثم يقوم الصحابة بالاتفاق على خليفة.

فقدَّم عمرو بن العاص أبا موسى للتكلم، فقام بخلع الإمام علي عملاً بالاتفاق. وعندما قام عمرو أثنى على فعل أبي موسى بخلعه صاحبه، ثم ثبت معاوية بن أبي سفيان خليفة. فعاد الخلاف إلى الفريقين.

وفي ليلة 27 من رمضان عام. 40 هـ قام عبد الرحمن بن ملجم بقتل الإمام علي بن أبي طالب بالسيف عند صلاة الصبح. واجتمع الناس عليه فقال الإمام: احبسوا الرجل فإن أنا مت فاقتلوه، وأن أعش فالجروح قصاص. ومات الخليفة الراشدي في عام 40 للهجرة وبموته ينقضي عهد الخلافة الراشدة.

المصادر المراجع

1) ابن منظور ـ لسان العرب، المجلد 14، ص. 168، الضلع الثاني.

2) أحمد بن فارس، مقاييس اللغة، الجزء 2، ص : 35.

3) الجوهري، الصحاح، الجزء 6 ص : 2310.

4) الزمخشري، أساس البلاغة.

5) المعجم الوسيط، الجزء الأول، ص : 162، مجمع اللغة العربية بالقاهرة.

6) حسن الكرمي ـ الهادي إلى لغة العرب، الجزء1 ، ص: 431.

7) ابن خلدون، المقدمة، ص : 889 - 888 ـ تحقيق الدكتور عليّ عبد الواحد وافي، دار نهضة مصر للطباعة والنشر، القاهرة.

8) مالك بن نبي، فكرة الأفريقية الأسيوية في ضوء مؤتمر باندونج، ص : 338 - 339، نقلاً عن كتاب (التغيير الاجتماعي عند مالك بن نبي) للدكتور علي القريشي ـ دار الزهراء للإعلام العربي، القاهرة 1989 ص : 272.

9) علي عزت بيجوفيتش ـ الإسلام بين الشرق والغرب، مؤسسة بافاريا، بيروت 1994 ، ص : 98.

10) د. يوسف القرضاوي، السنة مصدراً للمعرفة والحضارة، ص : 201 - 200، دار الشروق، القاهرة، 1997.

11) أرنولد توينبي، مختصر دراسة للتاريخ، الجزء الأول، ص : 59 ـ ترجمة الإدارة الثقافية في جامعة الدول العربية، مطبعة لجنة التأليف والترجمة والنشر، القاهرة 1966.

12) من محاضرة ألقاها في الرياض (6 ديسمبر 1997) بمناسبة انعقاد المؤتمر العام السادس للمنظمة الإسلامية للتربية والعلوم والثقافة ـ

إيسيسكو ـ ، ثم أعاد إلقاءها في طهران (10 ديسمبر 1997) على هامش مؤتمر القمة الإسلامي الثامن.

13) المستشار طارق البشري، في المسألة الإسلامية المعاصرة : ماهية المعاصرة، ص : 13 - 12، دار الشروق، القاهرة، 1996.

14) ترجمة شوقي جلال، ص : 59، مركز الأهرام للترجمة والنشر، مؤسسة الأهرام، القاهرة، 1996.

15) شركة العريس للكمبيوتر ، علوم المعرفة، 2005م.

16) موسوعة المدن الفلسطينية

www.islamonline.net/Arabic/In_Depth/Palestine/articles/2004_09/article140.shtml

17) الموسوعة الفلسطينية المجلد الثاني

18) موقع الهيئة العامة للاستعلامات

الفهـرس

Printed in the United States
By Bookmasters